Carnets d'une femme étrange
Anne Thérèse Le Blanc

Nous remercions le Conseil des Arts du Canada pour le soutien à notre programme de publications.

Conseil des Arts **Canada Council**
du Canada **for the Arts**

Société
de développement
des entreprises
culturelles
Québec

ISBN13   978-2-89396-288-7

Dépôt légal — 4e trimestre 2007
Bibliothèque et Archives nationales du Québec
Bibliothèque nationale du Canada

Illustration de la couverture :   Cap Sounion, Grèce
Collection Anne Thérèse Le Blanc

228 de la Lande, Rosemère
Québec, Canada J7A 4J1
Téléphone : 450.965.6624
Télécopieur : 450.965.8839
humanitas@cyberglobe.net

www.editionshumanitas.com

Anne Thérèse Le Blanc

Carnets d'une femme étrange

Récit

Humanitas

Ce livre a été rédigé selon les règles de la nouvelle orthographe sous la supervision d'un membre du groupe québécois pour la normalisation du français.

« Ai-je été flouée ? » Voilà ce que Green
s'est souvent demandé en relisant ses petits
carnets de moleskine ou ses grands cahiers
cartonnés. Les jours où il répondait « oui »
à la question, il voulait jeter au feu sa
confession. Cependant, le matin suivant, la
tentation était repoussée. L'écrivain se remettait à la tâche tout en sachant qu'écrire
se borne à approcher de l'inexprimable.

Julien Green, par lui-même

Prologue

Il y a des siècles, un poète chinois considérait que recréer une chose par les mots équivalait à vivre deux fois.

Je suis retournée à mes cent carnets de notes accumulés depuis des décennies et qui dormaient dans mon classeur; sont remontés à ma mémoire faits, gestes et évènements de ma vie.

Rouvrir mes calepins, c'était revoir le soleil briller sur mes beaux jours mais aussi revivre des bourrasques qui se sont formées et risquer de trébucher.

L'écriture permet-elle de revivre le passé, de retrouver ses histoires d'amour, de mesurer ce qui fut perdu, de sauver par des mots quelque chose de sa vie, de tirer de l'oubli qui menace, des images, des ombres de sa silhouette le long de rues, dans des villes inconnues?

Par l'écriture, la résurgence du passé a provoqué comme une onde de choc. Les sites, les villes, les musées, les richesses de notre monde ont brusquement réveillé mon désir de revoir ces lieux. Plus encore, presque l'urgence de leur ajouter des visites comme celles de la ville antique d'Acrotiri, cette Pompéi de la mer Égée, des tombeaux de Vergina en Macédoine, du musée Getty de Los Angeles, bâti sur le modèle d'une villa d'Herculanum, le retour au British Museum où je pourrais voir ce service à dîner en argent du temps de l'empire romain et ces pièces d'or datant de la guerre des Deux-Roses.

I
Sait-on jamais?

Ça ne couterait rien

— Allez-vous y aller?

— Eh! que j'aimerais ça aller avec vous autres; ça ne couterait rien.

— Je vous en prie, dites donc oui.

Même si les buches d'érable crépitaient dans le poêle à bois comme au plus glacé de l'hiver, le printemps était annoncé par le cri rauque des corneilles sur le rivage, les flaques d'eau bordant les chemins, et les glaçons fondants qui pendaient de la lucarne.

Assise au bout de la table de cuisine, la géographie à gauche, l'histoire sainte à droite, l'oreille tendue, m'arrivaient suffisamment de bouts de phrases pour que je saisisse qu'un voyage aurait lieu.

Mes parents ont cédé à mes supplications. Ils m'amèneraient avec eux à Québec. J'étais d'une fierté! Leur voyage dans cette ville serait le premier depuis leur voyage de noces. Mais le voyage projeté n'était pas pour célébrer quelque anniversaire, mais pour accomplir une promesse.

L'année précédente, pour obtenir la guérison d'une grave maladie, ma mère avait fait vœu d'un pèlerinage à Sainte-Anne-de-Beaupré. Le 26 juillet 1940, nous serions sur la côte de Beauport, à la basilique Sainte-Anne.

Un laissez-passer fut demandé pour moi au Canadien National. Les employés de cette compagnie et leurs familles voyageaient gratuitement sur les trains à travers le Canada et même aux États-Unis.

Ce double feuillet jaune que je présentai au conducteur du train le jour du départ deviendrait comme mon talisman; les noms et signes qui y étaient inscrits créeraient un effet magique. La porte des voyages s'ouvrait. J'allais en traverser le seuil.

Carleton, Saint-Omer, Nouvelle, Escuminac, Pointe-à-la-Croix défilaient sous mes yeux rivés à la fenêtre. À la drogue que créait le bruit de « tchouk tchouk » constant des roues qui cognent à la jonction des rails, s'ajoutaient le confort des fauteuils et le plaisir du repas dans le wagon-salle à manger.

Nous arrivons à Matapédia où nous changeons de train. « L'Océan Limitée », ce train du bout du monde dans ma première mémoire, avait quitté Halifax à la fin de la matinée.

Après deux heures d'attente, au moment où la brunante allait recouvrir la vallée, le sifflement du train à la sortie du pont interprovincial, en provenance des Maritimes, résonnait entre les montagnes. Les deux locomotives, à demi couvertes de leur panache de vapeur, remorquant des dizaines de wagons, apparaissaient soudain, ébranlaient les rails, maintenaient un bruit de cliquetis et de ferraille jusqu'à l'immobilisation du train.

Plus tard, rien, de l'embarquement dans un Boeing 747 et autre Airbus 340, n'éclipsera chez moi l'envoutement et même l'émotion ressentis à la montée dans un train pour un long voyage.

Le lendemain de notre arrivée à Québec, nous étions au grand pèlerinage annuel à Sainte-Anne. Quand, par la route, depuis la ville, nous avons traversé Boischatel, l'Ange-Gardien, Saint-Joachim, Château-Richer jusqu'à Sainte-Anne, j'ignorais encore que cette bande de territoire le long du fleuve était, avec l'ile d'Orléans en face, le lieu des premières installations des colons français au Canada.

La foule des pèlerins emplissait la basilique, débordait de tous côtés. Le cardinal-archevêque de Québec célébrait la messe. Chaque pèlerin, ce jour-là, attendait du ciel une faveur spéciale due à l'intercession de sainte Anne.

Une partie de l'après-midi est consacrée à la visite du Cyclorama. Un édifice rond, couvert à l'intérieur d'une peinture illustrant la ville de Jérusalem et ses environs au temps de la crucifixion du Christ. Une peinture de cent-dix mètres de circonférence qui donne l'impression d'être nous-mêmes à Jérusalem. La ville surgit au loin, à l'intérieur des remparts.

Un peintre de Munich eut l'idée de ce panorama. Pendant un an, il fit les études préparatoires, prit les photos de Jérusalem. Il confia à un peintre français auteur de plusieurs panoramas, tels le « Siège de Paris » et la « Bataille de Gettysburg », de diriger le groupe de cinq peintres qui travailleraient pendant quatre années entières à l'exécution de cet immense tableau.

Des années après cette visite, ayant vu la maquette de la Rome antique au Muséo de la Civilta Romana, à Rome, il me semble que la peinture de la ville de Jérusalem au Cyclorama était aussi impressionnante en mise en scène, en effet dramatique, en représentation d'un lieu de l'antiquité, que la maquette de la Ville-Éternelle au musée romain.

À la fin de cette longue journée, nous retournons à Québec. Le jour suivant, immédiatement après le souper, mes parents ont quitté l'appartement avec mon oncle et ma tante pour visiter un frère de ma mère hospitalisé à Saint-Michel-Archange. Je ne pouvais pas les accompagner parce que ma mère n'avait jamais révélé la maladie de son frère. C'était tabou et secret. Supposément que personne ne le savait.

En soirée, j'avais parlé de la guerre avec mon cousin qui gardait la maison. Il était préoccupé par son frère aîné, engagé volontaire dans l'armée canadienne, et en poste en Angleterre depuis l'automne 39.

J'avais déjà l'esprit aiguisé sur tout discours à propos de la guerre puisque j'avais trois frères en âge d'y aller.

Après ce voyage, j'ai oublié mes cousins de Québec. Plus tard, j'ai voulu me souvenir du militaire qui avait ramené au pays une Anglaise du Sussex. Cette jeune personne du pays des brumes n'a pas su résister aux rigueurs du Cap Diamant. Elle est retournée dans son royaume.

Après des années écoulées, trop tard, j'aurais voulu retrouver le nom et le lieu de vie de ma cousine anglaise, ce qui n'a pas été possible.

AU PAYS DE LA DÉMESURE (1937-1939)

Ma demande de voyage, à laquelle mes parents n'avaient pas pu résister, avait été précédée par deux étés passés à lire sur des expéditions dans le grand Nord canadien et en Chine.

Premières années dans notre nouvelle maison au bord de la mer. Vacances d'été. Bonheurs de lecture. Dans une balançoire logée sous les arbres, dont les branches formaient comme une cabane en forêt, je lisais les annales des pères Oblats de Marie immaculée. C'était la continuation de la classe de géographie et d'histoire du Canada.

Les missionnaires racontaient leurs activités d'évangélisation depuis les territoires du nord québécois, dans les provinces de l'ouest canadien, le Yukon jusqu'aux terres septentrionales les plus extrêmes.

Des aventures dans des contrées et terres hostiles, dangereuses à cause de la présence des rivières sur lesquelles les missionnaires naviguaient en canot, et leurs randonnées en traineau à chiens sur la neige et les glaces qui recouvraient leurs terres de missions pendant les trois quarts de l'année.

Le Vicariat apostolique de la baie James, terrain principal de leurs activités, couvrait des portions de la province de Québec, de l'Ontario et du Manitoba.

Un missionnaire, avec un compagnon, bâtit une chapelle chez les Sauteux, à Fort Hope, 400 milles en haut de la rivière Albany. En été, il entreprenait des voyages pour aller baptiser, bénir les mariages, catéchiser et prêcher des missions. Ce voyage comportait une trentaine de portages et le saut de nombreux rapides. Une navigation en canot le long du rivage, des ruisseaux obstrués, des portages dans les fondrières boueuses. De nombreux postes de mission qu'il a fondés sont encore aujourd'hui des villages habités par des Autochtones et des Inuits.

Un temps, le Vicariat de Saint-Boniface était deux fois grand comme la France. Les Oblats francophones de la province de Québec ouvraient de nouveaux villages, de nouveaux lieux de colonisation; ils contribuaient à l'organisation du Canada. Avec eux, derrière eux, des découvreurs, des chercheurs, des mineurs, des commerçants s'appropriaient ces lieux, utilisaient leurs modes de communication ou les perfectionnaient. Des bâtisseurs de pays. Des géants.

Séduction est le mot pour qualifier l'attrait exercé par les noms des lieux géographiques où me menaient les aventures des Oblats. Aujourd'hui, Tintin perdrait sa couette de cheveux et le capitaine Haddock, le gouvernail, s'ils empruntaient la route du cercle polaire par le fleuve McKenzie jusqu'à la mer de Beaufort.

À fréquenter leurs missions en des endroits qui se nommaient Fort Résolution, lac Great Bear, Territoires du Nord-

Ouest, Yukon, Fort Qu'Appelle, j'étais introduite aux voyages par le pays des grands espaces et de la démesure.

Les Oblats n'ont pas été les seuls à exercer du pouvoir sur mon imagination; la Chine des sœurs de l'Immaculée Conception, par leur revue de *La Sainte Enfance*, m'a clouée sur mon siège pendant le deuxième été.

Sans les dix sous qu'on donnait pour sauver des petits Chinois et qui allaient à la Sainte-Enfance, aurions-nous jamais entendu parler de la Chine? Nous étions encouragés à mettre de côté nos propres économies pour les donner à l'éducation chrétienne des enfants abandonnés.

Quand je lisais les comptes rendus de l'apostolat des religieuses en Chine pour recueillir des enfants orphelins, les baptiser, les nourrir, je ne savais rien de la longue marche entreprise par Mao-Tsé Tong et des milliers de paysans pour libérer la Chine à la même époque. L'Armée Rouge était en marche depuis la province du Hou-Nan. La révolution communiste allait balayer le pays, allait anéantir les missions catholiques comme les très nombreuses missions protestantes. Devant l'avancée des armées, les missionnaires de toutes dénominations religieuses se réfugièrent à HongKong.

Aujourd'hui, il ne reste que deux religieuses de cette communauté en Chine continentale et une quinzaine à Hong Kong.

Dans le récit de leurs activités en Chine, les religieuses nommaient les noms des provinces et des villes, Shanghai, Nankin, Guangdong, Canton, Jilin, Yunnan, Chengtou, qui commençaient à s'élever comme une musique dans ma tête. Je n'avais pas de carte de la Chine. Ces endroits devenaient mystérieux. La Chine entière devenait mythique, impénétrable : peut-être même qu'elle n'existait pas sur le globe terrestre. Peut-être un continent sur une autre planète qui, par des lois de gravité, se raccrocherait un jour à notre terre. Opaque, noire, inaccessible, si lointaine qu'il était impossible de songer à mettre un jour les pieds sur le sol jaune de l'Empire du Milieu.

Après les vacances, j'abandonnerai la lecture des annales de la Sainte-Enfance. Le nom de Chine m'avait envoutée. Il resterait gravé.

ENTRE ENFANCE ET ARROGANCE

La main levée, j'avais répondu à toutes les questions de monsieur l'inspecteur. Je jubilais. Même si Hélène, Aurélie, Isabelle, Georgette savaient les réponses, j'avais été plus rapide... ou plus fantasque.

Une vraie première de classe. Je commençais à savoir. J'allais devenir celle qui sait, celle qui sait à ses propres yeux, celle qui sait aux yeux de ses parents, de ses frères et sœurs. Celle qui, dans la profession exercée plus tard, devrait savoir. De qui on attendrait des renseignements manquants. Je faisais mon entrée dans le monde de la connaissance. Je savais tout, tout le temps. J'ai toujours su. Il était difficile pour moi de trouver du secours; je devais secourir. Je donnais des conseils à ma mère. Être savante. Pouvoir parler de tout.

J'ignorais à ce moment-là quelle tangente le savoir allait imprimer sur ma vie. À 13 ans, je devenais une experte. Je faisais la loi. Sans m'en rendre compte, je déposais un poids sur mes épaules.

« Toi, tu ne te marieras jamais ». Comme un couteau qui tranche dans le vif, cette parole de mon père a pénétré au plus creux de ma chair. La lame du couteau a voyagé entre mon cœur et mon ventre et n'a pas pu être retirée. Non, je ne sais pas pourquoi il a dit ça. Ce que j'en sais tient aux circonstances : l'humidité qui avait pénétré dans toutes les pièces de la maison. Un jour instable; incertain entre le printemps qui retarde et le carême qui avance. La lumière qui s'affaisse. Les lampes à pétrole placées à chaque bout de la table; le brouhaha et l'agitation de nous tous au moment de s'installer pour nos travaux scolaires. Quelle parole hautaine avais-je prononcée à la ronde. Quelle suffisance avais-je manifestée? Je n'ai pas demandé d'explication.

Était-ce une injonction? Était-ce une vision d'avenir? Voyait-il dans mes attitudes et comportements, dans ma façon d'envisager le monde, une vie, pour moi, improbable.

Est-ce que je devais croire mon père et agir en conséquence? Ignorer les attraits des adolescents. Oublier les mots garçon, amour, vie sexuelle, mariage, naissance d'enfants.

Mon corps allait-il devenir inutile. Plutôt il servirait de support à la vie intellectuelle. Le savoir en rongerait les fibres. Il s'allègerait, flotterait, légèrement détaché du sol. Une bulle de protection se cristalliserait alentour.

Deux années d'études de troisième et quatrième année passées au Couvent de Maria furent des années capitales. J'aimais la grande histoire, l'histoire sainte, l'histoire générale, l'histoire du Canada, la géographie. Enracinée dans l'amour du français, des exercices, des dictées, j'étais lancée, j'allais adorer l'étude, les livres, la classe.

Pendant les années de la 6e à la 9e, je veillais sur les travaux et les études de mes plus jeunes frères et sœurs. Désarroi lors du décrochage de deux de mes frères. Aucune aide spécialisée n'existait pour mes parents afin qu'ils voient clair dans les difficultés vécues par leurs garçons. Dans tous les champs d'apprentissage scolaire, il fallait se sauver soi-même à cette époque.

Jetée dans la piété et la prière, ébranlée par la vigueur des remontrances ou l'implacable sérieux de la religion, je suis née en culpabilité. Ses fondations ont été posées si creux dans le sol de ma mémoire, que dès l'âge de huit ou dix ans, et pour le reste de ma vie, aucun raisonnement n'arrivait à rompre le fil d'acier qui, à sa source, formait un nœud et a traversé mon existence jusqu'à aujourd'hui.

Associé à l'élément culpabilité, le terreau familial composé de prières quotidiennes, de lectures de vie des saints, de célébrations religieuses abondantes, de fréquentations de l'église, ajoutait à la précarité de mes assises.

L'obligation d'assister à la messe le dimanche ne comportait pratiquement aucune exception. Un jour, j'ai eu la permission de rester à la maison pour je ne sais plus quel malaise. La bonté, la douceur et la miséricorde fondaient sur moi. Les lois d'airain qui gouvernaient notre vie religieuse avaient été suspendues.

Quelqu'un prenait soin de mon corps et de ma petite personne. J'avais accédé à une autre dimension de l'existence. Je n'étais pas bien et quelqu'un le savait, en avait tenu compte, et me permettait de guérir. Quelqu'un m'aimait.

Dans une chambre au soleil, des dimanches après-midi entiers, je m'abandonnais au plaisir et à l'inquiétude de la composition française. Un sujet avait été proposé, que ce soit le printemps, les jardins, les vacances. Fallait développer une introduction, cerner le sujet lui-même et trouver une conclusion. À remettre en classe le lundi matin.

À force de compositions, j'ai voulu m'essayer à l'écriture. Mes trois frères étaient dans l'armée canadienne quand j'ai composé un texte les concernant et qui avait pour titre

« Souvenez-vous » et qui fut publié dans le journal *L'Action catholique* quelque part en 1941.

C'est à la même époque que ce journal offrait ses colonnes à des jeunes qui voulaient y écrire des messages sous des pseudonymes et demander une ou des correspondantes.

« Violette gaspésienne » était mon nom de plume. Sous le nom de « Janeton », elle se nommait Marie Thérèse.

Une jeune fille de Caplan, de la Baie-des-Chaleurs. Elle répondit à ma demande de correspondante. Nous avons échangé des lettres pendant de nombreuses années.

Sa vivacité d'esprit, son intelligence, son intérêt pour la vie signaient la puissance du secours par lequel, plus tard, elle marquerait mon existence. Nos échanges de lettres ont duré jusqu'à 1954.

Elle était entrée dans la communauté des Sœurs de la Miséricorde à Montréal. Cette communauté tenait dans le Centre-Ville une crèche pour enfants abandonnés. Continuant ses études, elle était devenue travailleuse sociale et psychothérapeute.

L'enseignement nous avait été donné par des laïques. À partir de ma cinquième année, les religieuses prenaient la relève.

Sœur Blandine enseignait le piano. J'ai suivi ses cours pendant quelques semaines. Impossible de continuer mon apprentissage n'ayant aucune possibilité de m'exercer. Ce fut une faille du système d'enseignement de ce temps-là que les enfants n'aient pas été mis en contact avec les instruments de musique; pas plus qu'avec le chant, le dessin, la peinture, les arts en général et les sports. Faudrait encore dix ans pour hériter de l'harmonium de notre tante.

Pendant mes études de 9ᵉ année dans la classe de sœur Valentine, un cours de 10ᵉ année avait été ajouté. Je prêtais une oreille de plus en plus attentive aux enseignements donnés.

Tout autant que par l'histoire de la Grèce, j'ai été frappée par l'enseignement de la logique et de l'apologétique. Comme s'il avait été martelé, un syllogisme s'est gravé dans mon esprit : tous les hommes sont mortels, Pierre est un homme, donc Pierre est mortel. Cet enseignement allait être soutenu, corroboré, interpénétré par la géométrie et ses théorèmes qui étaient enseignés de même que l'algèbre.

Le pouvoir civilisateur de la Grèce sur le monde occidental était exposé. La guerre du Péloponnèse, les guerres Médiques, le défilé des Thermopyles où la défense grecque avait été anéantie par les Perses. Léonidas et son contingent qui, pendant deux jours, retinrent les Perses aux portes du défilé où ils sont tous morts dans une ultime et impossible résistance. L'histoire du défilé des Thermopyles allait demeurer dans ma mémoire.

Jour après jour, par petites touches répétées, par couleurs ajoutées, sœur Valentine peignait le tableau du monde où nous allions entrer.

Cet enseignement de 10ᵉ année établissait un deuxième niveau de connaissance. Un lieu où la pensée existait et où elle s'organisait. Ceux qui allaient entrer en 10ᵉ allaient franchir une porte et laisser derrière eux un monde sur mode mineur.

Peu avant l'ouverture des classes, j'annonçai à ma mère que j'avais mal aux jambes; que je ne pouvais pas marcher à l'école. Je ne comprenais pas ce qui m'arrivait; ni personne dans mon entourage. Mon frère Philippe m'y reconduisit à bicyclette à quelques reprises. Et ce fut le brusque arrêt de la fréquentation scolaire. Un drame dont chacun dans la maison absorba le choc en silence, ne comprenant rien à ce soudain diagnostic. L'inimaginable se produisait. Celle qui aimait tant l'étude, l'école, les livres, les cahiers, le va-et-vient au couvent, la compagnie de ses amies de 9ᵉ année, les échanges et les conversations; celle qui avait soutenu, encouragé, surveillé ses plus jeunes frères et sœurs aux études, celle qui avait démontré un intérêt sans faille pour l'apprentissage n'allait plus en classe. Un échec consommé. Certainement une honte.

Je m'embourbais dans un malaise que je ne comprenais pas. Comme si j'avais jeté un stress dans mes jambes. Plus les jours passaient, moins j'étais à l'aise dans mes souliers. Les souliers à lacer étaient devenus ma bête noire. Ma tension nerveuse augmentait. Il m'était de plus en plus difficile de me concentrer. Mon cerveau se débranchait de la réalité pour n'écouter que mon malaise intérieur. Je ne dis rien de tout cela à ma mère. Je n'ai jamais osé dire à personne de ma famille mon malaise avec les souliers. Je craignais les sarcasmes. Personne n'aurait cru une telle histoire. Surtout, on n'aurait rien compris.

Un malaise qui prendra des années à s'estomper sans disparaitre complètement.

Le médecin avait été impuissant à diagnostiquer le mal dont je souffrais. Munie d'une demande d'hospitalisation et de consultation, je partis le 1er mai avec ma mère pour être hospitalisée à l'Hôtel-Dieu de Québec. Dans une immense salle qui devait contenir quarante lits blancs, je fus alitée pendant trois semaines. Chaque avant-midi, un spécialiste et une vingtaine d'étudiants accompagnaient le médecin-chef. J'étais regardée, questionnée, auscultée; debout, on regardait mes jambes, mes bras, ma stature, mon allure; je me penchais à gauche, à droite, de tous côtés. Quelques étudiants en passe de devenir résidents revenaient l'après-midi pour un questionnaire détaillé. Quels furent les résultats de tant d'efforts? Qu'est-ce que le spécialiste a dit au médecin de mon village et à ma mère?

De retour à la maison, j'étais dans le même état physique. Je luttais pour conserver le gout de vivre; je cherchais timidement à développer de nouveaux intérêts. Je commandais par la poste des livres annoncés dans *L'Action catholique*. J'ai lu tous les livres de cet embryon de bibliothèque située je ne sais plus, soit au sous-sol de l'église, soit au couvent de la paroisse.

RADIO-COLLÈGE

Ce fut pendant dix années, à partir de 1944, comme un retour aux études. Les émissions de Radio-Collège furent présentées chaque année sur le FM de Radio-Canada de 1941 à 1959. C'était des cours de niveau collège classique. Je les suivais depuis septembre jusqu'à la fin avril.

Chaque automne, quand le programme m'arrivait, je me délectais. C'était comme le déploiement d'une immense symphonie. Une musique qui suppléait au manque de n'être pas parmi celles qui étudiaient en 10e année, qui étudiaient à l'École Normale de Gaspé ou à l'École Normale de Carleton, ou celles encore qui étaient parties en groupe faire leur cours d'infirmière à l'Hôtel-Dieu de Montréal.

Radio-Collège fut une des séries les plus marquantes de l'histoire de Radio-Canada. Initiative de deux universitaires, Léon Lortie et Louis Bourgoin, l'émission était conçue comme un complément à l'enseignement collégial.

Nous étaient présentées l'histoire des sciences et leurs applications. Depuis l'histoire naturelle dans l'Antiquité jusqu'à la découverte des bactéries par Van Leeuwenhoek. De l'hypothèse atomique à la périodicité des éléments chimiques jusqu'à la relativité, de la méthode analytique en mathématiques, à la géométrie descriptive jusqu'à la découverte d'une nouvelle planète.

La symphonie continuait. La brillante et bruyante ouverture avec les sciences passerait à un andante avec le théâtre de Radio-Collège, la littérature étrangère au théâtre, de la Renaissance à la Résistance. Suivraient le musée d'art, le chant du monde, l'orchestre et ses instruments. Une année, le programme entier de Radio-Collège fut axé sur le dix-huitième siècle.

Immense était la richesse de Radio-Canada à cette époque. Ce n'était ni un plaqué ni un vernis. Comme si des feuilles d'or avaient recouvert les murs de l'édifice.

Après les pièces de Shakespeare suivaient celles du théâtre français du 17e siècle : *Le Cid*, *Le Misanthrope*, *Andromaque*, *Les Femmes savantes*, *Les Précieuses ridicules*, *L'Avare*, *Le Médecin malgré lui*.

Il y eut une série de vingt biographies dramatisées qui faisaient revivre les romanciers, les dramaturges et les penseurs de France.

En littérature, vingt-cinq émissions depuis Antigone de Sophocle jusqu'aux Confessions de saint Augustin; autant d'émissions nous présentaient Georges Sand jusqu'à Saint-Exupéry.

L'ampleur donnée à cette symphonie de mots, de sons, de musiques, exerçait sur moi une emprise continuelle.

Nous avons entendu parler des plus grands peintres depuis Velazquez jusqu'à Michel-Ange. La musique, depuis Vivaldi, Bach, Scarlatti, illustrait chaque émission. Vingt-cinq émissions d'une heure consacrées au poème symphonique; des séries consacrées aux instruments de musique et aux familles de l'orchestre. Puis commencèrent les chants du monde; y furent entendus des chants de presque tous les pays de la planète.

Un immense moderato en 1959 mettait fin à dix-neuf ans de culture classique à Radio-Canada. Des bruits sourds qui annonçaient comme un tremblement de terre avaient été entendus; les collèges classiques avec leur grec et leur latin et autres connaissances inutiles allaient s'effondrer. Avec leur mise à mort, ce serait la fin du chant sacré en grégorien dans les églises et la fin de l'usage de la langue latine dans les prières. Les portes des églises seraient ouvertes et laisseraient s'envoler les anges et fuir à toutes jambes tous les saints juchés sur les autels, et toutes sortes de statues que les Américains trouveraient finement ciselées et qui traverseraient la frontière pour de nouvelles niches aménagées dans leurs musées.

Il m'apparait que cet ensemble de dix-neuf années d'émissions de Radio-Collège, ciselées comme un rubis, était un précurseur de l'Expo 67. C'était, sous une autre forme, en sons, en lettres, en mots, comme l'esquisse du vaste panorama qui nous y serait présenté en musique, peinture, théâtre pendant ces six mois bénis. Il en résulterait pour ceux qui avaient suivi le déferlement des richesses des programmes de Radio-Collège, une sensibilité aiguisée aux manifestations artistiques et un esprit aux aguets pour toutes formes de connaissances.

DÉTRESSE

Personne n'avait prononcé les mots dans la maison. Le médecin avait dû les glisser aux oreilles de ma mère. Était-ce une dépression? Les voisins, eux, devaient parler de mal ima-ginaire. Étais-je en train de succomber sous les coups? Depuis la culpabilité de ma prime jeunesse, l'obligation d'aider frères et sœurs dans leurs études, la présence prégnante des com-mandements de Dieu et de l'Église, l'obligation sournoise que je m'étais faite de « savoir » et de savoir toujours davan-tage, je me retrouvais comme si j'avais été cassée en deux.

Constamment, le retour du malaise dans les souliers. Essayer d'avancer malgré les freins verrouillés.

Une consultation fut demandée à la clinique Roy-Rousseau de Québec. Ma mère m'accompagna par train du C.N.R. Une seule entrevue eut lieu avec le médecin spécia-liste. Des médicaments avaient été prescrits et un compte-rendu remis au médecin de mon village.

Le retour de ce voyage fut le point culminant de ma détresse. L'absence, le vide, le rien, l'ennui. Le carême battait son plein. Fallait faire des pénitences, des sacrifices, des aumônes. Dans la maison, impossible d'éviter le jeûne et l'abstinence. La neige était abondante. Le printemps tardait à s'installer. L'hiver ne voulait pas céder sa place malgré un vent doux annonciateur.

Savez-vous que j'ai eu seize ans
Seize ans
Vous rendez-vous compte
J'ai la poitrine nouée
À y penser
Un jour, des semaines, des mois, une année
J'ai eu seize ans.
Fragilité! J'ai eu dix-sept ans
Ce temps où j'ai failli sombrer
Périr de solitude
À moi-même abandonnée
Personne alentour ne connaissait mon malheur
Aujourd'hui encore j'ai peur
De regarder en arrière
D'examiner ces jours de stupeur
Où est passée ta jeunesse
Qu'as-tu fait de ta jeunesse
Qu'as-tu fait de tes dix-huit, dix-neuf ans
Tu l'ignorais vraiment
Savais-tu que tu possédais la jeunesse
Et pourtant tu étais détresse
Et tu étais tristesse
Dis-moi, dis-moi
Qu'as-tu fait de tes vingt ans
Aujourd'hui pourquoi pleurer
Comment peux-tu les rattraper.

La dépression qui m'avait envahie finirait un jour par céder du terrain. Probablement, il n'y a que ceux qui ont souffert de ce mal qui savent à quel point il épuise la personne; il la paralyse comme s'il brulait l'intérieur du corps.

C'est difficile, voire impossible pour un adolescent d'exposer à ses parents les malaises vagues qu'il ressent. Il ne les comprend pas lui-même. Ses états d'esprit lui semblent absurdes, déplacés, dérisoires. Ce qu'il voudrait dire lui semble insensé. Qu'est-ce qui lui prend tout d'un coup d'être de travers et de ne pas voir les choses, le monde, tels qu'ils sont dans la réalité. Parler lui semble inutile. Il ne voit pas comment il pourrait être cru, compris, aidé. La dépression est un danger mortel qui plane sur la tête des adolescents qui en sont atteints. Le jeune ne comprend pas l'état de malaise dans lequel il s'enfonce. Souvent, quand les parents et le médecin arrivent enfin à poser ce diagnostic si difficile, le mal a déjà fait de tels ravages que le désespoir n'est pas loin.

Au cours de ces années, la présence de ma sœur Lyne m'a sauvé la vie. Vivre baignée dans la présence de gens normaux dans la maison fut pour moi guérison. Soudain, au milieu des conversations, à les entendre, je réalisais que la vie semblait normale, que les évènements se déroulaient, qu'ils avaient du sens.

Pendant ces années passées à la maison, personne ne m'a « orientée » du côté des garçons... Fallait me le dire... qu'il y avait des garçons et des filles; qu'ils allaient les uns vers les autres dans le village, que cette normalité-là était aussi pour moi, que cette normalité aurait pu me guérir, tout autant que les comprimés du médecin. Comme si quelqu'un avait juré que la vie ordinaire n'était pas pour moi. Fallait plutôt être sérieuse. Préparer son avenir. Une attente perpétuelle mais je ne savais pas quoi. Ce qui aurait dû venir ne venait jamais.

C'était quoi
C'était quand
Que fallait-il dire
Comment fallait-il être
Y a-t-il eu quelqu'un quelque part
Pour m'aimer
Et je ne l'ai pas su
Je ne l'ai pas remarqué
Je n'ai pas su le voir, l'entendre
Quelqu'un m'a-t-il regardée
Quelqu'un, quelque part m'a-t-il déjà aimée
Où est-il
Où es-tu
Est-il trop tard
J'avance dans la vie
Il faudra la maladie
Il faudra la mort
Ils me prendront
Comme un vêtement de coton
Me mettront dans un lit
Et encore le feront-ils
Me toucheront-ils
Quelle détresse
N'être touchée que pour la dernière envolée
Qu'ai-je fait de ma vie
Que suis-je devenue
J'étais endormie
Jusqu'à aujourd'hui

LE GRAND MEAULNES (1946)

Avait-il dix-sept ou dix-huit ans? Il était jeune, beau, mystérieux. Nous ne savions pas pourquoi il logeait dans nos parages. Présent mais inaccessible. Une image fugace de lui demeure en ma mémoire. J'en étais devenue amoureuse. Il n'en savait rien. N'en a jamais rien su. J'allais devenir Yvonne de Galais... Lui, c'était le Grand Meaulnes.

Envoûtée par les évènements du domaine mystérieux, par la fête étrange, par la rencontre, par les aventures qui se succédaient, par l'amour qui se développait; marquée au cœur par l'enchantement, mon adolescence serait romanesque pendant un court été. J'avais lu le livre *Le Grand Meaulnes* d'Alain Fournier.

« Il arriva, sans rencontrer personne, au bas d'un escalier de bois, dans un recoin de cour obscur. L'haleine glacée de la nuit vint lui souffler au visage et soulever un pan de son manteau »

« Qui êtes-vous? Que faites-vous ici? Je ne vous connais pas. Et pourtant il me semble que je vous connais. »

« Il se rappelait cette minute où sur le bord de l'étang, il avait eu très près du sien, le visage désormais perdu de la jeune fille. Il se rappelait avoir vu, comme un secret délicat qu'elle lui eut confié, un peu de poudre restée sur sa joue...

« Enfin, en prêtant l'oreille, Meaulnes crut entendre comme un chant, comme des voix d'enfants et de jeunes filles, là-bas, vers les bâtiments confus où le vent secouait des branches devant les ouvertures roses, vertes et bleues des fenêtres ».

Dans mon village, la fête étrange et mystérieuse où Meaulnes aurait été vu avait eu lieu la nuit sous le ciel chargé d'étoiles. À l'aube, dans la canicule de juillet, il ne restait ni banderoles ni colifichets ni marques de pas des invités. Le domaine où avait eu lieu la rencontre étrange s'était évanoui... Au lever du jour, de ce rêve, il ne restait plus que les champs de blé. « Meaulnes, dis-moi, qui es-tu? Parle-moi de toi. »

Ce livre est l'histoire à peine transposée du grand et douloureux amour qui a dominé la vie d'Alain Fournier. Il avait rencontré une jeune femme sur les quais de la Seine. Il ne la retrouva qu'après huit années de recherches pour une deuxième et courte rencontre. Elle était mariée et mère de deux enfants. De sa douleur, il a fait un chef-d'œuvre.

Le jeune homme mystérieux, inaccessible, ma passion secrète. Il fut un instant ma douceur de vivre; il fut mon Grand Meaulnes. Son ombre, son visage, beau et jeune, fier et poète déjà.

Aperçu au bord de la mer, arpentant la grève au plus près des vagues, transpercée par les vents soufflant du Sud, rafraîchie par le crachin, il brillait même les jours sans soleil.

Le lendemain, puis le surlendemain, vous ne le voyiez plus. À force d'attendre, à force de regards depuis la côte jusqu'aux limites de l'horizon, il réapparaissait, penché sur les coquillages, ignorant les agates, démêlant les algues échouées dans le fracas des flots; et vous ne savez plus, était-ce le septième ou le huitième jour quand la mer effaça une dernière fois le moindre dessin de ses chaussures dans les sables mouillés.

Même parti ailleurs, il savait. Il ne pouvait pas résister à la mer. Elle donnerait naissance à sa poésie. Il ne pourrait jamais l'ignorer. Ce que j'avais su de lui, c'était son nom. Léonard Forest.

Un poète d'Acadie qui écrit depuis plus de cinquante ans. Ses poèmes et son écriture ne me sont connus que depuis le Marché aux Poètes de la Place Gérald-Godin au printemps 2002. J'y avais acheté *Le pommier d'aout*, qui constitue une rétrospective de son œuvre poétique. Le Grand Meaulnes est toujours vivant. Je ne suis pas devenue Yvonne de Galais. Le Grand Meaulnes le sait-il?

Tranquillement, comme une renaissance, l'hôpital était maintenant installé dans une très grande maison, du côté est du village, dirigée par la même communauté où j'avais étudié : les sœurs de Saint-Paul-de-Chartres. Elles connaissaient mon sérieux et ma capacité de prendre des responsabilités... je fus engagée à la pouponnière. Tous les bébés que j'ai soignés, baignés, langés, étaient normaux. Je portais les bébés aux mères qui allaitaient. Aux autres, je donnais le boire. Une infirmière surveillait la pouponnière. Je pensionnais chez une famille tout près de l'hôpital, même si je n'étais qu'à un kilomètre et demi de la maison. Les problèmes de jambes, de souliers, de pieds, étaient graduellement moins obsédants. Mais n'être pas dans ma famille, c'était comme un exil. Quand j'y retournais, mon bonheur était extrême. Je suis demeurée trois mois, en 1948, à ce premier emploi sans savoir que c'était comme un début de carrière.

IDA ROSALIE (AVRIL 1949)

— Maman, Mademoiselle Ida arrive.

À pas menus et lents, elle s'amenait. Aux deux ou trois jours, elle quittait son magasin pour nous visiter. Fallait lui offrir une chaise immédiatement. De tout temps, elle ménageait ses forces. Elle demandait un verre d'eau. La conversation s'engageait sur les plus importantes nouvelles du jour, dont les évènements politiques. Abonnée à plusieurs journaux et revues, ses connaissances étaient étendues. Pas de conversations languissantes avec elle.

Ida Rosalie, née à Maria en aout 1879. Elle avait fait ses études au pensionnat des Sœurs de la Charité à Carleton. Des études spécialisées à l'École Ménagère provinciale de Montréal. Elle était fière des lieux où elle avait étudié. Selon ses paroles, elle avait étudié à « l'École ménagère, au temps où cette institution était dirigée par Mlle Jeanne Anctil, si compétente dans son domaine et si distinguée de manières ».

Ida Rosalie avait enseigné. Elle avait vécu quelque temps à Lowell, au Massachusetts. La langue anglaise lui était devenue aussi familière que le français. Dans cette ville américaine, elle avait travaillé comme assistante à la rédaction du journal *L'Étoile*. Revenue dans son village en 1922, elle y fera construire un magasin général qu'elle a développé avec les années. En plus de sa maison, qu'elle avait fait bâtir, elle fit construire une manufacture de matelas et de rembourrage de meubles en 1949. C'était une fervente de l'artisanat qu'elle soutenait en paroles et en actions.

C'est cette femme qui m'a accueillie en avril 1949. Un emploi de commis à son magasin général. Elle m'a initiée au travail de la vente. La cliente n'était pas laissée à elle-même dans le rayon des robes et des manteaux. J'excellais à suggérer un chapeau, à proposer tel manteau, à indiquer la robe la plus seyante et la plus colorée. J'étais devenue compétente.

Le jour tombait. J'achevais la vente d'un manteau rouge à une dame de Cascapédia venue avec deux amies au magasin général d'Ida Rosalie. Il venait d'être tiré d'un grand carton de trois manteaux de la compagnie Maurice Laniel de Montréal arrivé par le train de 12h30 et que le gérant était allé cueillir à la gare.

L'empressement du gérant à surveiller mes transactions d'argent l'assurait d'aucune erreur de ma part. Il veillait avec diligence sur mon travail. Ce jour-là, avant la fermeture, je rangeais les boites de gants, je redressais les chapeaux sur la tête des mannequins quand soudain, dans un geste surprise, il m'entoura de ses bras... et m'embrassa.

Au soir de ce jour, comme si quelqu'un m'avait déposée sur mon lit glacé, les jambes alignées comme une momie, je portais à ma bouche avec mes mains en forme de coupe le baiser que ce compagnon de travail venait de me dérober. Tournant ma tête de tous côtés, dans la nuit noire, je ne savais pas que le mystère dans lequel je venais d'entrer ne me serait pas complètement révélé... Un homme m'avait embrassée pour la première fois.... ma jeunesse enfuie...

Quel autre geste aurait-il pu risquer pour délivrer la jeune fille de vingt-deux ans; non seulement ouvrir ses lèvres par son baiser, mais déciller ses yeux; que ses sens acceptent d'être sollicités, que son corps demande à être touché.

Menée à la porte d'une réalité, elle n'a pas vu comment en franchir le seuil. Le lendemain, tourmentée, elle retournait à sa bulle de protection.

Vacances (1951)

Est-ce moi qui ai quitté mon emploi après deux ans ou Ida Rosalie, ayant engagé une dame qui était gérante et commis, n'avait plus besoin de mes services. Deux mois de grandes vacances. La mer, la plage, le sable fin, le soleil. Il ne me restait pas beaucoup de temps pour m'enivrer encore des eaux salées de la baie des Chaleurs. Pour en gouter les rivages.

Nous avions au cours des années collectionné toute la variété des coquillages, ramassé des pierres de toutes tailles et de toutes couleurs. Dormi dans le sable chaud après la baignade. Ramassé tous les bouts de bois qui, le soir, alimenteraient le feu de grève. Donné un seul et même nom à cette espèce de plante aquatique venue de la mer : les algues. Dans un temps lointain, elles étaient ramassées par les cultivateurs du village. Elles servaient d'engrais.

Marchant le long de la mer, inlassablement les vagues jetaient à nos pieds des plantes variées de formes, de couleurs et d'odeurs. À ce temps-là, personne n'avait songé à nous enseigner leurs noms. La « main de mer palmée », rosâtre violacée, qui s'échouait surtout après les tempêtes; l'agare criblée, qui passait du brun au rosâtre sous l'effet du soleil, la laminaire à long stipe, qui s'accrochait aux rochers. Une des plus intrigantes était l'entéromorphe; des grappes vertes, de longs tubes gonflés d'eau qu'on faisait éclater avec les pieds. À toutes ces algues qui ne cessaient d'être déversées sur le bord de mer et formaient un long ruban entrelacé, nous donnions aussi le nom de goémon; plus tard, nous dirions varech. Belle comme un bouquet de fleurs était la mousse d'Irlande crépue. Déposée par les vagues, elle était rouge, se décolorait rapidement sous l'action du soleil. Agacés nous étions quand, au moment d'entrer dans la mer, nos pieds étaient pris dans les fils gluants de la zostère.

Maintenant, je marche lentement sur la grève, je suis éblouie par la beauté des arabesques que la zostère marine dessine sur le rivage. C'est elle que les tempêtes accumulent sur les hauteurs des bancs de sable, où elle noircit en grosses boules et servira de nourriture à des espèces d'oiseaux.

J'ignorais l'existence des petites orchidées dans nos buissons et nos forêts. Je connaissais mieux l'existence des fleuves d'Europe que la Petite et la Grande Cascapédia.

II
Autres rivages

De tous mes voyages par train, celui-ci serait le plus court et peut-être le plus décisif. Ignorant encore que mes ailes avaient été coupées sur les bords, qu'on en avait arrondi les angles et même que quelques plumes étaient parties dans les grands vents du sud, j'avais assez de souffle et le train assez de vapeur pour me rendre à Campbellton, au Nouveau-Brunswick. C'était un évènement. Je changeais même de province. Ma valise était mince. Ma bourse l'était tout autant. Les compagnes qui m'ont connue à cette époque au travail redisent ma détermination, mes plans pour plus tard...Plus tard, en d'autres temps, en d'autres lieux, j'irais au cinéma, je fréquenterais les théâtres, les galeries d'art; je vivrais... une vie ardente...

Pendant deux ans, je ne suis pas allée au seul cinéma de la ville, le *Paramount Theater*... Je n'ai fréquenté aucune salle de danse...

J'obtenais un poste de technicienne à la pharmacie de l'Hôtel-Dieu de Campbellton. Un hôpital de taille moyenne. Érigé sur une pente de la chaine des Appalaches. Le coup d'œil portait sur la baie des Chaleurs, les monts Notre-Dame au loin, la rivière Restigouche.

Les religieuses hospitalières de Saint-Joseph, qui avaient migré depuis l'Hôtel-Dieu de Montréal, dirigeaient l'institution. Sœur Toussaint était pharmacienne. Avec elle, j'appris quelques règles de fer sur le travail avec les médicaments. La règle la plus absolue était « check, double check, check again » tous les médicaments que tu prépares. Une deuxième règle tout aussi absolue était que pour aucune considération, aucun médicament ne pouvait sortir de la pharmacie sans avoir été vu et vérifié par la pharmacienne. Un travail que j'ai aimé. Une fois vérifiés, je distribuais les médicaments dans les unités de soins.

Quels que soient les voyages que j'ai faits par la suite dans ma vie, aucun ne me plaçait dans un état de grâce, de bonheur intime, comme ceux que j'ai effectués en autobus depuis Campbellton jusqu'à mon village de la Baie-des-Chaleurs pour visiter mes parents. C'est le mot, je m'établissais dans un état de grâce. Ces voyages, vrais bonheurs de ma vie, sont comme le modèle, la racine de ceux que je ferai plus tard.

BOUTS DE PAPIER

Élise avait trouvé chambre et pension chez un couple d'anglophones. Elle habitait dans une immense demeure victorienne aux murs de briques rouges, en partie recouverts de vigne, sur une rue en pente de Campbellton. En entrant, à droite, elle occupait une grande pièce aux murs lambrissés vernis clair. À chacune des visites que je lui faisais, je la trouvais au lit. Elle redressait sa demi-douzaine d'oreillers, rangeait ses cahiers et ses crayons, remettait les livres sur la table de chevet. Elle ne révélait rien de son travail d'écriture. J'avais su qu'elle composait des poèmes; je me tenais devant elle comme si par l'alchimie de ses paroles, de ses mouvements, par l'animation soudaine de ses crayons, un trait de lumière me révélerait le comment de l'écriture. Son regard brillait sous le jour qui entrait par la fenêtre à carreaux. Elle semblait intéressée à échanger avec la jeune personne que j'étais. Ma fascination devant le phénomène de son écriture me laissait dans le rêve où s'entremêlaient destin, curiosité, convoitise.

Ma mère m'avait parlé de mademoiselle Élise. Ida Rosalie aussi, qui l'avait connue. Elle était née dans mon village. C'est dans sa maison paternelle, chez sa nièce couturière, que j'allais pour mes uniformes noirs en crêpe de laine. Son père avait sculpté les deux confessionnaux de notre église à Maria.

Quarante ans plus tard, lors de vacances dans mon village, les ayant cherchés, j'apprends l'existence de ses textes chez un neveu. C'était cent-soixante poèmes écrits à la main. Tous sur des bouts de papier. À caractère religieux. Ils se succédaient comme des prières, comme des litanies. Peut-être qu'ils ne supporteraient pas la comparaison avec ceux de la poétesse Marie-Noël. J'aimerais quand même les juxtaposer. Peut-être les corriger, faire quelques ajouts. Même les publier en souvenir d'elle, de son intérêt pour la littérature.

Je n'ai pas pu donner suite à ce projet. Aujourd'hui, dans quel coffret à bijoux ou quel tiroir de commode sont donc oubliés les poèmes de mademoiselle Élise ?

Le froid était déjà mordant. Le vent par bourrasques chassait la neige, l'amoncelait dans les recoins des cours, sur le rebord des rues. De ma fenêtre, la crête blanche des monts Notre-Dame étincelait sous un soleil rare et parcimonieux. Le taxi me conduisit au terminus d'autobus. Ma valise pas plus épaisse qu'à mon arrivée à Campbellton. Ma bourse plus mince encore parce que l'argent gagné avait servi en partie à payer des études.

Nous étions à la fin novembre. Je quittais mon emploi au Nouveau-Brunswick. Le voyage de retour le long des côtes de la baie des Chaleurs ne m'avait pas bercée comme à l'accoutumée. À l'hôpital, j'avais entrepris ma troisième année de travail en pharmacie. Je me sentais fatiguée, abattue, moins de gout pour l'effort. Un repos devrait remettre mes forces. Mes parents se sont-ils inquiétés de mon retour, qui aurait pu signifier reprise des malaises d'autrefois. Ils n'en ont rien dit. Je n'avais aucun autre plan ni projet.

Marie-Thérèse, ma correspondante depuis l'âge de quatorze ans, était à Montréal. Nos échanges de lettres, quoique devenus sporadiques, n'avaient pas cessé. Elle répondait à ma carte de vœux de Noël. 10 février 1954.

« Thérèse, je ne sais pas ce qui se déroule avec toi. Est-ce que tu ne souffres que de pure fatigue physique ou y a-t-il d'autres malaises pour lesquels tu ne trouves ni aide ni guérison? Si telle est ta situation, tu pourrais être aidée ici à Montréal. Peut-être aussi que je me trompe complètement et que tu n'as pas besoin d'aide. Alors, oublie ce que j'ai dit, déchire ma lettre, jette-la. Si toutefois, tu décides d'accepter cette offre, tu auras un travail ici, à la Miséricorde. »

Sans regard en arrière, sans hésitation, ma décision fut prise sur-le-champ. J'accepte. Je monte à Montréal.

Je quittais mon village pour toujours.

Un bruit sourd qui s'amplifie, le sifflet du train qui résonne à la route qu'il croise, les rails qui transmettent les vibrations, les voyageurs agités qui comptent leurs sacs et leurs valises, la locomotive apparait sous un nuage de vapeur, dans un grondement qui cesse à peine, le temps qu'on grimpe les marches de notre wagon. Dès le siège choisi, je m'installais dans le bonheur. Le bercement du train, les paysages qui défilent, le repas à la salle à manger, du bar-salon au wagon-salon, les rencontres, les conversations, le va-et-vient d'un wagon à l'autre, le repos avec oreiller et couverture quand vient la nuit : les plaisirs du train n'ont de cesse qu'au moment où la voyageuse que j'étais déjà devenue descend, ébranlée, endormie, fatiguée, du wagon de deuxième classe pour une longue marche jusqu'à la Gare Centrale.

J'avais quitté un monde fini. Personne ne savait qu'il était fini. Moi non plus. Un monde qui s'en allait vers sa fin. Un monde morose qui ignorait sa morosité. Le chœur des chantres avait entonné le dernier *Tamtum Ergo*. On avait à peine entendu Amen. Les Vêpres, ces prières solennelles d'actions de grâces et de louanges, d'une beauté un peu désespérée, qui retentissaient chaque dimanche, allaient trouver refuge avec toutes les musiques grégoriennes, chez les Bénédictins de Saint-Benoit-du-Lac, chez les Clarisses de Sherbrooke, chez les Carmélites de Montréal.

Dans mon village, les cortèges avec le Saint-Sacrement, d'un reposoir à l'autre, avaient cessé. Les processions perdant sens et substance. Un effort de réflexion, un sursaut de culture auraient-ils pu sauver cette tradition religieuse? Avons-nous laissé mourir nos traditions et notre riche passé religieux sans nous poser la moindre question?

À la crèche de la Miséricorde, sœur Marie-Thérèse, imposante par sa taille, par son ascendant, sa confiance en elle, son hospitalité, m'a rapidement mise à l'aise dans cet environnement de bureaux, de salles, de religieuses nombreuses. Je fus affectée au standard de l'institution. J'étais téléphoniste. Une occupation qui me plaisait.

Après deux semaines d'activités, sœur Marie-Thérèse aborda avec moi le sujet qu'elle avait évoqué dans sa dernière lettre. Est-ce qu'une rencontre avec une psychothérapeute pourrait m'intéresser? Est-ce que j'en voyais la nécessité, le besoin? Elle me parla de l'existence de l'Institut de Psychothérapie de

Montréal, situé rue Sherbrooke ouest. Un institut dirigé par un père Jésuite, le père Samson, et composé de médecins, psychiatres, psychothérapeutes, laïcs et religieux. C'était l'endroit le plus réputé à l'époque. Elle y avait fait des stages. Fallait, pour y être reçu, faire une demande écrite et dire pourquoi on voulait y aller, quelle raison nous amenait là.

Les clients de l'Institut étaient d'abord reçus par Lucie Pellerin, psychothérapeute et psychanalyste. J'envoyai ma demande. J'attendais mon premier rendez-vous en psychothérapie.

— Je veux vous voir à mon bureau.

Soeur Sainte-Cécile me donnait rendez-vous à 16 h.

Assise en face d'elle, elle prend quelques informations sur ma santé et mon travail. Puis elle déplie une longue lettre, tout en me disant « J'ai reçu le rapport de votre radiographie. Vous faites une tuberculose pulmonaire ». Figée sur ma chaise, la pièce tourna sur elle-même. Terrassée par la maladie, je fus ébranlée par la nouvelle. Arrêt immédiat du travail. Dès qu'elle avait eu le résultat de la radio pulmonaire, une demande d'hospitalisation avait été faite à l'Institut Bruchési dirigé par les sœurs de la Providence. Cet hôpital, au coin de Sainte-Catherine et Berri, était attenant à l'Asile de la Providence où a vécu Sœur Gamelin, fondatrice de cette communauté. Aujourd'hui, cet espace est occupé par l'édicule de la station de métro Berri-UQAM, lequel jouxte le parc Émilie-Gamelin.

Un mois après mon arrivée à Montréal, j'entrais à l'Institut Bruchési. Le repos au lit, les médicaments, mais surtout, un pneumopéritoine. Le traitement consistait en une injection graduelle d'air entre les deux feuillets du péritoine afin de comprimer et d'affaisser les poumons et leur permettre de se reposer. Le médecin faisait la visite chaque jour. Il m'annonça qu'un transfert avait été demandé au sanatorium Saint-Joseph de Rosemont. Un hôpital de cinq-cents lits. Cinq étages. Une aile pour les femmes, une autre pour les hommes.

Les mois de cure et de repos m'avaient rendu des forces. Un rendez-vous chez le directeur général de l'hôpital pour obtenir la permission de sortir pour les entrevues en clinique de psychothérapie. La permission me fut accordée. Personne de mes compagnes ne savait où j'allais et pourquoi je sortais. On me trouvait très favorisée...

CHAUSSURE À SON PIED

Les locaux de la clinique étaient au deuxième étage d'un édifice de la rue Sherbrooke ouest. Dès qu'on passait la porte, on était accueilli par une réceptionniste. Elle nous saluait sans nommer notre nom. Tout se déroulait à voix basse, à pas feutrés, sans bruit; elle nous faisait asseoir sans que l'on puisse voir une ou des personnes en attente de traitement. Une porte de bureau s'ouvrait, se fermait, on n'entendait rien. La discrétion la plus absolue.

La première entrevue eut lieu avec Lucie Pellerin. Un sourire, une cordiale poignée de main, un accueil et une attention que je sentais entiers toute la durée de l'entrevue.

Même si elle savait déjà par ma demande pourquoi je venais, ma petite phrase clé qui m'amenait à cette clinique me semblait gênante et insignifiante. « Je suis mal dans mes souliers ». Devait-elle se retenir de rire?

La confusion dans ma vie s'était insinuée par une paire de chaussures. Malaise indéfinissable, stress, tension nerveuse, malaises dans les jambes, arrêt des études, dépression graduelle, et pour terminer, une tuberculose. De la petite phrase insignifiante, entrevue après entrevue, apparaissait le tableau du désarroi qui avait été le mien.

Dire, dire et redire ce qui avait été, ce qui s'était déroulé, ce que je ne comprenais pas; voir, saisir un peu mieux mon comportement; voir les fils être rattachés entre eux.

Je devenais de moins en moins mal dans mes souliers. Au sana, après quelques mois d'entrevues, des compagnes me disaient que je ne marchais plus comme avant...

La chaussure, le soulier était devenu le symbole même de mon entrée dans la vie adulte. Est-ce que je savais à seize ans que le pied est un organe érotique et la chaussure, son revêtement sexuel? Possiblement que je connaissais davantage par mes cinq sens que par une démarche intellectuelle. Mes sens n'avaient pas encore été matés et le passage à l'étage intellectuel n'avait pas encore commencé. William Rossi, dans son essai intitulé « *Érotisme du pied et de la chaussure* », nous dit que le pied a toujours été un symbole phallique et la chaussure un symbole de l'organe féminin et que l'entrée du pied dans la chaussure simule l'acte sexuel! Freud était d'accord avec lui.

Ouf! Dans mon anormalité, j'étais normale, peut-être même unique! Qui a eu sa vie gâchée par une paire de souliers? Aujourd'hui, parmi tous les dossiers étudiés par les aspirants en thérapie, le mien est peut-être conservé et étudié comme un exemple rare d'un désordre psychique qui origine à la pointe des orteils.

Est-ce que je ne trouverai jamais chaussure à mon pied? Trouver chaussure à son pied, n'est-ce pas, aussi, trouver mari?... Est-ce que je guérirai vraiment un jour?...

OUVERTURE DES PORTES (1955)

1955. Voyage en Gaspésie par train. J'arrive à Maria. Le bonheur d'être dans ma famille, dans mon village. Je guérissais parce que les voyages se multipliaient. En juillet, séjour à Hyawatha Park (Ottawa) au chalet de ma sœur Tina. La tranquillité, le bon air, le plaisir du soleil, la beauté de la rivière des Outaouais. Septembre, nouveau voyage chez mes parents pour cinq jours. Je jubilais. C'était vraiment le retour à la vie. Les permissions du médecin se succédaient.

Après rayon X pulmonaire, prises de sang, visite au médecin traitant, j'étais proclamée guérie. Je pouvais quitter le sana le 14 décembre 1955.

Le soir même, je prenais le train de Gaspé. Un mois dans ma famille. Cependant, la psychothérapeute me recommandait une convalescence quelque part en ville, et non dans le milieu familial.

À qui je dois le secours et l'attention que j'ai connus à ma sortie du Sana? Je ne me souviens pas d'avoir fait quelque demande que ce soit pour aller en résidence. Qui a payé chambre et pension? J'ai tout reçu sur un plateau. J'imagine que c'est Thérèse B., en collaboration avec le service social du Sanatorium. Ma reconnaissance est sans bornes pour leur travail qui me remettait au monde, dans le monde.

En janvier 1956, je revenais en ville pour un repos qui durerait quatre mois à la Résidence Maria-Goretti à Montréal. On y trouvait chambre et pension.

Chaque jour de longues marches sur les rues Decelles, Gatineau et Côte-des-Neiges. Lecture, sieste en après-midi. Coucher tôt. Peut-être un certain ennui.

Une dame de Saint-Eustache téléphona à la résidence. Elle désirait une gouvernante pour sa petite fille Sylvie âgée de deux ans. La directrice me proposa cet emploi. J'acceptai. Ce travail s'avéra taillé sur mesure pour me permettre de reprendre des activités et des responsabilités. Sylvie était l'enfant d'un couple de comédiens. Lui, Français, marié à C. Thibodeau. Ils jouaient à Radio-Canada.

La maison du Dr Thibodeau à Saint-Eustache était pleine de monde. Leur fils marié, sa femme, leur petit garçon y habitaient en plus des parents de Sylvie, de moi, de Mme Thibodeau mère, et de la cuisinière.

Au deuxième étage, une grande salle de repos bourrée de livres : c'était aussi une salle de jeux pour les enfants. La littérature du monde entier à portée de main. Je tirais un livre, c'était *Crimes et Châtiments* de Dostoïevski. J'en tirais un autre, c'était du théâtre de Shakespeare. À côté Les *Pensées* de Pascal. Les *Essais* de Montaigne voisinaient avec le théâtre de Molière. Nombreuses revues de toutes sortes. Il y avait tant à voir et à lire que j'avais du mal à me concentrer sur un ou deux livres. Je voulais les consulter tous. C'était ma chance avant la fréquentation des grandes bibliothèques.

Le Dr Thibodeau, père de la comédienne, avait son bureau en face de la maison, de l'autre côté de la rue. Je dis maison - ce n'était pas une maison ordinaire. C'était un manoir. Le manoir Globenski.

J'habitais une demeure seigneuriale de la seigneurie des Milles-Isles. Une revue agricole au siècle passé décrivait le manoir comme étant : « La plus jolie résidence de campagne que nous ayons vue au Canada. » Une vaste maison très animée.

Plus tard, le manoir est devenu le Musée de Saint-Eustache et de ses Patriotes.

Le journal *The Montreal Star* ouvert sur ma table, dans ma chambre. Je repassais les petites annonces. Un peu comme un jeu. Un peu comme un rêve. J'essayais de trouver de meilleurs salaires, de meilleures conditions pour un travail intéressant et que je pourrais accomplir. En même temps, apprendre l'anglais dans une famille anglophone.

III
Les feux de la ville

Mes forces étaient revenues. Je souhaitais gagner davantage d'argent. Surtout revenir à Montréal.

Une annonce dans Ville Mont-Royal attira mon attention. On demandait une gouvernante pour s'occuper de quatre filles. L'entrevue fut concluante. Je fus engagée. J'avais apporté avec moi la lettre d'évaluation que j'avais demandée à Mme T. Ce document m'ouvrirait des portes.

Une demeure d'une vingtaine de pièces, style Tudor. Un terrain paysager et un vaste jardin à l'arrière. Une cuisinière italienne préparait tous les repas. Une dame hongroise venait régulièrement faire le ménage. Les terrains et les fleurs étaient entretenus par un jardinier. C'était un endroit idéal pour que je continue à exercer mes capacités au travail.

Dans cette maison, il ne s'agissait pas de forcer les enfants à faire quoi que ce soit d'inutile; finalement, il n'y avait rien à corriger. Cette dame laissait libre cours à leurs activités. Elle les laissait se développer. J'apprenais la tolérance. Les situations se résolvaient d'elles-mêmes. Pas de difficultés à m'occuper des quatre filles. Elles étaient aimables, bien élevées. L'affection était réciproque.

Les filles ne parlaient qu'anglais. Les parents et Albert parlaient français, anglais et arabe. Cette famille venait du Caire en Égypte. Ils avaient été chassés de ce pays. Deux frères de monsieur S. s'étaient aussi réfugiés à Montréal avec leurs familles.

À la suite de la crise du canal de Suez, trente-mille Juifs ont vu leurs biens confisqués par les autorités égyptiennes et ont été forcés de quitter le pays. Des milliers de Juifs avaient été jetés en prison en 1956 avant d'être brutalement expulsés.

À tout propos, la langue arabe éclatait dans la maison. À l'oreille, elle avait quelque chose d'irritant et de séduisant. Entre eux, ils avaient des comportements de cet Orient exubérant. On aurait cru qu'ils la parlaient avec volupté. Probablement que c'était vrai. Ainsi, ils replongeaient dans l'Égypte de leur enfance. Puis, surgissaient des phrases en anglais, puis des expressions en français et de nouveau retour à l'arabe. Une constante modulation du ton; presque comme une musique lancinante d'Orient.

Autant que tous ces mots arabes qui circulaient d'une pièce à l'autre et auxquels je ne comprenais rien, de même les mots des fêtes hébraïques, tels Pourim, Passover, Rohs Hashanah, Yom Kippour et Hanouka résonnaient chacun en leur temps et marquaient les jours de leur religion. Les célébrations commençaient chaque fois la veille, après le coucher du soleil. La cuisinière sortait les couteaux d'argent et le cristal. La soirée était longue. Elle s'affairait longtemps en allées et venues de la cuisine à la salle à manger. Le lendemain, les visites à la synagogue.

Madame S. accomplissait toujours trois tâches en même temps, même quatre. Jamais au grand jamais les mains libres. Elle conversait au téléphone, donnait un ordre à la cuisinière et brodait au petit point. Pas de conversations entre amies sans un travail manuel, broderie, tricot. Tous les jours, elle sortait manger avec des amies pour le repas du midi. Elle rentrait pour le souper.

Hôtel All Pine Inn, Sainte-Marguerite. Le 4 juillet 57, j'écrivais à ma mère « Je suis ici depuis le 2 juillet pour un mois avec la plus jeune des filles. C'est vraiment un coin de paradis. Chambre avec salle de bain, téléphone, radio, lits parfaits; ce qu'il y a de mieux comme nourriture – soleil, air de la montagne, bain et natation dans la piscine. Danse, cinéma, cocktails le soir. » Des premières vacances payées que j'avais beaucoup aimées et qui m'avaient reposée. Les trois autres filles avaient passé l'été dans un camp au Vermont.

Notre cuisinière italienne, Maria, avait quitté son travail dans cette famille. Corpulente, toujours debout, elle souffrait des pieds. Elle fit un voyage en Italie en juin 1957. En visite à Milan, elle m'envoya ses salutations par une carte de la Piazza del Duomo nous montrant la flamboyante cathédrale dont la façade parait ouvragée comme une dentelle. Clémence avait succédé à Maria à la cuisine de la rue Stanstead. Nous devenions amies.

Au printemps 1958, M. et Mme S. partirent en voyage en Europe. Un voyage de trois semaines qui les conduira de Londres à l'Exposition Universelle de Bruxelles, à Paris et à Rome. Albert et moi avions la garde des enfants et de la maison.

Comme une musique secrète, comme une romance qui ne dit pas son nom, des regards échangés, des salutations, des sous-entendus. Je le revois au retour de l'école, comme il disait; Albert étudiait en finances à McGill. Quand son pas résonnait dans les différentes pièces de la maison, l'air devenait plus transparent; une sorte d'onde magnétique me rendait plus légère. Force et assurance émanaient de lui. Son sourire, ses regards, il en jouait chaque jour, tout le temps vécu dans cette maison. En plus de ses études, il était musicien. Il jouait les cuivres et le tambour dans l'orchestre du S. S. *Tadoussac*, bateau de croisière sur le fleuve Saint-Laurent pour la Canada Steamship Lines Ltd.

Les quatre filles étaient devenues grandes. Madame S. n'avait plus besoin de gouvernante. Après deux ans dans cette famille, je quittais cet emploi en juin 1958.

En juillet 58, de longues vacances m'attendaient en Gaspésie. Deux mois à me prélasser dans la maison de mes parents. L'eau salée de la baie des Chaleurs portait enfin son nom en juillet. Baignades, longues marches sur la grève, cheveux tordus par le vent du sud, ivresse de sentir ses forces renaitre.

— *Vous ne serez jamais contente avec le cours d'infirmière auxiliaire*, m'avait dit la thérapeute. Le cours était donné à l'hôpital Jean-Talon. Je songeais à m'y inscrire. Elle suggérait de penser au cours d'infirmière. Mais je n'avais pas fait 10e et 11e année. Ayant quitté l'école en 1943, sous le coup de la dépression. Elle parla de l'Institut scientifique Lafond, rue Cherrier, où je pourrais me recycler. L'heure de grandes décisions approchait.

LETTRES D'AMOUR

Des lettres d'amour m'avaient été adressées. J'avais été aimée. J'allais réveiller ce passé. Il me semblerait les lire pour la première fois. Pliées, attachées avec une corde de nylon rose, au fond de la boite carrée bleue marquée Birks, contenant des dizaines d'autres lettres venues de différentes villes du monde; elles avaient été proche oubliées...

Ouvrez vos coffrets et vos tiroirs. Tirez-les de votre passé. Je vous promets des larmes, des douleurs au ventre, des regrets que vous ne pourrez pas effacer, des moments de stupéfaction. Comment ai-je pu? Que fallait-il faire? J'aurais dû! Elles résonnent comme un écho lointain traversant deux étés de ma jeunesse. Avais-je été aveugle, inconsciente?

Albert m'écrivit pendant tout l'été 1958.

Canada STEAMSHIP LINES LIMITED
ON BOARD S.S. TADOUSSAC

Mercredi, le 11 juin 1958

Ma très chère Thérèse,

J'ai profité du premier moment de libre pour t'écrire quelques mots. Avant tout, je veux te dire combien tu me manques et aussi combien je veux te serrer bien fort dans mes bras.

Tu ne peux pas t'imaginer comme c'est merveilleux de se promener sur le pont, le vent te frappant le visage et le son des vagues qui essaient d'ébranler le bateau. Très souvent, depuis que cette croisière a commencé, je vais sur le pont et je me mets à penser à toi, le plus que je pense, le plus tu me manques et le plus je suis convaincu que quand je te disais que je t'aime, j'étais sérieux.

Simplement, l'idée que je ne pourrai te revoir régulièrement me rend très triste et très seul. Avant, quand j'étais embêté ou quand j'avais des doutes sur moi-même, je pensais toujours à toi et tout de suite l'espoir renaissait. Maintenant, je ne sais plus ce que je vais faire.

Retournant au bateau, cette croisière de trois jours serait idéale pour toi si tu veux te reposer et te retaper un tout petit peu. C'est vraiment merveilleux. Le malheur est que si vraiment tu venais, je pourrais à peine te parler sur le bateau. Tout amusement et conversation devront être faits quand on s'arrête dans différentes villes.

Espérant que tu penses toujours à moi.

De quelqu'un qui t'a aimée, qui t'aime et qui t'aimera pour encore longtemps. Je t'embrasse.

Albert

Le 11 juillet 1958

Ma chère Thérèse,

Tu ne peux t'imaginer comme ta lettre m'a fait plaisir et combien elle m'a remonté le moral. Tu écris si bien que ça fait plaisir de te lire. Je t'assure que tu devrais être un écrivain et je t'achèterai ton premier livre.

Quand je t'ai quittée lundi passé et que j'ai regardé ton autobus s'éloigner, je me suis senti soudainement très triste, comme si je venais de perdre quelque chose. Je n'arrive pas à décrire la sensation que j'ai ressentie.

Tu dois être complètement installée maintenant et j'espère que tu profites de tes vacances pour bien te reposer. J'aurais bien aimé être avec toi, tout seul, sur une plage, ta main dans la mienne. Ce serait vraiment merveilleux.

Tu sais Thérèse que j'ai lu ton dernier paragraphe plus d'une douzaine de fois et chaque fois que je le lis, je suis pris par un désir insurmontable d'embrasser tes belles lèvres si douces et si appétissantes.

J'attends ta lettre avec impatience. Entre-temps, je t'envoie un petit baiser doux et tendre comme tu les aimes.

De quelqu'un qui pense à toi,

Albert.

Le 6 septembre 1958

Thérèse chérie,

Ta lettre m'a ému énormément puisqu'elle m'a rappelé tant de si beaux souvenirs. Tout ce que j'ai à faire, c'est de penser au temps quand tu étais dans mes bras et que je te divulguais mes

plans et mes envies quand on discutait des sujets comme la reli-
gion, la philosophie, la psychologie et même de choses comme
l'économique et la politique. La beauté de tout ça c'était que tu
étais informée sur tous ces sujets et la plupart du temps mieux
informée que moi. Des choses pareilles je ne peux pas et je ne
veux pas oublier. Tu as complètement tort de me dire que tu
m'as fait du mal. Bien au contraire! Tu m'as donné de l'assu-
rance. Je pouvais me dire que quelqu'un croit en moi. Cette as-
surance que tu m'as donnée a été très valable pour moi. Si quel-
qu'un a fait du mal à l'autre, c'était bien moi qui t'en ai fait.
Si je savais que chaque fois que l'on s'embrasse de la façon dont
on le faisait, tu commettais un péché. Maintenant je réalise
complètement la lutte qui devait prendre place dans ton esprit à
cause de moi. Je faisais des plans qu'on allait sortir ensemble,
aller danser, aller nous promener en auto et mille autres choses.
J'étais bien content. Je pourrai conduire la voiture de ma sœur
et cela nous aurait permis de se voir bien souvent.

Je veux absolument savoir ce que tu comptes faire à Montréal
et raconte-moi tes plans.

En mai, il avait fait un court voyage à New York. Il
m'envoya une carte : *Chère Thérèse, je m'amuse follement et je*
dépense de l'argent comme si c'était du papier. J'ai vu quelques piè-
ces de théâtre. Baisers, Albert. La carte était la reproduction
d'une peinture-poème de Juan Miro, peintre espagnol. Le
poème dit ceci :

Le corps de ma brune
Puisque je l'aime
Comme ma chatte habillée en vert salade
Comme de la grêle, c'est pareil.

55

J'ai reçu des lettres d'amour, mais vous me voyez, je suis misérable. J'étais misérable sans le savoir. J'avais moi-même ajouté au nœud du long fil de fer qui courrait le long de mon existence.

C'était quoi cette horreur sans nom, cette abomination : parler de péché à Albert. Il n'y avait qu'une chose à faire, me jeter dans ses bras, corps et âme. Qu'il me prenne, qu'il force mes défenses, qu'il m'emporte. Que les vagues nous submergent.

Quelle misère sans nom de ma part, une sorte de folie, de la folie pure, une inconscience, un crime contre moi-même, un crime contre ma vie, un crime contre lui, contre le simple bon sens. J'ai beau aligner des mots, aucun d'eux ne rend compte de mon désarroi.

Reviens Albert que je me jette dans tes bras et que je te redise moi aussi que je t'ai aimé. Je ne t'ai jamais oublié. Je me rappelle que le printemps était doux, que nous étions jeunes et beaux tous les deux.

1958

Le mois d'aout allait finir. La pluie, les journées plus courtes, l'air frais au lever du jour, le soleil absent sous les nuages, tous les signes indiquaient que la fin de l'été n'attendrait pas le 21 septembre. Je quittais la Gaspésie pour Montréal.

J'avais trouvé un nouvel emploi. Ils étaient deux frères. Tous les deux pharmaciens. Ils tenaient une grande pharmacie avec comptoir-lunch au coin de Rockland et boulevard Graham dans Ville Mont-Royal. M. J. Birnbaum et son frère David géraient ce commerce. Il y avait un troisième pharmacien qui, lui, s'occupait des ordonnances. Ils m'ont engagée à titre de commis.

Je travaillais de jour et une fin de semaine sur deux. J'aimais ce travail, mais je savais que je m'orienterais vers d'autres activités un de ces jours prochains.

NEW YORK (JUILLET 1959)

Très très chère Thérèse,

J'ai été très heureux de recevoir ta carte (en juin!). Elle m'a donné la nostalgie. Je dois t'admettre que bien que je sois très occupé, Montréal me manque énormément. Je t'ai téléphoné chez toi, à l'appartement, ainsi qu'au magasin. Les deux m'ont répondu que tu étais partie à la Gaspésie. Cela fait si longtemps que je ne t'ai pas embrassée. Ça me manque énormément. J'espère que tu m'écriras sans trop tarder pour me dire combien je te manque. En tous cas, je t'ai dit que je ne t'oublierai jamais, et j'étais sérieux en disant cela. Je t'embrasse bien fort sur tes lèvres séduisantes.

Albert.

FONDRE EN LARMES

En refermant le livre, j'avais soudain éclaté en sanglots. Je pleurais sans comprendre ce qui arrivait. « Et puis, il le lui avait dit : Il lui avait dit que c'était comme avant, qu'il l'aimait encore, qu'il ne pourrait jamais cesser de l'aimer, qu'il l'aimerait jusqu'à sa mort ». C'était les toutes dernières paroles du livre *L'Amant* de Marguerite Duras que je venais de terminer.

J'avais dû lire le livre de Duras vers 1990 — puis l'épisode des larmes était resté sans explication. Au printemps 2003, je relis la dizaine de lettres d'Albert H. Je les voyais pour la première fois. Je les découvrais. Je n'avais pas été sensible à ses paroles ni sensible à l'égard de moi-même. Pendant quatre jours j'ai pleuré. J'ai sangloté. Douleurs au ventre, symptômes de colite. Quatre jours de larmes qui ne m'ont pas rachetée de ce passé. J'ai dû arrêter d'écrire. Maintenant pour les relire, pour en reparler, je dois me glacer le cœur, sans quoi je m'enfoncerai de nouveau dans la douleur.

Les paroles d'Albert le jeune Juif de Ville Mont-Royal ressemblaient à celles du jeune amant chinois de Saigon, dans le livre de Duras.

« ... de quelqu'un qui t'a aimée, et qui t'aime et qui t'aimera pour encore longtemps. En tout cas, je t'ai dit que je ne t'oublierai jamais et j'étais sérieux en disant cela. »

Elles étaient demeurées dans ma mémoire profonde et celle de *l'Amant* étaient venues s'y superposer et les révéler.

Albert voulait devenir courtier (broker). Travailler en hautes finances à la Bourse par exemple. Il est allé suivre des cours au New York Stock Exchange. Probablement décidé à devenir riche. Il avait eu l'exemple de ses trois beaux-frères.

Albert, aurait-il été emporté par l'horreur du 11 septembre à New York? Lui le courtier, séduit par les feux de Time Square. Lui qui faisait souvent le voyage dans cette ville, qui l'habitait peut-être, qui aurait travaillé dans les tours?

ÉTUDES (1959)

Faudra vous recycler, avait dit la thérapeute. Décision prise. Je ferais le cours d'infirmière. J'allais me plier au recyclage exigé. Inscrite à l'Institut Scientifique Lafond, rue Cherrier, près de St-Denis.

Septembre. En classe quatre soirs par semaine, tout en travaillant de jour, trente-cinq heures, à la pharmacie de Ville Mont-Royal. Dixième et onzième scientifique faites en un an.

Inoubliable ce professeur, magicien de la géométrie, qui allait et venait de gauche à droite dans la salle de classe, maniant les théorèmes comme un dompteur de cobra, ou à la manière d'un chef d'orchestre, la baguette de sa démonstration claquait dans l'air, les angles virevoltaient, des aigus aux obtus, des adjacents aux égaux, aux supplémentaires, et soudain, brillante, tombait la conclusion.

Au musée archéologique de Bagdad, on peux y voir une tablette d'argile à écriture cunéiforme trouvée à Tell Abu Harmal, remontant aussi loin qu'au babylonien ancien, vers 1800 av. J.-C. C'est un texte scientifique découvert en Mésopotamie qui annonce avant Pythagore les prémisses du théorème que le mathématicien grec a exprimé treize siècles après Tell Abu Harmal. Pythagore est crédité du théorème qui porte son nom : le carré de l'hypoténuse d'un triangle est égal à la somme des carrés des deux autres côtés.

Il y a une espèce de volupté dans l'expression du théorème, une séduction par la beauté. Euclide, mathématicien grec, vécut à Alexandrie trois siècles avant J.-C. et son nom est presque synonyme de géométrie. Il écrivit une douzaine de livres dont un traité sur la musique. C'est fréquent que des mathématiciens jouent d'un instrument de musique.

Au milieu de graines de pain de mon sandwich au fromage, sur la table bancale du sous-sol de la pharmacie, entourée de boites de carton éventrées et de caisses de bois, dans ce lieu poussiéreux, j'essaye de comprendre quelque chose aux mathématiques intermédiaires et aux équations à une, deux et trois inconnues. Pas une minute à perdre. J'étudiais avant, pendant et après le repas.

L'algèbre avait des liens avec Euclide. Malgré sa difficulté, je l'ai aimée. Avoir deux vies, trois vies, j'en consacrerais une aux mathématiques. Pour leur beauté. Pour les sons et les rythmes rendus par les mathématiques et qui se transforment en musique.

IV
Retourner une pierre

INOUBLIABLE PRINTEMPS (1960)

« Désormais l'avenir! » Par ces mots, Paul Sauvé, qui avait remplacé Maurice Duplessis comme premier ministre du Québec en septembre 1959, nous avait électrisés. Il annonçait aux Canadiens français la fin de ce qui était nommé la noirceur avec le décès de son prédécesseur. Noirceur à laquelle il avait participé en expulsant le peintre Paul-Émile Borduas, après le Refus Global, de l'École du Meuble à Montréal. À la fin d'octobre de cette année-là, un arrêté ministériel confirmait son renvoi.

Quand, le 2 janvier 1960, Paul Sauvé est décédé subitement d'une crise cardiaque, notre douleur, le sentiment de perte furent extrêmes. Cependant, la fulgurance de son slogan « désormais l'avenir », les espoirs qu'il avait suscités, les désirs de changements dont il nous avait animés avaient été suffisants pour nous lancer sur le chemin sans retour en arrière. C'était partout, c'était en chacun de nous; un bouillonnement nous animait. Nous avons embrassé à deux mains ce printemps 1960. Comme si nous avions cru en une apothéose, comme si elle devait venir! Les signes des temps étaient dans les journaux et les revues, à la radio, sur toutes les tribunes des partis politiques, dans l'air que nous respirions, dans les conversations échangées, dans nos corps à la démarche plus allègre, dans nos physionomies éclairées par l'attente.

Vint la cérémonie solennelle, vint l'apothéose au soir du 22 juin 1960. L'émotion me gagne au moment d'évoquer cette soirée grandiose. L'équipe du tonnerre (qui l'avait si justement qualifiée ainsi?) de Jean Lesage, libéral, fut élue. Élus ceux qui créeraient le ministère de l'Éducation, ceux qui mettraient tous les enfants dans les écoles, ceux qui multiplieraient les universités; élus ceux qui nationaliseraient l'électricité dans des mains étrangères depuis des siècles; élus ceux qui fonderaient la Caisse de Dépôt et de Placements, et le Régime des rentes du Québec; élus ceux qui nous donneraient un système de soins de santé; élus ceux qui développeraient les immenses ressources hydroélectriques du Québec; élus ceux qui amorceraient un changement radical dans toutes les sphères d'activités de nos vies.

J'avais accompli une remontée. J'avais complété 10e et 11e scientifique en un an. J'entrais au cours d'infirmière pour trois ans. Je me sentais en concordance avec les temps nouveaux.

J'avais renoncé au voyage en Gaspésie à l'occasion des Fêtes. Il me fallait étudier, étudier sans faiblir, sans faillir. Un samedi soir, le 9 janvier 1960, un appel téléphonique de mon frère m'annonce le décès subit de mon père. Une crise cardiaque l'a emporté en quelques minutes. Nous sommes allés, les membres de la famille qui étaient au Canada, pour le pleurer, l'honorer, lui dire adieu, se souvenir.

L'année 1959-1960 se déployait comme une symphonie que je qualifierais d'héroïque en trois mouvements : le travail à la pharmacie de Ville Mont-Royal, les études en sciences et le décès de mon père.

Jamais plus tard, en aucun temps, en aucune autre circonstance, ai-je travaillé autant que pendant cette année-là. En juin, j'avais réussi. Mais ma fatigue était extrême. J'avais rêvé. Mon rêve deviendrait réalité.

Du mercredi 2 juillet au dimanche 6 juillet 1960, nous étions à New York. La nuit avait été chaude. La journée serait écrasante. Rien pour atténuer notre enthousiasme. Nous montions, Clémence et moi, dans l'autocar climatisé de Greyhound en route pour New York. Une première visite au sud de notre frontière. Les villes et les villages défilaient. Comment situer les Adirondacks, Ticonderoga, lac Georges, Albany, les Catskill Mountains, sans la carte routière sur les genoux. J'apprendrais.

En quel honneur du ciel avons-nous logé dans l'hôtel Saint-Georges, à Brooklyn, le plus gigantesque de cette ville?

Circulant par métro, nous avons fait la visite classique de New York. *L'Empire State Building*, la croisière à la Statue de la Liberté, la visite de l'édifice des Nations Unies. Une visite guidée des trois principales salles, celle de l'Assemblée générale, celle du Conseil économique et social et, surtout, celle du Conseil de Sécurité. Au mur de cette salle, une murale d'un artiste norvégien, Peter Krohg, qui symbolise l'espérance de l'humanité pour le monde à venir, un monde meilleur. Nous avons arpenté Central Park et Time Square.

Le sommet de notre voyage fut la visite des musées.

Nous débutons par le Musée d'Art Moderne (le MOMA). C'était époustouflant de découvrir comme si ça allait de soi, des Modigliani, des Cézanne, des Magritte, des Vasarely, des Miro. J'ai en quelque sorte buté sur Guernica de Picasso. Un immense tableau qui évoque une horreur de la guerre civile espagnole; le bombardement de la ville de Guernica par l'aviation allemande au service de Franco. De nos jours, pour la contempler faut se rendre à Barcelone. Elle a été rendue à l'Espagne.

Ce musée abrite la plus importante collection au monde de tableaux et sculptures du vingtième siècle. Aucun musée visité par la suite dans le monde ne m'a laissé cette impression inoubliable d'un débordement, d'un déferlement de richesses, proche d'un trop plein.

C'était une grande nouveauté le Musée Guggenheim ouvert en 1959. Ce qui m'y avait attiré, c'était son architecture. Il est l'œuvre de Frank Lloyd Wright. Un musée rond, en spirale. On montait à l'étage supérieur et en descendant les chefs-d'œuvre défilaient sous nos yeux à mesure que nous avancions dans cette spirale. Un jour, je retournerai dans ce musée. J'oublie, j'oubliais que tant de chefs-d'œuvre sont à notre portée à quelques centaines de milles de notre ville. Je reprendrai mon bâton de visiteuse et cette fois-ci, pour un temps, j'oublierai l'Europe. Je saurai que dans certains domaines, l'Europe que j'aime est près de nous.

Au Musée d'Histoire Naturelle de Manhattan qu'on dit être l'Institut des Sciences Naturelles le plus important dans le monde, je voyais, entre autres, des dinosaures. Là, la section qui traite de la structure et de l'origine de la vie; c'était en biologie des invertébrés. Les origines de la vie, je les verrai de nouveau dans les musées d'Histoire Naturelle que je visiterai par la suite à Los Angeles, à Ottawa, à Paris.

À la visite de ce musée, j'ai cru qu'il nous hissait à un palier supérieur de la connaissance du monde. Un endroit extraordinaire qu'un musée d'Histoire Naturelle.

J'étais allée à New York particulièrement pour voir des momies. J'ai vu les momies embaumées de la section des Antiquités égyptiennes au Metropolitan Museum of Art. Je souhaite retourner sur ce passé; revoir New York; revisiter ses grands musées dont particulièrement le *Metropolitan Museum of Art*, qui est le plus important musée des États-Unis et le quatrième du monde après le *British Museum*, l'Hermitage et le Louvre.

Une longue marche dans Central Park nous a ramené les deux pieds sur terre. Le 6 juillet, nous reprenions l'avion à l'aéroport La Guardia pour Montréal.

UN CHOIX

L'Hôtel-Dieu de Montréal; sa réputation d'hôpital de soins spécialisés, son école d'infirmières tout aussi réputée que l'hôpital, le nombre de jeunes filles de mon village qui y avaient décroché leurs diplômes, la réputation de compétence et d'excellence qui flottait au-dessus de leurs têtes comme un panache, la distinction et la supériorité que conféraient en quelque sorte les études faites à l'Hôtel-Dieu.

Mais nous avions aussi évoqué le gigantisme de l'institution. Son école, qui devait compter plus de 150 élèves à chaque entrée. La thérapeute me suggérait l'École de Ville Saint-Laurent. Une institution moins complexe que l'Hôtel-Dieu, mais qui ne comptait pas tous les services nécessaires pour la pratique infirmière.

Nous faisions un stage de quelques mois en pédiatrie et en salle d'accouchement à l'hôpital Sainte-Justine. Un stage de trois mois d'études en maladies mentales à Louis-Hippolyte-Lafontaine, et un mois de stage en maladies contagieuses à l'hôpital Pasteur, rue Sherbrooke est.

Un temps inoubliable, pendant le cours d'infirmière, fut le stage fait en salle d'accouchement à Sainte-Justine. Le nombre d'accouchements qui se succédaient, je crois en avoir vu une cinquantaine, ne réussissaient pas à calmer mon émotion et mon émerveillement devant l'arrivée au monde des enfants. Toujours unique, toujours nouveau, ce petit paquet de chair qui tout à l'heure était dans le ventre de sa mère, et qui maintenant faisait la loi tout autour de nous par ses cris, ses larmes, son apaisement.

La pratique infirmière était exigeante, mais j'ai aimé l'étude, le travail. J'allais pour toute ma vie aimer cette profession.

Cependant, je ne savais pas qu'elle était si peu payée. Personne ne nous avait parlé d'argent. Je prenais conscience que d'autres professionnels entraient au travail avec plus de brio social et des salaires plus considérables.

Mes compagnes étudiantes étaient plus jeunes que moi. Elles déployaient l'énergie suffisante pour répondre à tous les critères de l'école, et il leur en restait encore pour aller au cinéma, au restaurant et dans tous les lieux fréquentés par les garçons. Pendant les trois années du cours, elles avaient réussi à se faire des amis et, pour certaines d'entre elles, chez les étudiants en médecine qui étaient en stage à l'hôpital de Ville Saint-Laurent.

N'ayant pas leurs énergies, mes sorties étaient limitées. Après quelques efforts, un chevalier servant fut trouvé pour m'accompagner au bal de graduation.

Quelques rares hôpitaux dans la province étaient dirigés par des laïcs. L'hôpital Jean-Talon à Montréal était de ceux-là. Les temps d'études passés chez les religieuses me furent satisfaisants, mais ma sensibilité à la révolution tranquille en marche me poussait vers d'autres lieux. Je voulais expérimenter ce que c'était un hôpital entièrement dirigé par des laïcs.

Madame Richard, coordonnatrice du personnel infirmier à cet hôpital, me reçut à son bureau. Elle m'accorda un poste d'infirmière chef d'équipe en chirurgie au 5ᵉ C.D. Un travail assuré pour l'automne. Alors, je n'avais plus qu'une idée en tête : les vacances.

C'ÉTAIT ÇA LE BONHEUR (JUILLET-AOUT 1963)

Avais-je déjà fait un voyage plus excellent. Le grand hall de la gare centrale animé par les voyageurs qui se hâtaient vers leurs voies d'embarquement. Les haut-parleurs qui annonçaient les numéros des trains et les départs prochains. Le va-et-vient de ceux qui avaient accompagné les voyageurs; l'arrivée d'un train venant de New York, un autre venant de Toronto. Les passagers qui remontaient les escaliers roulants et qui se déversaient dans le hall de la gare à la recherche de parents, de taxi, d'autobus.

Je prenais le train Montréal-Gaspé pour des vacances de juillet et aout. Tous mes livres de cours dans une valise, les dizaines et les dizaines de feuilles de notes par dessus, des cahiers et des crayons, le coeur gonflé de satisfaction, je montai dans mon wagon, comme si je prenais le train pour la première fois. Dès celui-ci en marche, son roulis bienfaisant, ses bruits devenus hypnotiques, tout mon stress s'évanouissait. Jouissance de se laisser bercer, de se laisser emporter. Exaltation intime, satisfaction profonde, sentiment de guérison et d'apaisement. Je bouclais une boucle du temps. Un cycle de dix ans s'était écoulé depuis Campbellton, depuis les années de tuberculose, depuis les années d'efforts qui ont suivi. Je m'endormis sur mon bonheur. Tôt le matin, quand je repris mes sens, nous entrions dans la vallée de la Matapédia. Je savais, bien avant que des magazines se prononcent, que se déroulait sous mes yeux un de plus beaux paysages de mon pays. Une puissante rivière à saumons qui bouillonne et s'a-paise en fosses pour les pêcheurs, qui continue sa course au pied des montagnes qui sculptent la vallée; le train qui ser-pente le long de ses rives, qui change d'orientation selon les caprices de la rivière. Arrivés à Matapédia, le paysage va bien-tôt déboucher sur la Baie-des-Chaleurs où elle se jette sans fracas.

Plus tard, lors des voyages que je ferai par le train de Gas-pé, je me lèverai à l'aube pour admirer la vallée et le paysage à l'entrée de la Baie-des-Chaleurs.

La plage avait été invitante aux longues marches; le sable avait été doux; l'eau de la baie suffisamment tempérée pour s'y baigner. Le ciel et la terre de juillet s'étaient conjugués à me servir un vrai repos. Dès les premiers jours d'aout, vacan-ces terminées; je m'isolais dans une chambre à l'étage pour commencer mes révisions préparatoires aux examens de l'u-niversité qui auraient lieu à l'automne, quelque part en octo-bre. Méthodiquement, je revoyais toutes mes notes; je réétu-diais l'essentiel de tous mes cours pendant trois ans.

Un si bel été! Les appels à une pause-café, une pause-santé, montaient de la cuisine, se transformaient en une pause-soleil dans la cour avec ma mère et ma sœur. J'ai baigné à plein dans le bonheur tranquille des grandes vacances de cet été-là.

FRÔLER L'ABIME (1963)

Retour à Montréal. C'était la carrière qui commençait. Fallait se mettre au travail. J'entrai à l'hôpital Jean-Talon. On m'attribua le poste de chef d'équipe promis. Une équipe soi-gnante était formée d'une infirmière et de deux infirmièresauxiliaires plus un préposé, selon les besoins. J'avais la responsabilité de quinze malades. Dans une unité de soins en chirurgie (l'unité comptait trente lits), les activités sont nombreuses, le va-et-vient presque incessant, le minutage des actions de soins est important. Les prémédications et autres vérifications avant le départ pour le bloc opératoire, vérifications et soins attentifs au retour. Solutés et transfusions à installer et à surveiller. Sédatifs à administrer. Bains et toilette des malades. Dossiers à rédiger. Médications à administrer. Après trois semaines, j'étais complètement essoufflée.

Un lundi matin, à 11 h, je déposai dans la salle d'utilité le soluté que je devais installer. Je dis à l'infirmière-chef que je ne pouvais plus accomplir le travail demandé, que je quittais sur-le-champ. Elle demanda rendez-vous à la coordonnatrice du personnel, qui me reçut à son bureau.

À la coordonnatrice, je décrivis que je n'étais pas capable d'accomplir tout ce travail demandé, qu'en vérité, je n'étais pas capable d'être infirmière, que la seule chose que je pouvais faire était d'être femme de ménage. Et que je devais m'en aller. Elle se nommait Marcelle Richard. Je la louerai éternellement. Elle m'a sauvé la vie. Toute ma vie. Je lui dois tant que je suis prête à dire que je lui dois tout. S'il avait fallu qu'elle me laisse tomber! Qu'elle me prenne au mot, qu'elle me renvoie tout simplement à la maison. Dans quel abime de désespoir je serais tombée? Ma vie aurait basculé dans le néant après tant d'efforts depuis des années. Je me serais couchée pour toujours avec une nouvelle tuberculose.

Ce lundi matin de la fin septembre 1963 fut un point culminant de ma vie. J'allais être sauvée, remise au monde par cette coordonnatrice du personnel. Elle me dit : « Écoutez, allez vous reposer pendant trois semaines et vous reviendrez. Je vous accorderai un poste en médecine. »

Le volume de travail en chirurgie est très exigeant pour l'infirmière. À l'expérimenter, j'ai compris que je n'avais pas le gout pour la cadence qu'il exigeait ni pour les types de soins qu'il nécessitait. La médecine, qui est le soin des personnes atteintes de maladies tels diabète, ulcère, insuffisance cardiaque, comporte une cadence plus lente dans le déroulement des activités et laisse davantage de place aux échanges avec les malades. C'était ce que j'aimais.

Je revins au travail à la fin octobre pour occuper un poste de chef d'équipe en médecine hommes dans l'unité de soins 5e B. Être immédiatement chef d'équipe, c'était un pas à franchir. Pendant le cours d'infirmière, nous n'avions au total que quatre à six malades à soigner. Dans ce type d'organisation du travail, c'était quinze.

Quand je songe à toutes ces femmes qui m'ont aidée, à qui je dois la vie : depuis sœur Valentine, Ida Rosalie, sœur Toussaint, Marie-Thérèse Bourque, Lucie Pellerin, Marcelle Richard, Mme Morris, Ola Robitaille. N'ayant qu'une seule palme d'or à attribuer, je dois malgré tout la partager entre Marie-Thérèse Bourque et Marcelle Richard.

Aux jeux olympiques, ils sont trois à monter sur le podium. Il y a effectivement une troisième femme pour la palme d'or. Je n'ai pas pu retracer son nom. Elle était en service dans la famille du frère de Lyse D., une amie. Un dimanche après-midi, nous étions à la piscine. Plus précisément, j'étais seule dans l'eau : les invités étaient de l'autre côté de la clôture. Personne ne me voyait. Excepté la servante qui était sur le bord de la piscine. Comment c'est arrivé, je ne sais pas; je montais, je descendais, j'avalais de l'eau, j'allais me noyer. L'esprit vidé de toute pensée, de toute anxiété, je sombrais sans le réaliser; toute conscience réfugiée au niveau du corps qui cherchait à s'en tirer. Cette dame s'est aperçue, elle m'a tendu la main; je me suis agrippée à ses doigts. J'ai pu sortir de l'eau. Ébranlée, silencieuse, je suis rentrée chez moi. Je me suis étendue sur le divan, le gout de l'eau dans la bouche. Sachant que je venais d'échapper à la mort. Depuis, j'ai toujours su combien c'est facile de se noyer.

MIAMI

Était-ce du snobisme, un esprit de modernité, une fatigue réelle qui nécessitait la chaleur de Miami? À l'hôtel Sheraton, j'occupais une grande chambre. J'étais venue seule en vacances. L'effet hypnotique de ce lieu s'est manifesté dès le premier jour. L'oubli. L'oubli de tout souci. Tous les voyages que je ferai par la suite à Miami seront comme une cure. Même comme une pratique du bouddhisme. Le soir, allant au lit, l'esprit n'avait aucun point de référence; c'était le vide. C'était le repos complet.

Le premier matin, vous le croisez sur la grève; vous attribuez à la moiteur du jour le léger vertige qui vous ébranle. Vous marchez encore, vous le croisez; vous distinguez que votre « vertige » qui augmente à chaque rencontre n'est pas dû à la réflexion du soleil sur le rivage ni à la puissance des vagues.

Vos pas vous conduisent plutôt vers une obscure vérité; le cercle de votre vie va s'ouvrir pour entrer dans celui de quelqu'un d'autre.

Comme un appel trouble... comme un désir inavoué... comme une musique lointaine parlant de rêves enfouis, d'un temps que je cherchais depuis longtemps, au-delà de moi-même, au-delà du temps, au-delà de ma vie en attente...

Jeudi. Mes vacances achèvent. Il est assis à un coin du comptoir de ce restaurant où nous prenons le repas du midi. Son regard. Ses yeux verts. Ses cheveux bruns. Beau et jeune. Une espèce de fraicheur l'anime. Soudain, je sais quelque chose. Je sais qu'un temps est venu. Je ne peux plus m'échapper. Je ne veux plus m'échapper des mains d'un homme. Déjà si tard dans ma vie. Ma chair aveugle depuis ma naissance.

Le mystère incompréhensible d'une vie sans amour. Elle croit aimer non elle ne croit pas aimer. Elle ne sait pas qu'elle n'aime pas. Qu'elle n'a pas aimé jusqu'à aujourd'hui. Son ignorance la sauve et la perd à la fois. Elle attendait. Elle attendait quoi? Elle ne peut même pas nommer son attente.

Un premier baiser donné à vingt ans ne l'avait pas rendue à la vie. Cette femme qui ne cesse d'accumuler les manquements à l'égard d'elle-même. Cette femme aveugle comme le nouveau-né d'un jour.

Mon frère m'avait glissé un mot sur l'importance du premier regard lancé vers l'homme. Quoi faire pour attirer le désir? Il fallait le provoquer pour le faire exister. Il fallait l'avoir en soi. Le désir n'était pas dans les petits pots d'onguent, dans le prix des crèmes de nuit, dans les soins de beauté, dans le nombre de robes dans la penderie, dans la hauteur de mes talons de souliers.

Si je m'étais perçue charmante, désirable, désirée! Si j'avais regardé pour être regardée. Si j'avais été éveillée, attentive, si tous mes sens avaient compris que le désir est dans le rapport de sexualité du premier regard échangé.

Cette femme qui ne s'est pas livrée au désir, qui ignorait l'abandon.

Il est monté dans ma chambre du Sheraton Hotel de Miami Beach ce soir-là. Soudain, vos années s'additionnent, se bousculent; votre ignorance est totale; vous êtes hésitante, même tremblante... Les immenses draperies des fenêtres tirées sur les lumières de la ville. La rumeur incessante de la circulation sur Collen's Ave nous parvenait comme un bruit rassurant. Les vagues de l'océan ne cessant d'enfler comme à l'approche d'un ouragan. Je me suis laissée bercer et emporter, « ses mains légères en route vers moi ».

> *Personne ne sait que ce mystère est un mystère...*
>
> *Comment le mystère peut-il être rompu comme une amphore grecque tirée du naufrage sans livrer son secret?*
>
> *Comment le repas peut-il être consommé sans haute cérémonie de nappes, de crystal, de coupes d'argent, de candélabres.*
>
> *Comment oublier la parade des grèbes, le cou tendu, marchant sur l'eau, offrant une tige en cadeau...*

Son avion était à midi le lendemain. Il retournait à Anaheim, en Californie du sud, où il habitait. Une ville située au sud de Los Angeles, à la hauteur de Long Beach.

Don P. un homme d'origine suédoise, et beau comme l'Apollon du Belvédère, est revenu me visiter. Il a passé une semaine à Montréal lors de l'Expo 67. Je lui avais trouvé un appartement dans le quartier Rosemont.

Notre première visite sur l'ile Sainte-Hélène fut pour le pavillon des États-Unis : le fameux dôme géodésique, œuvre de Buckminster Fuller.

Il est venu chez moi, sur l'avenue Pothier, en même temps que Paula, cette amie de mon frère Albert venue elle aussi de Los Angeles visiter ce dernier. La réputation de l'Expo traversait nombre de frontières.

Quand lui et Paula nous entendaient parler français, ils étaient médusés par les sons de cette langue. Peut-être que peu de mots français étaient prononcés en Californie du sud à cette époque. Peut-être nous enviaient-ils d'être capables de parler deux langues. Je n'ai pas cherché à le revoir malgré plusieurs voyages en Californie. Aujourd'hui, plus tard, c'est indécent de confesser des regrets, d'admettre des manquements, de constater l'étroitesse de ma vision.

Ce même été, encore des vacances à inventer. Deux amies de l'hôpital, Lise et Louise, m'ont invitée à voyager avec elles en voiture jusqu'à Wildwood, dans le New Jersey, pour des vacances d'une dizaine de jours. Je découvrais les autoroutes américaines, les fameuses « sorties ». Se tromper de sortie et c'était un détour d'une vingtaine de milles.

L'eau, la plage, le soleil, une bénédiction constante. Souvent, à l'heure du café, nous avions un plaisir fou à inventer un langage. Nous mettions ensemble des syllabes dont les sons ressemblaient soit à de l'allemand, soit à de l'italien. Nos voisins de table se demandaient quelle langue nous utilisions.

« Thérèse, tu ne t'aperçois pas que les hommes te regardent », me dit Louise. J'ai ouvert un peu plus les yeux... Un jour, je fus invitée par un jeune Américain dans sa Buick de l'année à une longue randonnée le long de la côte, voyageant depuis le New Jersey Turnpike, sur le Garden State Parkway, jusqu'à Cape May, qui est à la fine pointe de la presqu'île qui forme le New Jersey.

Déjà à cette époque, c'était plus chic d'être en vacances à Cape May mais c'était aussi plus couteux. La beauté, le style des maisons victoriennes, ne cédaient pas un pouce de gloire à celles de San Francisco. Leurs pignons pointés vers le ciel, leurs larges galeries, leurs airs de grande dame en jaune, vert ou bleu, c'est à coup de centaines qu'elles se déployaient dans la ville. Un patrimoine dont je ne saisissais pas encore l'ampleur et l'importance. Je loue ce jeune Yankee qui m'a promenée à travers les rues de cette ville au charme éblouissant. Nous sommes passés au large d'Atlantic City et des autres petites villes de vacances qui colonisent la côte sur l'Atlantique.

Une sortie qui contribuait à me décrisper?

Y a-t-il une énigme plus obscure qu'une personne qui n'arrive pas à saisir qu'elle peut être regardée et aimée; qu'on puisse s'intéresser à elle?

PROMOTION

Le travail de soins directs auprès des malades m'était très cher, mais je ne l'ai pas pratiqué longtemps. Pas plus d'un an et demi. J'ai été nommée au poste d'adjointe à l'infirmière chef. La majeure partie de ce travail se déroule au poste de garde. Examen et surveillance des dossiers des malades. Échanges avec les médecins, tous les autres professionnels et les malades eux-mêmes. Encore six mois, et j'étais de nouveau mutée.

L'infirmière chef de mon unité de soins à l'hôpital quittait son emploi. Elle retournait en France, à Bordeaux, puisque sa mère, qu'elle avait fait venir au Canada, souffrait d'une maladie grave et chronique et ne pouvait pas être acceptée comme immigrante. Elle proposa ma candidature à la directrice des soins infirmiers. Avais-je des concurrentes? Je ne le sais pas. J'ai été acceptée et promue au poste d'infirmière chef de l'unité de médecine du 5ᵉ. Une unité comportant deux sections et un total de cinquante-quatre lits.

À ce centre de travail qu'on nomme « le poste », il faut répondre aux malades qui viennent questionner, aux visiteurs en quête de renseignements, aux médecins et chirurgiens nombreux; à la grande diversité des professionnels qui, eux aussi, consultent les dossiers et voient des malades. J'étais constamment sur la brèche. Est-ce que je travaillais deux minutes sans être interrompue? Cependant, mon ardeur et mon intérêt au travail ne faiblissaient pas.

Après ma journée, il me restait peu d'énergie pour aller danser, pour sortir avec des prétendants, pour m'inscrire à l'université en vue du baccalauréat en soins infirmiers.

V
Cole Porter sous le bras

DES ARTS DÉCORATIFS DE PARIS À MONTRÉAL (1966)

Tous les visiteurs tournaient autour de l'imposante vitrine où reposait Glaucos, un poisson dont le corps taillé dans l'améthyste fascinait par son aspect baroque.

L'exposition des bijoux de Georges Braque, présentée au Musée des Beaux-arts de Montréal, avait d'abord été dévoilée au Musée des arts décoratifs de Paris avant de faire un tour du monde et d'arriver parmi nous. Braque était surtout connu comme peintre. Il explorait aussi le dessin, le plâtre, la sculpture. Braque a commencé à travailler les pierres précieuses à la toute fin de sa vie.

Cette exposition complétée par la présentation de spécimens minéralogiques exceptionnels donnait pour toujours le gout de visiter des musées où on en retrouve des exemplaires.

Monique B., une compagne infirmière, est venue avec moi visiter cette exposition. D'une vitrine à l'autre, notre éblouissement grandissait devant le luxe des pierres, le raffinement des joyaux, la somptuosité des créations. L'exposition éclatait par sa richesse et sa variété. À la fin de notre périple, nous sommes retournées contempler encore Glaucos, sous son immense écrin. Aujourd'hui, je dirais que les visiteurs tournaient alentour de la vitrine un peu comme les musulmans tournent en signe de vénération autour de l'immense pierre de La Mecque, la Kaaba, qui abrite la pierre noire symbole de l'univers.

Soudain, mon œil, au travers de la châsse, capta l'œil d'un visiteur. Insistance du regard de part et d'autre. Allions-nous oublier les rubis et les émeraudes? Il s'est avancé vers moi. L'exubérance des bijoux n'avait d'égal que ma propre exubérance; mon pied devint plus léger que la plus petite agate de l'exposition.

Assis sur un banc au fond, à gauche dans la salle d'entrée du musée, une conversation d'une heure entre Monique, David et moi; avec précaution, j'avançais sur la scène du premier acte où, peut-être, se jouerait une conquête. Je ne savais pas si cet enchevêtrement de paroles, de questions, d'opinions, de regards, de sourires, créait un mirage, une brume légère, un climat d'attendrissement qui gagnerait l'attention du principal acteur. La conscience qui s'embrouille, le cœur qui s'emballe, l'esprit qui ne voit plus clair, je ne mettais pas de nom sur ce qui se déroulait. J'osais à peine m'avouer que je le désirais.

Des érables centenaires bordent la rue des deux côtés. Un appartement dans une maison de briques rouges qui me rappelait les maisons de briques foncées des anglophones de Campbellton, au Nouveau-Brunswick. David était venu me chercher pour un repas chez lui avec un couple de ses amis. Je découvrais le quartier Notre-Dame-de-Grâces. Au cours de ce souper, il raconta sa venue en notre pays.

Il était né à Lancaster, dans le North Yorkshire, en Angleterre. Un ami déjà installé à Montréal l'encourageait à migrer. Le Protestant School Board cherchait des professeurs. Quelques mois après son arrivée, il obtenait un poste à cette commission scolaire. Calme, posé, sans fanfaronnade. Un visage à la Tony Blair au début de son premier mandat avant que les soucis du pouvoir lui creusent des rides et blanchissent ses cheveux. Beau. Un œil vert-bleu de sang bleu. David était british. Il avait migré du Yorkshire au Canada.

C'est au port de Québec qu'il était descendu du SS Atlantic qui avait quitté Southampton. À cette époque, les Anglais migraient en grand nombre en notre pays, en Australie, et aussi loin que la Nouvelle-Zélande.

De sa minuscule cuisine, David sortit et déposa sur la table un « Yorkshire Pudding out of this world, a high curved, smooth empty waffle, le roastbeef, les pommes de terre, la sauce, les légumes. Sa province anglaise étalée devant nous. La conversation s'anima de nouveau. Notre bien-être augmentait à chaque bouchée de pudding, à chaque bout de pain trempé dans la sauce. Il était fier du succès de la cuisine anglaise auprès de ses invités.

BEAUTÉ QUI DEMEURE

Ella Fitzgerald m'était inconnue. Le jazz l'était tout autant. Il arriva chez moi, un soir, avec un cadeau. Un double disque. Trente-deux chansons composées par Cole Porter et chantées par Ella Fitzgerald. C'était *The Cole Porter Songbook*.

David se leva. Il plaça un disque sur mon appareil allemand Telefunken. Le disque tourna...tourna...tourna... Un chant s'éleva... inoubliable : Let's do it (Let's fall in Love). Suivirent Just one of those things, Every time we say goodbye, All of you, Begin the beguine, Get out of town, I am in love, From this moment on. Ainsi fut la musique pendant plus de trente chansons. Comme si David me disait des mots d'amour qu'il n'avait pas encore prononcés... deux disques merveilleux dont je ne me suis jamais lassée. Pour la beauté des paroles, pour la splendeur des arrangements musicaux, pour la voix unique qui restitue avec une parfaite clarté chaque mot de Ella Fitzgerald. Ces disques constituent un joyau du monde de la musique de tous les temps. Fitzgerald disait elle-même de ces deux disques qu'ils avaient été un point tournant dans sa vie. Georges et Ira Gershwin disaient qu'ils n'avaient jamais su que leurs chansons étaient si bonnes jusqu'à ce qu'ils les entendent chantées par Fitzgerald.

Il est assis près de moi. Les moderato, les andantino, les allegretto remplissent le salon, s'emparent de la maison. De subjugués, nous passons à tendres, à ébranlés. Étions-nous timides l'un l'autre? Qu'est-ce que nous attendions?

PECULIAR

Je ne sais plus où nous étions, si c'était le soir ou le matin, si nous marchions dans un parc, si nous longions la rivière, si plutôt nous déambulions en pleine rue Sainte-Catherine, se cognant à gauche et à droite sur une foule dense et bruyante, ou si c'était à la sortie du cinéma, ou tout juste descendant le perron de l'appartement sur l'avenue Pothier, soudain David me dit « Thérèse you are peculiar; you are a peculiar women. » Intérieurement affolée, redoutant le sens de ce mot, je ne lui ai pas demandé d'explications. Je n'en ai pas cherchées. Ce mot a pénétré dans mon esprit comme le stylet d'un sculpteur, chaque lettre y fut gravée. Le souvenir de ce moment ne s'est pas perdu. « You are strange ». « Tu es une femme étrange » fut ajouté à titre d'explication.

Je ne savais plus quoi faire. Quel comportement, quelle attitude adopter. Qu'est-ce que je devais changer? Je n'étais pas une femme normale? Savait-il, quand il a prononcé le mot « étrange », tout ce que recelait ce terme, incompréhensible, hors du commun, qui étonne, qui surprend, bizarre, extraordinaire, singulier, indéfinissable, étonnant, original, insolite, exceptionnel, excentrique. Longtemps, j'ai tourné autour du mot peculiar. Je me suis emparée des meilleurs termes de ce vocabulaire pour retrouver ma confiance en me faisant croire que j'allais survivre à mon passé. Une amie m'apprenait, elle aussi, que j'étais étrange...; tante Émilie-Anne me pointant du doigt disait à ma mère : « celle-là n'est pas de la famille ».

LA GORGE NOUÉE

Du balcon arrière de l'appartement où je sirotais un troisième café de la journée tout en lisant le journal du matin, j'accourus dans l'entrée à la sonnerie du téléphone. Plongeon dans le vide. Le mur allait s'abattre sur moi. J'ai perdu contenance. J'ai perdu la parole. David m'annonçait qu'il me quittait pour retourner à une amie hongroise qu'il avait connue avant moi. Aucune protestation. Comme s'il devait en être ainsi. Je suis tombée dans le néant sans son adresse, sans son numéro de téléphone. Me sont restés ses disques et les atomes de sa personne qui flottaient encore dans ma maison.

Vient un moment chaque printemps depuis ce jour-là où remonte à mon souvenir la rencontre avec David. Son beau visage aux yeux verts que je ne veux pas laisser s'effacer de ma mémoire. Quand les disques commencent à tourner et que les premiers mots de Let's fall in love retentissent et ravivent l'émotion, j'esquisse quelques pas de danse sur ces airs irrésistibles. C'est un rite religieux. Un rituel sacré. Une offrande à l'amour.

Tu étais là. J'étais absente, hors du réel. J'ai rêvé de te revoir, d'être dans tes bras. Ma douleur de t'avoir perdu.

Quelle vie étrange en rétrospective! Aujourd'hui, tous les sanglots de mon corps sont inutiles. Je peux m'épuiser dans les larmes, personne n'en saura rien.

Détresse de ne pas avoir aimé quand c'était le temps
De ne pas avoir su que c'était le temps
Que ce temps ne durerait pas tout le temps
Détresse de ne pas m'être occupée des hommes que je ren-
    contrais
Il n'y a rien pour me consoler, me dédouaner

DÉRAISON

À quel moment, pour lequel de mes amours perdus suis-je
    tombée en déraison?
Par quelle conspiration muette ai-je été tenue loin de mon
    corps,
livrée à l'absence de moi-même
Tu as l'air d'être là
tu n'es pas là
tu n'as pas de corps
fais semblant
mais ne fais même pas semblant
avoir un corps, c'est grave,
défendu, dangereux
tu n'as pas de sexe, ne prononce pas le mot, tu le fais
exister

Sortez avec un garçon
mais ne sortez pas
n'ayez pas de pensées, de désirs
pas d'imagination, pas de pulsions, pas de rêves
on m'a laissé errer sachant que je n'avais pas de corps
on m'a dit que je n'avais pas de cœur et je les ai crus
et mon cœur était vide, vide
de toute ma vie jusqu'à aujourd'hui
je suis sans cœur et sans corps.

J'étais entrée dans ma bulle au début de l'âge de pierre
le voile invisible que tous voyaient
m'enveloppait si serrée qu'il me barrait les pieds
je n'étais plus dans mes souliers
ils ne touchaient plus le sol
Je m'enfonçais dans l'irréalité.
réservée de tous côtés
gardée en vue de l'inutile
retenue sans rime ni raison
des jeunes m'avaient tout juste entrevue
personne ne savait plus pourquoi je n'étais pas vue

Ma bulle me défendait de tout désir
l'homme voyait le mur invisible qui m'entourait
j'ai tout perdu : je ne savais pas que je perdais, que
j'existais à peine,
quelqu'un avait cadenassé l'entrée de la maison
quelqu'un avait tiré le rideau de coton autour de mon lit
je dormais sans rêver à lui

mes yeux se fermaient sur une absence
pas un chant de gratitude ne montait de ma couche
solitaire
mon imagination infirme ne créait nul mirage
aucune ombre ne se profilait à l'entrée de ma chambre
la table de chevet perpétuellement dressée
où le bénitier conservait des odeurs d'encens
le livre des quatre Évangiles que je devais mémoriser
pour la cérémonie du lendemain

Quelqu'un dans cette maison avait-il proféré des
malédictions contre moi
le non-dit régnait comme sculpture de bronze
pas de haine du corps
son existence était refusée
une coupure radicale
il semait partout l'inquiétude
s'il fallait découvrir les plaisirs qu'il recèle
tous étaient libérés des mots
qui l'auraient fait exister
il aurait fallu s'en occuper
accomplir à son égard
des gestes de bonté, de pardon

Absence du corps
le corps jouissance innommée
le corps dangereux
le corps à ignorer
de quel lointain passé montait la horde des interdits

des pages entières de vocabulaire à son sujet
avaient été déchirées
laissant seuls par terre les livres de piété
le temps de ce temps m'obligeait
à m'ensevelir toutes portes ouvertes
l'enfermement
traverser les ravins de la mort sans y périr
c'était dans l'air du temps
c'était dans les processions
c'était dans les psaumes
dans les trois jours des Rogations
c'était pendant les Quarante-Heures
les nuits sans lune consacrée à l'Adoration
c'était les neuvaines chargées de supplications
l'encens couvrant le village
un œil gris qui exerçait le pouvoir

Je n'ai jamais eu de corps
avoir un corps ça voulait dire être regardée
désirée trouvée belle abordée accostée sollicitée
ça voulait dire avoir deux jambes deux bras
des seins un ventre un sexe une tête des cheveux
des yeux un regard une présence
une façon d'être de marcher
se sentir
j'aurais cru que j'existais
ce n'était pas vrai
je n'étais pas là
je n'étais pas disponible
je n'étais pas présente

je n'étais pas détendue attirante offerte
j'étais devenue invulnérable
Écrire sur le corps mort
sur mon corps mort sans amour
délivrez mon corps de la mort
déliez mes passions maintenant que j'accède au sacré

Il y avait un trésor caché
innommé
c'était la chair, le charnel, les caresses, la tendresse, le
    plaisir sexuel
découvrir qu'il y en avait pour toute la vie du plaisir
que c'était la grâce la plus extrême qui était donnée aux
    humains
un plaisir sans fin sans limite se renouvelant chaque jour
qui était toujours prêt à éclater, prêt à jeter le corps dans
    l'exultation
et qui, avec les autres nourritures terrestres si diverses,
nous garderait dans le plaisir de vivre

Regarder
se laisser emporter par l'œil de l'autre
aujourd'hui je sais
ma vie n'est pas rachetable
rien ne pourra me délivrer du vide
de l'amour dont je n'ai eu aucune idée
je ne sais rien en faire
je suis au temps de l'irréparable
tard, très tard, trop tard,

j'étais calmement murée dans le silence

je cultivais mes certitudes nées dans le sol d'un village de
    trois maisons

loin de tout contact pendant des années

Quelle gloire ai-je engrangée à vivre sans amour

je ferai du chemin dans la déraison

je t'attends depuis ce premier baiser près du comptoir à
    chapeaux

mon impatience n'a plus aucune limite

mes bagues sont à mes doigts

j'irai acheter des bracelets

la semaine dernière ma bulle de protection était encore
    intacte

quelqu'un pour me prendre la main

pour me sortir des chambres de bois

pour renverser les autels qui m'ont fascinée

C'est à mon cou qu'a été suspendue la meule du moulin

Il y a longtemps que je souhaite être bercée

qu'on me prenne qu'on m'entoure qu'on m'enlace

Venez quelqu'un

venez pour m'aimer

venez me consoler même si je suis inconsolable

un jour peut-être une fête étrange et sans limite sera

organisée
alentour de moi
des gens se rassembleront pour célébrer

Cette esseulée, privée d'amour, d'attentions, de regards, de désirs s'est redressée. Je suis debout. Le printemps et même l'été se sont mis à ruisseler. Plus que jamais plongée dans mon travail. J'achète des robes. Soyeuses et couteuses. Un voyage est en préparation.

Un quatre juillet (1966)

Le premier violon donnait le ton. Les autres essayaient de s'ajuster; les violoncelles tentaient de s'accorder; des hautbois aux flutes aux cuivres, tous émettaient des sons à gauche et à droite qui nous semblaient tout à fait stridents.

L'orchestre symphonique de Montréal jouerait son premier concert de la série « Concerts sous les étoiles » donné au Chalet de la Montagne pendant la saison d'été 1966. La canicule a été si écrasante sur la ville pendant la journée que nombre de mélomanes sont venus tout autant pour la fraicheur là-haut que pour la musique. Alexander Brott dirigeait l'orchestre.

Je m'étais rendue à ce concert sachant que David était un amoureux de Beethoven. Peut-être je pourrais le revoir... Mais il aurait fallu que je me tienne à l'entrée du terrain, que je cherche parmi tous les visages...

J'étais assise dans la sixième rangée de la section du côté gauche. Avant le début du concert, je remarquai un homme qui passait rapidement devant les rangées de chaises pour occuper un siège dans la même rangée que moi, mais dans la section de droite.

Le voyant, je me dis : tiens, un homme seul. Une fois qu'il fut assis, je m'avançai et lui jetai un coup d'œil...

Et ce fut l'ouverture Coriolan. Plutarque, un auteur grec de textes historiques, avait écrit une biographie de Coriolan. Shakespeare avait créé un drame sur la vie de Coriolan, cet homme d'État romain qui avait vécu cinq siècles avant notre ère. Ce général romain qui avait vaincu les Volsques fut condamné à l'exil pour avoir attenté aux droits de la plèbe. Une histoire qui avait inspiré Beethoven.

Puis Wlado Permeluter, pianiste, s'avança sur l'estrade. Il joua le troisième Concerto en C mineur de Beethoven. Plus tard, beaucoup plus tard... Nous argumenterons disant : ce n'était pas plutôt une sonate de Beethoven ? Depuis ce jour, le débat demeure ouvert...

À l'intermission, des boissons et des friandises étaient disponibles sur une grande table ronde. Debout, à choisir, tout à coup je vis cet homme qui d'un pas ferme, s'avance vers moi. Je me dis : en quel honneur du ciel vient-il vers moi ? Qu'est-ce que j'ai fait pour qu'il me découvre dans cette foule? Surprise. Légèrement décontenancée. Il était à mes côtés.

May I sit with you? qu'il me dit. J'ai répondu dans un anglais douteux et inélégant : I don't mind. Il a saisi mon ignorance de la langue anglaise. Nos échanges ont dû porter sur la musique, peut-être sur la chaleur qui sévissait. Nous avons acheté des boissons et mangé du chocolat.

Plusieurs fois au cours des années, je lui ai fait répéter le pourquoi et le comment de sa marche vers moi. Il semble que je ne sais pas encore et que je n'ai pas encore compris.

Le signal que j'ai pu lui adresser par mon coup d'œil me semblait si faible en pouvoir d'attraction que je ne comprends toujours pas. Une force, un courant qu'on ignore, un subterfuge de la vie. Quelle résonance dans son esprit pour marcher ainsi vers une jeune fille perdue? Combien de fois il a dû me répéter le scénario. Peut-être voulais-je l'entendre dire des choses mystérieuses, rares, graves; qu'il parle de séduction, de beauté, d'attrait invincible, peut-être même qu'il dise « parce que tu étais étrange ».

Il a demandé à s'asseoir avec moi pour la dernière partie du concert. Heureusement, j'ai bénéficié de sa veste sur mes épaules dénudées à l'heure où la nuit se refroidissait. J'étais vêtue de ma plus belle robe jaune pâle. Une coupe parfaite, de ligne A, en pure toile de lin. Ses boutons ont été conservés comme une amulette. Aujourd'hui, je souhaiterais avoir aussi conservé cette robe. Chez les Tarajas d'Indonésie, le jaune est le signe de la présence de Dieu

Et la troisième symphonie « Eroica » de Beethoven éclata et remplit les frondaisons du Mont-Royal. Une symphonie d'une ampleur sans précédent dans l'œuvre du compositeur. Quand retentirent les dernières mesures du dernier allegro, l'émotion grandissait et nous avions du mal à retenir nos applaudissements jusqu'à la note finale.

Beethoven lui-même dirigeait l'orchestre quand la symphonie Eroica fut jouée pour la première fois en 1885.

Après le concert, Jim, que je venais de rencontrer, me raccompagna jusqu'au pied de la montagne. Il demanda mon numéro de téléphone. Il n'avait pas de crayon. J'avais peur qu'il l'oublie. J'ai suggéré qu'il demande un crayon à un policier.

Nous sortions des allégros, des largo, des rondos, nous sortions de la marche funèbre de la symphonie Eroica; nous sortions du scherzo et du finale. Ce concert serait le point de chute de ma romance elle aussi animée de musique avec David. Le fantôme de David allait s'estomper, puis renaitre, s'estomper à nouveau, puis chercher toujours à renaitre.

Sous la voute du ciel, sous la lune et les étoiles, dans la splendeur de cette nuit de juillet, baignant dans la fraicheur de la montagne, la musique de Beethoven établissait désormais un lien avec cet autre homme qui avait marché vers moi.

Un deuxième sujet de Sa Majesté entrait dans le cercle de mon existence. Ses yeux ont conservé le bleu clair qu'ils arboraient cette nuit-là. La barbe qu'il portait encadre encore son visage. Même si c'est un cliché que de parler du flegme britannique, il en porte les marques par son calme et sa maitrise de soi.

Toutes les musiques, depuis les symphonies jusqu'aux concertos, aux sonates, aux fugues, aux oratorios, aux opéras, seraient présentes et sous-jacentes à nos rencontres. Il avait littéralement baigné dans la musique depuis son jeune âge. Son père était Musical Director of School of Music de la Royal Navy. Il était aussi violoniste. Il jouait en plus de la viole, du saxophone, de la clarinette et de la mandoline.

Jim avait été envoyé au pays de Galles avec des milliers d'autres enfants pour être protégés des bombardements de la Luftwaffe sur Londres et les grandes villes anglaises pendant la bataille d'Angleterre en 1940 et 1941. Il avait vécu dans les villes galloises de Cymvellin et Ebbw Vale aux noms étranges de la langue celtique. À son retour, il a étudié le violon pendant cinq ans; y ajoutant le tuba et l'euphonium.

Né à Portsmouth, Angleterre, dans le Hampshire, son diplôme d'ingénieur obtenu dans sa ville natale en 1957. D'autres années d'études dans son pays avant de suivre un autre cours à l'université Mc-Gill. À l'exemple de son père, entré dans la Marine britannique, il y est resté dix ans à titre d'ingénieur responsable de l'entretien « of aircraft electrical and instrument equipments ».

Au sortir de la Marine, Jim travailla près de cinq ans en Irak. À l'emploi de la Basra Petroleum Company Ltd., à Bassora dans la presqu'île de Fao, tout à fait au sud de l'Irak, sur le golfe Persique. Il était responsable « for maintenance of instrumentation at crude oil storage, pumping and tanker loading terminals (onshore and offshore) at Fao Iraq. »

Savaient-ils tous à cette époque, ces ingénieurs, qu'ils vivaient non loin de ce qui avait été le jardin d'Éden, le paradis terrestre? À l'embranchement du Tigre et de l'Euphrate, une oasis aux marécages luxuriants depuis cinq millénaires. Et juste au sud de la ville de Fao s'étendait la plus grande forêt de dattiers au monde.

En 1963, fut lancée une politique de nationalisation. La domination des compagnies britanniques sur le pétrole irakien prenait fin. Les compagnies Shell, British Petroleum, Esso et Exxon allaient abandonner un monopole.

En avril 1965, Jim retourne en Angleterre. Au mois d'aout de la même année, suite à une proposition de travail d'un ami ingénieur déjà au Canada, il décide de migrer en notre pays.

Il débarque à Montréal du S.S. Franconia en septembre 1965. Il obtiendra un poste d'ingénieur à la Shawinigan Engineering Co. Ltd., à Montréal.

Depuis la rencontre au chalet du Mont-Royal jusqu'à mon départ en voyage au mois d'aout, nous n'avions eu de temps que pour un premier souper ensemble. Au cours de la conversation, il fut gratifié du titre de « dieu », ainsi, je voyais les ingénieurs. J'avais de même donné ce titre au chirurgien, le Dr Grondin, le jour où fut décidée la transplantation cardiaque d'un malade de mon unité de soins. Le célèbre malade Albert Murphy, le premier greffé du cœur au Canada, occupait la chambre 522 de mon unité avant son transfert à l'Institut de Cardiologie de Montréal.

VI
L'apprentissage du monde (1966)

ENCHANTEMENT

Abrité sous une pile de robes turquoise, beiges et roses, sous l'amoncellement d'objets inutiles d'un premier voyage, mon cœur cherchait le calme après la tourmente fomentée par la perte de David et l'irruption soudaine de Jim dans ma vie. Je partais en Europe.

Les annonces dans le journal nous offraient la France, l'Italie et la Suisse en trois semaines. L'agence Malavoy responsable du voyage ajoutait dans son dépliant que pour un premier voyage en Europe, ce tour était idéal. C'était peut-être vrai.

Cette façon de voyager peut être comparée à l'écrivain qui souvent, dans ses premiers livres, y va de textes plus ou moins autobiographiques; par la suite, dégagé de lui-même, il créera des œuvres inédites.

Un jour, libérée du cercle restreint de Paris ou de Londres, j'irai, légère, marcher sur les terres celtes du Pays de Galles, découvrir les iles qui bordent la côte est de l'Écosse ou les paysages de brume des fjords de Norvège. Mais avant, je passe par les chemins initiatiques suivis par des milliers de voyageurs qui, pour la première fois, posent leurs pieds sur le sol européen.

Oui, ce fut comme gouter à un vin capiteux, à un St-Honoré, un gout dans la bouche qui ne nous quitte plus. Je serai hantée par la France, par l'Europe entière, par toutes les civilisations qui s'y sont succédées, par la grande et la petite Histoire, par la richesse culturelle.

Comme si j'avais encore eu besoin d'être convaincue, le coup de grâce de l'attrait pour l'Europe du Sud et du Nord me fut porté plus tard, dans la cathédrale de Grenade, lors de mon premier voyage en Espagne, lorsque, ayant une heure libre, je suis entrée dans cette église. Un jour, je retournerai vérifier si elle est en dentelle blanche à l'intérieur telle qu'elle m'est apparue. Sa beauté a déterminé ma conviction que ni les civilisations d'Asie ou d'Afrique ou d'Amérique du Sud ne peuvent surpasser les splendeurs du continent européen. Là se trouvaient les nourritures capables d'assouvir l'esprit. Là, la grandeur de l'Occident.

Un moment j'avais pensé, à la faveur de ce voyage, faire un crochet vers l'ouest de la France pour visiter ma sœur religieuse à Saint-Gilles-sur-Vie, en Vendée. Entreprise impossible. Le voyage était si compact que rien ne pouvait y être ajouté. Par ailleurs, il était question qu'elle revienne prochainement au Canada après douze ans d'absence.

Frappée par la beauté des édifices sans affiches criardes annonçant les commerces; ce trait de la ville m'avait touchée au cœur et à l'intelligence. Depuis, j'ai constamment souhaité une prise de conscience à l'égard de la beauté de nos villes, de nos campagnes et même de nos routes. Que soient abolis tant d'affiches et de noms de commerce gros et petits, multicolores ou couverts de néons, qui donnent une allure vulgaire et nous font ressembler à tant de petites villes impersonnelles du Midwest américain.

Je ne sais plus s'il y a encore autour de Paris tant de maisons au toit de tuiles rouges qui m'avaient jetée dans l'émotion lors de notre descente vers l'aéroport. C'était là, j'allais toucher la terre d'où étaient partis mes ancêtres il y a quatre-cents ans. Par fidélité à mon état intérieur, j'aurais dû embrasser le sol ainsi que le faisait le pape Jean-Paul II dans tous ces pays qu'il visitait.

Comme dans un film, par autocar, s'est déroulé sous nos yeux les Invalides, le Palais de Chaillot, la tour Effeil, le palais du Luxembourg, le Louvre, l'Opéra, la place de l'Étoile, la place de la Concorde, Montmartre, la place du Tertre. Tous ces lieux, joyaux du génie français « de l'architecture ample et souple au service d'un urbanisme limpide ». Dès le premier jour, au cours d'un second voyage à Paris, j'ai refait en autocar une longue visite panoramique de ces lieux. Les édifices roses, ambres, dorés, les dentelles de fer forgé, les jardins stylisés et géométriques, le déploiement des grandes artères, l'émotion me gagna devant tant de génie à créer de la beauté. J'ai adoré la ville de Paris. Depuis, combien de fois j'ai été bouleversée par le génie qui nous a donné la Vénus sortie des eaux, sculptée dans le marbre, vue au Musée du Capitole à Rome, le théâtre d'Épidaureen Grèce, la Vierge à l'Annonciation de Botticelli, le quatuor américain d'Antonin Dvōrák.

« Jamais je n'ai senti aussi nettement qu'à Chartres la grandeur du génie de l'homme ». Je me sens moi-même sous l'afflux de l'admiration, écrivait Auguste Rodin. L'excursion était facultative à Chartres et à Versailles. J'étais du voyage. André Malavoy, notre guide accompagnateur, avait le don par ses paroles, par son discours, par son ton de voix, de rendre les atmosphères. Dès le portail, nous fûmes au Moyen Âge, où l'évêque du lieu, Gislebert, décida de la construction de cette église après l'invasion des Vikings. Venant de Paris par la route, la cathédrale visible à des kilomètres à la ronde nous apparait « surgissant des champs de blé de la Beauce. Ses deux clochers d'une telle perfection, l'un comme une dentelle de pierres, l'autre comme une flèche qui perce l'azur ».

Nous déambulons de l'entrée jusqu'au chœur sous les sculptures des rois, des reines, des patriarches, des prophètes, des apôtres et des martyrs.

Émue et confondue. Je n'étais qu'au début devant la splendeur des artistes français à orner les murs, les plafonds, les lieux.

J'apprenais que Chartres plongeait ses racines aussi loin que l'époque gallo-romaine et même celtique. Maintenant, je sais qu'ici, tous les dix pieds carrés du territoire français, la terre retournée pouvait livrer un fragment de mur d'enceinte, un habitat du temps des grandes invasions, des vestiges de fresques ornant les murs des villas du temps de Jules César.

Au château de Versailles, la visite fut trop courte. Aujourd'hui, y retourner, je consacrerais des heures à ce palais et à ces lieux qui ont séduit du plus humble citoyen jusqu'au cours princières d'Europe, de Catherine II la Grande jusqu'aux empereurs d'Autriche, qui s'ingéniaient à recréer dans leurs palais, jardins et châteaux, les lignes architecturales de Versailles.

Journée libre à Paris. Tôt en matinée, je prends le métro pour me rendre au Musée de l'Homme. Depuis ma visite au Musée d'Histoire Naturelle de New York, j'avais acquis pour toujours l'amour et l'intérêt pour ces musées qui nous parlent des origines de l'humanité. Je descendis du métro à la station du Trocadéro. Arrivée au Musée, je m'aperçois que je n'ai plus mes verres. J'avais une seule paire de lunettes et elles étaient perdues. Je n'avais pas ma prescription. J'étais au tout début du voyage. J'ai quand même décidé de faire la visite.

Au premier étage du musée, c'était la galerie d'anthropologie qui expose les origines de l'homme et les caractéristiques des diverses races humaines.

Elle n'avait pas encore été exposée au Musée de l'Homme, la fameuse Vénus de Lespugue en ivoire de mammouth trouvée dans une station préhistorique de Haute-Garonne. Depuis, elle a trouvé un refuge digne de sa grandeur au Musée des Antiquités Nationales de Saint-Germain-en-Laye. Sa place n'était pas parmi les fossiles. Le Musée de l'Homme a été refait, réaménagé, mis à jour depuis que je l'ai visité.

VÉZELAY

En quittant Paris, sur 228 kilomètres à travers les bois, les coteaux, les labours, la diversité des paysages d'Ile-de-France et de Bourgogne, nous arrivons à Vézelay. Un village qui a été témoin des grandes heures de la vie médiévale.

Comme les pèlerins de Compostelle, étape importante sur leur route, nous montons la colline jusqu'à la basilique romane de Sainte-Madeleine. C'est le soir. Nous avançons dans la nef sombre, aux sons de l'orgue. L'émotion me gagne plus encore qu'à Chartres.

Par la magie des paroles de notre guide, nous sommes transportés en plein Moyen Âge. Saint Bernard a prêché ici, la deuxième croisade. Nous sommes devenus des pèlerins médiévaux.

Quelle basilique, quelle cathédrale visitée par la suite me rendra l'émotion, la sourde grandeur, le mystère impalpable de l'église Sainte-Madeleine de Vézelay.

Nous avons logé à l'hôtel de la Poste et du Lion d'or.

Le souper à 20 h comptait sept services. Présentation des plats, saveur des mets, vins élégiaques, élégance du maitre d'hôtel, une entrée spectaculaire dans le monde de la gastronomie française.

L'ÉGLISE DE BROU

Nous étions en route vers la Suisse. Sur notre chemin, Tournus. Trop courte visite à l'église de l'abbaye Saint-Philibert bâtie aux dixième et onzième siècles. Tournus qui avait été un village gaulois puis ville romaine; de nombreuses maisons gothiques entretiennent l'esprit médiéval de cette cité.

Le ministère de la Culture de France a fait dresser la liste de son patrimoine afin d'en décentraliser l'administration. Des trésors patrimoniaux seront cédés à d'autres ordres de gouvernement pour leur entretien et leur administration. Cependant, l'État conserve la propriété et l'administration de ces lieux et monuments qui dessinent la mémoire de la nation et la trame de l'histoire nationale. Dans la région Rhône-Alpes, ce sont la résidence de Voltaire à Ferney, la grotte Chauvet (Ardèche), le monastère de la Grande-Chartreuse (Isère), et l'église de Brou. Un choc quand j'ai lu ça. Vive émotion.

Arrivée à Bourg-en-Bresse en début d'après-midi; qu'avez-vous vu en France si vous n'avez pas visité l'église de Brou à un kilomètre de la ville. Une véritable dentelle. Un pur exemple de gothique flamboyant; dans un chœur de l'église, les tombeaux sculptés comme un ouvrage de fantaisie des ducs de Savoie qui, au treizième siècle, dominaient la région de Bourg-en-Bresse. Des vitraux d'une qualité exceptionnelle réalisés par des maitres verriers de Lyon. Devenue veuve du duc Philibert II de Savoie, Marguerite d'Autriche fit élever l'église de Brou en son honneur. Elle était la fille de l'empereur Maximilien et de Marie de Bourgogne. Gouvernante des Pays-Bas, elle obtint l'élection à l'empire de son neveu Charles Quint.

Nous quittons la Bourgogne qui était un État parmi les plus puissants d'Europe à l'époque des ducs. Un territoire qui conserve le souvenir des Romains, un territoire de monastères au Moyen Âge, plein de chefs-d'œuvre tels Cluny, Vézelay, Autun, Tournus.

LE SIMPLON

Je ne savais rien de Genève, la ville de Calvin, capitale de la Réforme, « Rome du protestantisme ». La Réforme, mouvement religieux qui, au seizième siècle, soustrait une partie de l'Europe de la gouverne du catholicisme. Ville cosmopolite. Richesse historique. Nombreux musées.

Venant de Bourgogne, nous n'avions fait que passer aux abords de la ville pour nous rendre à Lausanne. Là, une excursion par autocar, par chemin de fer de montagne, par télésiège à Villars-Bretaye pour admirer la splendeur des Alpes suisses.

Nous allions être encore davantage éblouis. Aujourd'hui, juste à rappeler son nom après tant d'années, par sa sonorité et par la beauté qu'il évoque : le col du Simplon. Ce nom jamais oublié. Plus haut que les aigles, trop haut pour ces papillons du sud de l'Espagne qui prennent leur envol au-dessus des Pyrénées pour se rendre en Hollande et en Allemagne, plus haut que les gorges et les défilés encaissés des vallées à 2 000 mètres, nous abordons le col du Simplon. À travers les Alpes entre la Suisse et l'Italie, nous sommes venus par la route du Simplon. La beauté du tracé de cette route dépasse en noblesse et en majesté la route du Saint-Gothard et toute autre route des Alpes comme celle du Grand Saint-Bernard.

LES BORROMÉES

Nous arrivons à Stresa en Italie vers 16 h. Notre hôtel, La Palma, est situé sur les rives du lac Majeur. On dit de Stresa qu'elle est la perle du lac Majeur. Sa renommée lui vient de ses jardins et de ses parcs. Ils étaient couverts d'azalées, de roses, de camélias, de rhododendrons. Peut-être son plus grand attrait est la visite par bateau aux trois petites iles Borromées que nous avons faite avant le souper. Je me répète, mais ce voyage fut un déferlement de beautés. L'Isola Bella, la plus proche de la rive, nous semblait couverte par le splendide palais des Borromées, plus un jardin à l'italienne, des rocailles, des terrasses étagées plantées de fleurs rares. Les Borromées, une famille de Milan, sont propriétaires de l'ile et du palais du dix-septième siècle qu'ils y ont fait construire. L'Isola Bella est la plus célèbre des trois Borromées. Les princes Borromées sont maitres de l'ile depuis le douzième siècle. Il est dit de cette ile que dans tout son ensemble, « il s'agit de l'exemple le plus connu et le plus spectaculaire de réaménagement du paysage. Une sorte de vision idéale du monde ».

L'Isola Madre, la plus étendue des Borromées, possède elle aussi un palais, mais surtout un riche jardin botanique. La beauté en Italie est une déferlante qui ne cesse de se renouveler, comme engendrée par les multiples secousses d'un tremblement de terre.

De Stresa, nous allons à Milan où nous faisons abstraction de sa richesse, de sa beauté pour ne consacrer qu'une heure à la cathédrale sur la Piazza del Duomo. Une cathédrale qui nous semble en véritable dentelle, encore une fois. Imposante, riche. Des œuvres d'art de tous côtés, des milliers de statues.

Quand on regarde le dôme de la place, le premier effet est éblouissant; on dirait une immense guipure d'argent posée sur un fond de lapis-lazuli; c'est un gothique plein d'élégance, de grâce et d'éclat. La délicatesse dans l'énormité et la blancheur lui donnent l'air d'un glacier avec ses mille aiguilles; on a peine à croire que ce soit un ouvrage fait de main d'homme.

De là, nous nous rendons à Sirmione dont le nom et le lieu n'ont jamais quitté ma mémoire. Une petite ville médiévale bâtie sur une pointe de terre qui s'avance dans le lac de Garde.

Avant de m'embarquer pour ce premier voyage, je m'étais peu préparée; devrais-je dire pas préparée; m'abandonnant aux paroles des guides dans ces lieux de découvertes où je me livrais à l'éblouissement. J'ignorais à peu près tout de l'empire romain.

À Sirmione, nous avons visité les ruines d'une villa romaine. Le poète latin Catulle, né à Vérone, aurait vécu dans cette villa qui lui aurait appartenu, au temps où cette ville se nommait Sirmio. Aujourd'hui, quand j'apprends l'existence des ruines de villas romaines que ce soit en France, en Italie, en Libye ou en Algérie, je suis prête à courir les visiter. Être plus jeune, ma vie se déroulerait sur les sites antiques, depuis les ruines des villes jusqu'aux nécropoles, des remparts jusqu'aux villas.

Ma première forteresse, mon premier château à tours crénelées fut raté. Pas de temps pour le visiter. La forteresse des
Scaliger, une puissante famille seigneuriale de Vérone, occupait la pointe de la presqu'ile de Sirmione. C'était lui, le
château crénelé. Je ne trouverais pas plus authentique : une
perfection. Il était sorti tout droit de mes songes. La féodalité
livrée en une masse compacte de pierres. De hautes murailles
percées de quelques fenêtres. Des tours d'angles et un campa-
nile.

Un jour, il faudrait que les tours crénelées sortent leurs
têtes des tempêtes, des pluies, des nuages. Que leurs remparts
audacieux battus par les vagues nous cèdent le passage dans
les couloirs sombres du Moyen Âge. Que j'accède enfin aux
châteaux qui m'ont tant fait rêver.

VENISE

Sur notre route vers Venise, nous avons fait un court arrêt
au tombeau de saint Antoine sur la piazza del Santo, à Pa-
doue. Une ville d'art, une université prestigieuse. Bientôt
nous serons confrontés aux questionnements. Tous, tant que
nous sommes, nous ne pourrons pas continuer à voir tant
d'œuvres d'art, tant de beauté, sans nous demander comment, qui, pourquoi. Comment sont-ils arrivés à cela? Qu'est-
ce qui les soutenait, les guidait? Quelles furent les racines
d'une telle profusion de chefs-d'œuvre?

Nous n'allions pas être apaisés par notre arrivée à Venise.

Tenter d'écrire sur Venise, c'est une entreprise périlleuse
entre toutes. Quoi rappeler de Venise? Tout le monde a vu
Venise. Tout le monde sait tout de Venise, et peut-être rien
parce qu'elle est trop fière, trop riche, trop secrète, trop multiple, trop abondante. Maintenant que je sais deux ou trois

choses d'elle, je me plais à rêver que Goethe ou Guy de Maupassant ou Gustav Mahler ou Thomas Mann ou le poète anglais Lord Byron ou Richard Wagner (mort à Venise) ont séjourné au grand hôtel Lido de Venezia où nous logeons.

Et depuis ce temps, pour me ramener sur la terre ferme, j'ai cru comprendre qu'il y a quelques hôtels qui portent le nom de Lido, Hélas! Nous avons visité le palais des Doges, la basilique Saint-Marc, arpenté la grande place. L'immense richesse de cette ville avec sa centaine d'églises et ses centaines de palais, des centaines de ponts nous est demeurée étrangère. Comme tout le monde, nous avons fait le soir un tour en gondole avec des musiciens. Étions-nous allés dans la petite ile de Murano chercher les quelques objets de verre que j'ai apportés. Le verre de Murano célébré dans le monde entier.

Par leur taille, leur solennité et leur dignité tout impériale, les mosaïques de San Vitale sont peut-être l'ultime expression de la grandeur romaine. J'ouvre le grand cahier apporté de Ravenne qui contient des reproductions des mosaïques, de Galla Placidia, San Vitale et San Apollinare. Fallait voir à Ravenne les immenses mosaïques consacrées l'une à l'empereur Justinien et sa cour, la seconde à l'impératrice Théodora et sa cour.

Plus tard, visitant les impressionnantes collections de mosaïques du Musée du Bardo à Tunis, je referai le lien entre l'art des splendides mosaïques de Ravenne et celles de ce musée, dont certaines remontent à l'époque punique de Carthage et qui témoignent du raffinement de l'Afrique des Romains et du luxe dans lequel ils vivaient.

Nous quittons Ravenne pour Florence. Nous visitons le musée du palais Pitti, la galerie des Offices, l'église Santa Maria del Fiore, le baptistère Saint-Jean aux mosaïques du treizième siècle et aux bronzes sculptés des portails; chefs-d'œuvre entre les chefs-d'œuvre.

Il aura fallu presque vingt-cinq ans de travaux pour réaliser la deuxième porte du baptistère; un chef-d'œuvre qui incarne à lui seul le génie du Quattrocento florentin.

Quand on y songe, ce n'est pas un miracle ordinaire que la profusion d'œuvres d'art produites à Florence en sculpture, peinture, architecture, littérature, poésie, à la période de la Renaissance italienne. Au sujet de cette période, on dit que c'est une civilisation dont la naissance est due à la confiance en soi. Vivre signifiait que toutes les facultés de l'homme entraient en jeu. Plus encore, leurs travaux, leurs succès les ont amenés à croire qu'ils étaient des demi-dieux. Franchissant de nouveaux degrés de perfection et de beauté, leur foi en eux-mêmes, en leurs capacités d'accomplissement les ont propulsés au statut de dieux du quattrocento, de la Renaissance. Ils sont devenus ce qu'ils ont cru qu'ils étaient. Ils ont déployé les raffinements qu'ils croyaient posséder. Leur confiance, leur foi ne cessaient de les élever vers des niveaux de perfection, atteignant le génie.

Pride of being part of God; cette pensée animait les artistes qui ont couvert Florence d'œuvres d'art. Ce qui les poussait vigoureusement à devenir si excellents, c'est que les Florentins croyaient à la divinité de l'homme.

J'avais donc eu raison de qualifier de « dieu » le travail de l'ingénieur et du chirurgien cardiaque. C'était comme un acte de foi en leurs capacités, une parole susceptible de multi-plier leur confiance qui pousse vers les sommets. Devenir ce que l'on croit être.

Nous visitons les tombaux des Médicis. Les statues qui ornent les sarcophages des jeunes ducs Laurent et Julien (respectivement neveu et troisième fils de Laurent le Magnifi-que) sont parmi les œuvres les plus impressionnantes de Mi-chel-Ange. Rodin avait dû prendre son modèle pour « le Pen-seur » de la magnifique tête du duc Lorenzo sous les traits d'un guerrier de la Rome antique. Le « penseur » de Michel-Ange n'est en rien dépassé par la sculpture de Rodin. À la Galerie des Offices, j'ai vu « L'Annonciation » de Botticelli. La Vierge en robe rose orangé sous son grand manteau bleu à bordure dorée dont les plis descendent de l'estrade jusqu'au plancher. Quand elle entendit le bruissement des ailes de l'ange, elle se tourna du côté droit, pencha son corps vers cet être mystique, déploya ses bras en signe de précaution, ses bras qui signalaient à l'ange d'aller doucement pour ce qu'il allait lui adresser. L'ange en robe rose et dorée mit un genou par terre, tenant un lys, commença à lui transmettre le mes-sage dont il était chargé.

« L'Annonciation » de Leonardo da Vinci, vue au même musée, n'atteint pas la splendeur et la beauté de celle de Bot-ticelli, non plus que celle de Petrus Christus au Musée de Berlin ne dépasse en rien Sandro Botticelli. Peut-être que la plus précieuse des annonciations de Botticelli est cette fres-que peinte à l'hôpital San Martino de Florence. Elle est au-jourd'hui à la galerie des Offices. Les responsables de la ville voulaient manifester leur reconnaissance au ciel pour la fin de l'épidémie de peste qui avait ravagé Florence et fait plus de vingt-cinq-mille morts.

« Botticelli au moyen de son dessin suraigu enlace de précision l'archange et Marie, cisèle l'ovale de la figure, assèche les mains. Ce linéarisme est si sensible, si expressif, qu'il dépasse sa propre limite. Ici triomphe la recherche du mouvement jusqu'à l'instantané, et de l'instantané à son point le plus aigu. Le message de l'ange recelait l'annonce d'une double naissance, l'avènement d'un monde nouveau. »

« L'humanité occidentale se voit appelée à une renaissance. « Botticelli est un des fondateurs de ce règne qui commence. L'homme va se saisir de l'univers et s'en croire le maitre pour longtemps. Le peintre élève alors l'orgueil inquiet de l'homme à la hauteur de cette conquête. »

Au sortir de l'édifice sur la grandiose piazza della Segnoria, avec ses terrasses, ses restaurants, ses cafés, le soleil haut dans le ciel n'était pas plus éblouissant que ce que nous venions de contempler sur les murs des palais Pitti et de la galerie des Offices.

Nous arrivons à Rome en fin de journée. Nous logeons à l'hôtel Plaza, via del Corso. Une rue bordée de palais et de boutiques, principale rue du centre de Rome.

Le soir, nous faisons une visite de la ville illuminée. Le lendemain, deux visites guidées nous donneront un aperçu de la ville.

Nous n'avons pas marché au milieu des Forums. Nous les avons regardés d'un endroit surélevé, appuyés à une balustrade.

Je commençais à connaitre l'empereur Hadrien quand, un soir, nous avons visité les jardins et fontaines illuminés de la Villa de l'empereur à Tivoli. Un immense ensemble de portiques, thermes, théâtre, salles, bibliothèque, temples, fontaines. Je n'étais pas plus satisfaite du peu de temps accordé à cette visite que je l'avais été de celle des Forums. Je ne cesse pas de dire que j'y retournerai. Mais c'est vrai. Ça me confirme encore dans ma détermination de voyager seule et d'avoir du temps.

Nous quittons Rome par train rapide pour nous rendre à Nice. Dix heures de voyage le long de la mer Tyrrhénienne, traversant nombre de ponts, entrant et sortant de tunnels. Nous quittons le Latium pour traverser la Toscane, une portion de l'Émilie-Romagne, pour arriver en Ligurie. Grimpant vers le nord-ouest de l'Italie, la mer Tyrrhénienne devient la mer de Ligurie.

LA CÔTE D'AZUR

Notre train entre à Nice à 20 h 30.

Quelle fraicheur, après les monuments de pierre et de marbre, les abondants trésors des musées, que cette excursion dans les paysages grandioses de la Côte d'Azur. Au tournant des courbes de la route, ce sont les coups d'œil sur la Méditerranée, sur les jardins, les parcs, les villas et les hôtels nichés dans les escarpements des montagnes.

Une excursion depuis la Basse Corniche jusqu'à Monaco et Monte Carlo. À Menton, nous découvrons surtout la vieille ville en marchant dans ses rues étroites.

Un arrêt à La Turbie, un village célèbre pour son monument, une colonnade dorique circulaire qui commémore des conquêtes de l'empereur Auguste dans les Alpes. Le trophée est érigé à l'endroit où la route des légions s'engage dans un col des Alpes.

Ezé où nous avons marché par ses petites rues, ses escaliers, saisis par les parfums de jasmin, par la profusion des bougainvilliers, par les odeurs de café s'échappant des terrasses des restaurants à flanc de montagne. Il est dit de cette cité médiévale accrochée, suspendue comme un nid d'épervier à plus de mille pieds au-dessus de la Méditerranée, qu'elle offre un des plus grandioses panoramas de notre monde. Elle doit être classée aujourd'hui comme le plus beau de tous les villages perchés de France.

Nous revenons à Nice par la Moyenne Corniche. Le voyage approche de sa fin. Nous quittons cette ville pour arriver à Lyon.

Lyon, la Lugdunum du temps des Romains. Cette ville était au croisement de quatre grandes routes. Les grands courants commerciaux montaient du rebord de la Méditerranée, se divisaient à Lugdunum en deux routes vers l'ouest. J'ose à peine imaginer la richesse de la ville en lieux historiques de l'époque romaine.

Une ville si riche, si importante, si chargée d'histoire romaine où nous ne faisons que passer. Nous voyageons par Nolay, Auxerre, Sens, pour arriver à Fontainebleau où nous logeons. Avant d'arriver à l'aéroport du Bourget, nous faisons un tour par la forêt de Fontainebleau. À Amsterdam le temps d'une visite de la ville avant de prendre l'avion pour le retour à Montréal.

VII
Les nations viennent à nous

TERRE DES HOMMES (1967)

Nous avons dû naitre une seconde fois ce jour-là! Je souhaiterais rencontrer des gens qui ont vécu ce temps et qui seraient prêts à se remémorer, à dire et redire les merveilles qui furent nôtres cet été-là. Nous fûmes tous si incroyablement riches et privilégiés, nous fûmes enviés, nous fûmes aimés, nous fûmes regardés, trouvés beaux, fiers, capables, nous fûmes visités. Certains nous ont tant aimés qu'ils sont restés dans le Nouveau-Monde et n'ont pas cessé de nous enrichir. Nous allions vivre le temps mémorable de l'Exposition Universelle de 1967.

Au musée du Havre, étaient exposées cent-quatre-vingts œuvres de peintres, sculpteurs, graveurs, dessinateurs et céramistes de cinquante musées de trente pays du monde. La contribution de la France s'établissait à trente-quatre œuvres d'art dont douze venaient du Louvre. Les musées des États-Unis en avaient fourni quarante-cinq. De l'Union soviétique avaient été prêtés douze chefs-d'œuvre du Musée de l'Ermitage, à Saint-Pétersbourg. Des œuvres des maitres de la Renaissance envoyées par les musées italiens, allemands et britanniques. De Hollande, nous étaient venus des chefs-d'œuvre de l'école flamande. De même des Rembrandt, le Tintoret, Titien, Velázquez, Gainsborough, Cézanne, Rodin, Rouault, Picasso, Matisse, Van Gogh.

La jeune femme, son bouquet de fleurs à la main, s'envole vers la fenêtre; son fiancé flottant dans les airs vient lui donner un baiser « C'était l'anniversaire de la fiancée » de Marc Chagall.

Aujourd'hui, simplement à regarder une photo de la sculpture de Rodin, Les Bourgeois de Calais, je suis émue. « Rodin représente les bourgeois au moment où ils viennent de quitter leur famille et leurs amis tout en pleurs et où ils s'en vont pour subir le sort que leur réserve Édouard III. Le sculpteur a donc représenté la scène au moment le plus pathétique, alors que les bourgeois affolés se mettent en marche vers la mort qui les attend ». Rodin a étudié les moindres nuances d'expression. Toutes les parties du corps — mains, tête, jambes et torses nus — sont remarquablement ciselées.

De toutes les œuvres d'art que je verrai dans ma vie, Les Bourgeois de Calais en est une qui suscite en moi la plus vive émotion. De la montagne Sainte-Victoire, nous passons à la Montagne bleue de Wassily Kandinsky. Il avait quitté Moscou et une carrière de juriste prometteuse pour étudier la peinture à Munich. « Kandinsky espérait devenir l'âme d'une nouvelle époque marquée d'esprit inventif et religieux. » Une peinture qui éblouit par la conjonction de formes abstraites dans une explosion de couleurs.

Comme un ballet, comme un feu d'artifice, je me remémore les villes d'où venaient les chefs-d'œuvre. De la galerie nationale de Berlin, de Cologne, de Hanovre, de Munich et de Stuttgart, d'Innsbruck et de Vienne. Du Musée communal des Beaux-arts de Bruges, du Musée islamique du Caire. En ethnologie et en archéologie du Musée de l'humanité de Harvard, de l'Art Institute de Chicago. De New York, les œuvres étaient venues entre autres du Salomon R. Guggenheim Museum, du Modern Art et du Metropolitan Museum of Art. De France, nous avons vu le trésor de la cathédrale d'Autun, des œuvres du Musée de Cluny, du Musée national d'Art Moderne, sans oublier le Louvre. De Grande-Bretagne étaient venus des trésors de Woburn Abbey, du British Museum, de la National Gallery, du Victoria & Albert Museum.

Des Pays-Bas, nous avons été honorés par le Ryks Museum, par la pinacothèque royale de La Haye. Les œuvres sont venues de Jérusalem, de Milan, de Rome et de Venise, du Musée national de Tokyo, des temples de Kyoto, du Musée d'anthropologie de Mexico, de la Galerie nationale d'Oslo en Norvège, de Stockholm, de Berne et de Zurich, du Musée national de Prague, du Musée du Bardo à Tunis.

La ville entière comptait plus de quatre-vingt-deux autres expositions. C'était notre Quattrocento. C'était notre époque de la Renaissance livrée en pleine moitié du vingtième siècle. Nous avons été des milliers, même des millions à adorer. Je suis émue à me rappeler la splendeur du festival mondial des spectacles. Ils sont venus dans la ville déployer leurs talents en théâtre, en musique, en ballet, durant des semaines. Pendant six mois, toutes les musiques du monde ont résonné dans les salles de concert, dans les théâtres, sur les places publiques, dans les jardins, sur l'ile Sainte-Hélène, sur l'ile Notre-Dame.

Nous avons entendu l'orchestre philharmonique de Los Angeles. Le théâtre de France avec Jean-Louis Barrault et Madeleine Renaud. L'orchestre symphonique de Toronto. Les chœurs et les danseurs de l'Armée rouge, l'orchestre du Concertgebouw d'Amsterdam, les ballets australiens, l'orchestre symphonique de Melbourne, The Royal Ballet of Britain, l'orchestre de la Suisse romande sous la direction d'Ernst Ansermet, le New York City Ballet. Le ballet de l'opéra de Paris. Nous découvrions le théâtre Kabuki du Japon. Le

Kathakali de l'Inde. L'orchestre philharmonique de Vienne. Le théâtre national de Belgique, l'English Opera Group avec Benjamin Britten. L'ensemble folklorique de Yougoslavie, le chœur et l'orchestre Bach de Munich, l'orchestre national de France, les danseurs de Martha Graham de New York, l'orchestre philharmonique de New York. L'orchestre philharmonique de Tchécoslovaquie, l'orchestre symphonique de Montréal, la Stratford Festival Company du Canada, l'Octuor philharmonique de Berlin, le ballet Roland Petit de France. L'orchestre philharmonique de Buffalo, le Ballet national du Canada. Le National Theater of Great Britain était sous la direction de Laurence Olivier. Pour la première fois de sa carrière, Laurence Olivier joue Othello de Shakespeare et c'est ici à Montréal, en Amérique.

Pouvez-vous imaginer que le théâtre national de Grèce a présenté Eschyle et Sophocle dans leur langue et leurs formes originales. L'Opéra Bolchoï, le Ballet du Vingtième Siècle, l'Opéra de Vienne. La Scala de Milan, l'Opéra de Hambourg et l'Opéra Royal de Stockholm tous pour la première fois dans le Nouveau-Monde. J'ai assisté à l'opéra Tristan et Isolde de Wagner, avec l'Opéra Royal de Stockholm, où Birgitt Neilssen tenait le rôle d'Isolde. Cet été-là, elle a aussi chanté avec l'Opéra de Vienne et au Ed Sullivan Show présenté depuis Montréal.

L'histoire nous dit que les expositions universelles auraient commencé en Grèce au temps des Olympiades. Souvent en guerre les unes contre les autres, les cités grecques déclaraient à intervalles réguliers une trêve d'un an. Cette année-là, les citoyens se rendaient à Olympie pour honorer leurs dieux. Ce faisant, leurs offrandes étaient leurs vases, armes, statues, parures, tous des signes du degré de civilisation atteint dans chaque cité. Les plus beaux poèmes étaient lus sur le parvis de l'agora. On y jouait les tragédies de Sophocle, d'Euripide, d'Eschyle. Depuis, leur civilisation a franchi les rives de la Méditerranée et s'est étendue à la planète entière pour s'épanouir chez nous en cette année de grâce.

Impossible que je me remémore ici le nombre et la beauté des pavillons. Le dôme géodésique du pavillon américain voisinait le pavillon de l'URSS. Je les ai visités avec cet Américain qui était venu de Californie pour me voir à l'occasion de l'Expo et qui sans trop le dire était ébloui par nos réalisations, surpris par la ville elle-même.

Cette année-là, je suis née à la ville, avec les qualités qu'elles supposent chez la personne comme la politesse, l'affabilité, le respect des gens dans l'usage du monde. Quand venant de la station de métro Ile-Sainte-Hélène, les portes du train s'ouvraient à Berri-DeMontigny, c'était un flot de visiteurs qui se répandait dans les diverses directions pour rejoindre les deux lignes supérieures de trains. C'était un bain de foule qui se répétait chaque heure, chaque jour. La ville devenait une vraie ville avec une grande densité de population. En six mois, ce sont 50 306 648 personnes qui ont visité les deux iles de l'expo et la ville. Grisée à jamais par la présence d'étrangers, par les couleurs des visages, les sons des langues, je suis devenue une citadine amoureuse de toutes les villes et particulièrement de Montréal.

Douleur à la clôture de l'expo. Nous ne voulions pas la laisser mourir. Ma nostalgie n'était apaisée que par les visites subséquentes faites chaque année dans les pavillons qui subsistaient et surtout aux magnifiques expositions qui y ont été présentées par la suite. Le maire Drapeau lui-même ne se résignait pas à laisser mourir les iles.

Dès que le marbre et le bronze, le bois et le crayon, la peinture et le dessin eurent quitté le Musée du Havre, qu'ils occupèrent pendant les six mois de l'Expo 67, l'édifice fut quelque peu modifié, et devint officiellement le Musée d'art contemporain de Montréal.

L'inauguration officielle du Musée eut lieu par la présentation de la prestigieuse exposition « Peinture en France 1900-1967 ». Les œuvres venaient en très grande majorité du Musée national d'Art Moderne de Paris.

Cette exposition avait aussi été présentée à la National Gallery of Art de Washington, au Metropolitan Museum of Fine Arts de Boston, à l'Art Institute de Chicago et au Detroit Institute of Art de Détroit au Michigan.

J'avais été gavée d'images et d'art tout au long de l'expo. Désormais, les expositions qui allaient suivre deviendraient mes stages d'études.

Comme si je suivais un cours d'histoire, cette exposition fut une autre splendeur. Quand j'y songe, il me semble qu'elle ne fut jamais dépassée par la taille, par la variété des œuvres et par la qualité de l'introduction à l'art contemporain. Plus de cent-cinquante peintures contemporaines étaient réunies. Nous continuions à être choyés à Montréal. Les peintres présentés n'étaient pas tous nés en France. Mais par sa longue tradition de terre d'accueil, les artistes venus de divers pays s'y étaient établis, en étaient devenus citoyens.

Fut présentée l'œuvre immense de Robert Delaunay réalisée pour le Palais des chemins de fer à Paris en 1937 et nommée « Panneau de l'entrée du hall des Réseaux », c'était des disques, des cercles, des arcs, des carrés, peinture illuminée, de couleurs vives. Fut aussi présenté « Prisme électrique », le point culminant de l'œuvre de Sonia Delaunay. Des œuvres de Kandinsky, de Max Ernst qui, dès 1920, exposait ses collages à Paris. De nouveau Dubuffet et puis le bonheur de voir une œuvre de Balthus, Les trois sœurs. Nous avons eu l'honneur et le plaisir d'un autre Marc Chagall nommé Double portrait au verre de vin. C'est un portrait de lui et de Bella, son épouse. Chaque année ou presque, le peintre, à l'anniversaire de leur mariage, exécutait un tableau à la gloire de leur couple.

Fallait y être. Fallait boire à cette coupe d'or posée sur la table des rois. Depuis l'Expo 67, la grâce fondait sur nous à tout propos, au moindre signe. Des pays se plaisaient à emballer leurs chefs-d'œuvre, à les laisser nous bruler les yeux dans nos salles. Nous étions devenus sensibles et bienveillants aux trésors du monde entier. Des pays comme la Chine, l'Égypte, le Mexique, la Bulgarie, la France répondirent à notre enthousiasme et revinrent accrocher sur nos cimaises, dans nos pavillons encore debout les œuvres reflétant le chemin parcouru par leurs civilisations millénaires.

BOULIMIE

Les voyages dans les iles Sainte-Hélène et Notre-Dame, les incursions dans la ville avaient été une trêve dans mes rêves de bout du monde. Comme accrochée à la queue d'une comète filant dans le monde sidéral, ma chevelure mêlée à sa chevelure, je voulais connaitre, découvrir mon univers, si possible, voyager à travers les étoiles.

Juste le temps d'un regard ébloui aux champs de glace, aux ours sur les routes, aux montagnes vertigineuses se mirant dans les lacs aux eaux de cristal. Avec un groupe descendu d'avion à Calgary, en aout 68, je voyageais dans l'ouest du Canada. Il me serait difficile d'en décrire les beautés.

De Calgary, nous sommes montés jusqu'à Edmonton; de là, vers l'ouest de la province. À notre entrée dans le parc de Jasper, nous allons marcher sur le glacier Columbia. Nous descendons jusqu'à la ville de Jasper, passons par le lac Maligne jusqu'à Banff où nous logeons à l'hôtel Banff du Canadien Pacifique. Visitons les environs du lac Louise avant de nous mettre en route vers Vancouver et l'ile de Vancouver. C'était un premier coup d'œil aux beautés innombrables de l'ouest du Canada.

AUX CHUTES DU NIAGARA

Au mois de mai 69, il m'offrait un premier voyage de cinq jours aux chutes du Niagara avec retour par l'État de New York. Quand Jim organisa ce voyage, je n'imaginais pas le nombre et la variété de ceux qu'il me proposerait par la suite. La liste affichée n'inclut pas la trentaine de ceux qu'il a faits plus tard pour venir me visiter.

Comme si ça allait de soi, je n'avais qu'à m'asseoir dans la voiture, grimper dans l'avion, franchir la passerelle du traversier, m'extasier sur les lieux, les paysages et les villes. Jim avait scruté les cartes routières, établi la liste des beautés du monde, donné les coups de téléphone, réservé les hôtels, acheté les billets, complété les réservations. L'excellence de ses préparatifs et de ses plans n'a d'égale que celle des agences de voyages aujourd'hui. C'est dire que nous avons adoré et la terre et les plaisirs offerts.

Pour en revenir au Niagara, n'attendez pas de voir les chutes Victoria aux confins de la Rhodésie et de la Zambie, ni les chutes Angel au Venezuela. C'est loin, ce sera long pour s'y rendre. Elles sont toutes les deux plus hautes que le Niagara. Mais les chutes Niagara, plus près de nous, sont une splendeur! Même les chutes Montmorency près de Québec ont quelques pieds de plus que le Niagara, mais d'aucune manière n'en ont le débit, la puissance et le déploiement. Après cinq jours, aux chutes et dans l'État de New York, Jim et moi en sortions éblouis.

Il me semble que tout le monde allait à Cape Cod dans ce temps-là. Était-ce une mode? Jim et moi nous y allons en voiture du 19 au 29 juin 69. Nous logeons au Spouter Whale Motel à West Dennis, sur la rive sud de la presqu'île de Cape Cod.

Je découvre un coin d'Amérique que j'ignorais; plutôt, je ne sais rien de l'Amérique. Elle est entièrement à découvrir.

Provincetown, perchée au bout du crochet de terres et de dunes de sable qui forment Cape Cod. Repas de poisson. Flâneries dans la ville. Léger magasinage.

Autour des quais et de la marina, en enfilade des boutiques, des restos, des cafés, des galeries d'art. Les artistes y sont nombreux. Une école de peinture y a pris son essor à la fin du dix-neuvième siècle. La ville était devenue dans les années cinquante la plus importante *colonie artistique des États-Unis. Une ville pittoresque, bien conservée.* C'est l'administration Kennedy qui l'a déclarée parc national.

Le lendemain, nous allons dans l'ile de Nantucket. Nous prenons le bateau à Hyannis; c'est le lieu, la ville des Kennedy, dans le Massachusetts. Je ne sais pas si, à cette époque, l'ile de Martha Vineyard's, sa voisine, était ouverte au public. Je sais, depuis ce temps, qu'une partie de cette ile appartient encore aux Indiens Wampanoags.

L'ile de Nantucket a la forme d'un croissant. Un port de mer abrité, un secteur historique. Des rues pavées de galets. De très nombreux édifices historiques : maisons, musées, hangars, jardins, parcs, remontant aussi loin que 1686 jusqu'à 1850. Un bijou d'ile, de visites, de petites croisières, au large du détroit de Nantucket.

Ces deux iles jumelles sont liées à la chasse à la baleine. Nous avons visité le musée de la baleine à Nantucket. C'est de Nantucket qu'est parti le navire Essex qui voguait sur l'océan Pacifique et qui, à des milliers de kilomètres des Galápagos, fut éperonné par un cachalot. Sous la plume de l'écrivain américain Hermann Melville, naissait l'histoire de Moby Dick.

Sur le chemin du retour, nous passons par Boston. Déshonneur! Ce n'était pas pour visiter les musées ou admirer la ville. Je voulais acheter des uniformes d'infirmière. Je cherchais le style, la beauté, l'originalité. Pour me dédouaner d'un comportement si terre-à-terre, j'ai aussi acheté des draps.

LIVRE UNIQUE

Fallait allonger le bras pour le rejoindre sur une haute tablette du mur du fond. Je ne l'avais pas cherché, je ne connaissais pas son existence. Je ne savais rien de son auteur. Comme une personne que vous rencontrez pour la première fois et qui crée un malaise, un trouble alentour de vous; le nom, Yourcenar, me parut si étrange, si unique que j'eus l'impression d'avoir approché un mystère. Je lus le titre, *Mémoires d'Hadrien*. Je n'ai pas feuilleté le livre. Je sus qu'un évènement se préparait. J'ai laissé du temps et de l'espace en moi pour m'en approcher. Je fis une deuxième visite à la librairie

Flammarion située rue McGill, en deçà de la Sainte-Catherine. Là, au début de l'été 1969, j'achetai *Mémoires d'Hadrien* de Marguerite Yourcenar.

Des années plus tard à Rome, pénétrant dans le tombeau de l'empereur Hadrien, je reconnus et lus avec émotion le texte de l'épigraphe que l'empereur lui-même avait composée pour sa sépulture et que Yourcenar nous présente comme une exergue au tout début de son livre.

Ce livre est le chef-d'œuvre que beaucoup connaissent. Une écriture, une érudition que je ne cesse d'envier. C'est le livre le plus marquant que j'ai lu. Peut-être le chef-d'œuvre absolu.

Nouvelle émotion en Grèce. Nous descendons un bout d'escalier dans je ne sais plus quel musée, celui de l'Acropole ou le musée Archéologique National. À mes pieds, à gauche, soudain, Antinoüs, le jeune Grec taillé dans le marbre. Le préféré, l'unique de l'empereur Hadrien. Les pages que Yourcenar consacre à Antinoüs me l'avaient rendu si vivant, si réel, que je n'avais aucun effort à accomplir pour me retrouver au siècle d'Antinoüs et de l'empereur. J'avais pu m'asseoir un après-midi entier sur les pierres et les colonnes renversées près de la porte de l'empereur Hadrien, à Athènes, me remémorant, que dis-je, vivant quelques heures avec l'empereur, son ami, son siècle.

VIII
Autour de la Méditerranée

GRÈCE, AUTRICHE, YOUGOSLAVIE (1969)

« Au cœur d'une innocente et lointaine contrée à présent je m'enfonce. À présent m'escortent d'aériennes créatures aux cheveux irisés d'aurores boréales à la peau satinée de doux lacs dorés »

Odysseus Elytis (poète grec)

Le voyage en Grèce avait été décidé au printemps. L'agence Malavoy suggérait un périple de trois semaines. Par Air Canada, le 24 septembre, nous quittions Montréal pour Vienne, en Autriche.

Une envolée sans histoire si ce n'est l'extrême fatigue due en partie à l'inconfort de la classe économique. Notre groupe a été tassé dans quelques sièges et le reste des voyageurs s'ébat allègrement au compte d'une personne par trois sièges. Je m'en souviendrai lors du prochain voyage. Si j'avais été plus débrouillarde, j'aurais pu demander à l'hôtesse un changement de siège.

Comment il se fait que le responsable du groupe ne s'aperçoit pas de cette situation et ne cherche pas à la corriger. Le Boeing décolle à 23 h. Nous serons à Zurich en Suisse dans six heures et demie.

Le pilote annonce Belfast en Irlande. Ensuite, nous survolerons la ville de Londres. Au lever du jour, c'est la magnificence des chaines de montagnes de Suisse. Pics nombreux accolés les uns aux autres, couverts de neige.

Les terres de la vallée sont nettes, découpées, presque une perfection.

Atterrissage à Zurich, ville allemande. Première ville de Suisse. Petite marche au grand air. Mes membres se dégourdissent quelque peu.

À Zurich, tous les passagers descendent à l'exception de notre groupe qui se rend à Vienne.

Nous quittons Zurich. Filons au-dessus d'une plaine entre de hautes chaines de montagnes.

Ce sont les Alpes autrichiennes avec des pics enneigés. Les sommets ne semblent pas aussi acérés que ceux des Rocheuses canadiennes. Mon cœur et mes yeux sont ouverts à double grandeur. Émotions, souvenirs des anciens voyages dans l'ouest canadien, en Suisse en 66, splendeur et beauté et variété de ce monde.

Vienne nous apparait. Nous survolons la ville. Je suis impressionnée. Contente d'être « dépaysée ». Filons à l'hôtel par autocar. Ces maisons basses, rues étroites à la périphérie; j'essaie de percer le secret des maisons, des gens, de leur vie, pour savoir ce qui se déroule, comment ils vivent. Je suis à Vienne, en Autriche, au cœur de l'Europe. Toute cette histoire derrière, devant, au milieu, à chaque pas; sept-cents ans de règne des Habsbourg dans l'empire austro-hongrois.

Nous logeons à l'hôtel Intercontinental Johannesgasse 28 (centre-ville).

Très long avant d'avoir sa chambre. Épuisement. Je dors en me couchant... réveillée au bout de 20 minutes par un ronflement de la dame de 80 ans qui partage ma chambre. Envisage voyage gâché. Pleurs, drame insoluble à Vienne; comprimés pour dormir. Mon désarroi est complet.

Vienne, située sur le Danube. Il prend sa source en Forêt Noire. Quand il quitte la Bavière, ce fleuve, après une course de 2 500 km, se jette aux confins de la Roumanie, en mer

Noire. Traversant neuf pays, sorte d'immense rue maritime du commerce, prolifiques lieux de pêche, il ne cesse d'inspirer musiciens, peintres, écrivains.

L'Europe. La beauté des villes. Vienne et ses édifices de même hauteur. De beige foncé à gris pâle; quelquefois ambrés; des lignes homogènes. Affichage discret sur les édifices publics, comme à Paris. La cathédrale Saint-Étienne avec ses deux flèches en dentelle, sa guipure sur les côtés, rappelle le Duomo de Milan. Les grandes places publiques succèdent au palais impérial, à l'opéra de Vienne, au Belvédère, aux ponts sur le Danube.

Schönbrunn se trouve à peu de distance de la ville. Il ressemble au château de Versailles par beaucoup de côtés, sa solennité, sa magnificence, ses 1 200 pièces, son parc. L'ancienne demeure de l'impératrice Marie-Thérèse, reine de Hongrie et de Bohême. Par une enfilade de galeries et de salons, tous plus chargés les uns que les autres, nous visitons un étage de Schönbrunn, un immense palais de style baroque qui était la maison d'été des Habsbourg. Nous sommes dans la salle où, à l'âge de six ans, Mozart fut présenté à l'impératrice Marie-Thérèse par Joseph II. Mozart joua au piano, peut-être au clavecin en présence de la cour. L'impératrice l'aurait pris sur ses genoux. On aime rappeler que Mozart aurait dit « j'aime cette petite fille ». C'était une des seize enfants de l'impératrice, l'impérissable Marie-Antoinette, qui serait la dernière reine de France. Visite de la chambre où a couché Napoléon 1er. On nous rappelle la mort tragique à 20 ans de son fils surnommé l'Aiglon.

Au royaume des Habsbourg, un autre évènement capital qui changerait l'histoire du monde.

Dans un pavillon de chasse de Mayerling, la baronne Maria Vetsera et l'archiduc Rodolphe furent trouvés morts à la fin de janvier 1889. L'archiduc était fils unique et héritier de la couronne. L'archiduc François Ferdinand, neveu de l'empereur, devint héritier. En juin 1914, il tomba sous les balles d'un Serbe. Ce fut, par le jeu des alliances entre différents pays, une cause de la guerre de 1914.

La visite continue dans la ville par les nombreux monuments aux musiciens : Mozart, Strauss, Bruckner, Mahler. Nous passons par l'Académie de musique, par les théâtres, monument à Marie-Thérèse. L'architecture fait la beauté de Vienne. Passons devant le parlement de style grec classique, l'hôtel de ville, les différentes maisons où a habité Beethoven, la maison natale de Schubert, le monument à Mozart, la maison où Sigmund Freud a vécu quarante ans.

Un chemin panoramique dans les collines de la forêt viennoise qui encercle à demi la ville nous conduit à Gruntziz. Un village de banlieue. Des maisons de trois-cents et quatre-cents ans, propriétés de vignerons. Des guinguettes où nous trinquons au bonheur de vivre, d'être choyés par le voyage et même par les Viennois. Sur le versant d'une autre colline de la forêt, nous allons au monastère de Klashtenenberg pour y admirer un retable de Nicolas de Verdun, des scènes de l'Ancien testament. Le tableau est orné d'or pur, de cuivre, d'émail. Dans la chapelle, des vitraux du treizième siècle. Au retour, nous passons par le quartier latin et l'université.

Le dimanche matin, je marche sur la Kurntgasse jusqu'à l'église Saint-Étienne pour assister à la messe. La veille, le Grand Opéra de Vienne donnait La Flute Enchantée de Mozart. Je n'ai pas souvenance d'y être allée...

À quel moment, dans cette ville, ai-je été prise de nostalgie sur ce qu'elle avait été, pour sa grandeur passée; sur l'immensité de sa culture qui avait fleuri particulièrement pendant la dernière moitié du dix-neuvième siècle et le début du vingtième.

Je percevais comme une ville douloureuse, cette capitale des Habsbourg imprégnée de son ancienne splendeur, son histoire inscrite dans ses pierres mais qui avait vu s'éteindre, petit à petit, les feux de sa gloire.

Ici avait étincelé sur le monde l'immortel aéropage de la musique : Haydn, Mozart, Gluck, Beethoven, Schubert, Brahms, Johann Strauss. Ici avaient convergé tous les mouvements de la culture européenne. Dans telle maison, Beethoven avait joué; une autre avait reçu Haydn. Au Burthteater avait été entendu pour la première fois Les Noces de Figaro de Mozart. Ceux qui avaient entendu à l'opéra l'Orchestre Symphonique sous la direction de Gustav Mahler seraient aujourd'hui difficilement satisfaits de l'exécution d'une œuvre musicale. La ville avait acquis une réputation internationale en création musicale avec Schoenberg, Mahler, Goldmark. Là avait fleuri la tradition de la valse et de l'opéra.

Sigmund Freud, Ferenczi, d'autres scientifiques avaient été la gloire de Vienne dans le monde de la psychiatrie et de la psychanalyse. Gustav Klimt et Eagon Schiele avaient coloré de leurs peintures fantasques et érotiques les murs de l'université et ceux du Kunsthis Museum.

Un instant, voyez l'impératrice Marie-Thérèse charger Gluck d'enseigner la musique à ses filles et Joseph II discuter avec Mozart des opéras de celui-ci.

Disloqué, fractionné, disparu, le puissant empire des Habsbourg dont il reste, dans Vienne, de précieux lambeaux de sa gloire millénaire.

Aujourd'hui, retourner dans cette ville, marchant dans les rues, je chercherais à saisir dans l'air et dans le vent la polyphonie des notes de musique, les mélodies, le rythme, les constructions musicales que cette ville avait inspirés au grand compositeur romantique que fut Gustav Mahler.

Nous quittons l'hôtel Intercontinental pour Flughafen, l'aéroport de Vienne. Nous quittons une ville aimable, riche, facile à fréquenter, striée de parcs, envahie de jeunes femmes très modernes, de vieilles dames aux allures anciennes, de jeunes gens nombreux, du bonheur à portée de mains. Sous un soleil éblouissant, nous embarquons en Jet Caravelle des lignes aériennes autrichiennes pour Dubrovnik en Yougoslavie.

BALKANS DU MARÉCHAL TITO

En route, nous survolons l'Adriatique. La côte dalmate est extrêmement découpée. Proche un millier d'iles surgissent de la mer. Je rêve d'en posséder une en Méditerranée. Ce voyage en avion me comble de bonheur sans que je sache pourquoi. Ce nouveau pays, la terre yougoslave brune, pierreuse, un peu décharnée. Un soleil qui brille. Un paquebot qui file vers le sud. Près de l'aéroport, des montagnes rocheuses, calcaires, forment un mur.

J'ai été prise d'un gout de richesses, de biens, d'extravagances, de tous les plaisirs de la terre. Notre hôtel, l'Excelsior, est situé face à l'ile d'Amour, mais c'est peut-être l'ilot de Lokrum. Grand confort et plaisir de contempler le ciel et la mer qui se confondent en brillance sous nos yeux.

Dubrovnik, la perle de l'Adriatique, serait née au septième siècle. Mais les Grecs y sont venus bien avant. Ensuite, les Romains. Un lieu connu depuis des millénaires. La ville actuelle serait du quatorzième siècle. D'épais remparts courent le long de la ville médiévale. À part Dubrovnik, seules deux autres villes d'Europe ont conservé leurs enceintes intactes : Carcassonne et Avila. La Placa, une large rue recouverte de dalles de marbre et flanquée de commerces, de cafés, d'églises et de palais : un espace animé et convivial. Je suis émue par cette ville aux rues en escalier, aux maisons tassées sur elles-mêmes, prodigue de secrets et de mystères. Précieux patrimoine artistique conféré par la richesse architecturale de ses édifices. Un soir, nous assistons à des danses et chants du folklore des diverses républiques yougoslaves. Des costumes variés, colorés, d'une beauté! Autre patrimoine à conserver jalousement.

Puis ce fut l'excursion à Kotor dans le Monténégro, à plus de quatre-vingt-dix kilomètres de Dubrovnik. D'un côté la mer chargée d'iles; de l'autre, des maisons très pauvres, très anciennes, en pierres avec toit teinté rouge, accrochées à des montagnes escarpées et dénudées en hauteur. Au niveau de la mer, la végétation est formée de figuiers, d'oliviers, de vignes, de cyprès et de pins. La ville de Kotor est située sur un fjord où se croisent et se mirent des montagnes de six cents mètres. Je vous le dis, c'est la beauté de la terre. Cette excursion, cet endroit, me sont restés en travers du cœur. C'est là que je vis un mur qui grimpait au plus haut des pics et qui formait forteresse autour de la ville pour la protéger des invasions venant des montagnes. J'ai tout aimé ce jour-là. Depuis, les remparts et les murs entourant les villes exercent sur moi une véritable fascination : la grande muraille de Chine, le mur Aurélien, les remparts de Beijing, le mur d'Hadrien en Angleterre.

C'est la Dalmatie. La baie de Kotor, cette baie unique, de toute beauté est habitée depuis toujours.

Devant la baie, deux petites iles dont une compte un monastère bénédictin et une église du dix-septième siècle.

L'excursion à Kotor, ce sont des routes vertigineuses entrelacées dans le roc et les montagnes et des points de vue qui ne cessent d'éblouir. L'excursion sur la côte dalmate fut le lieu du voyage de noces de l'ancien premier ministre du Canada, Pierre Elliott Trudeau.

Pour compléter la séduction exercée par la côte dalmate, la veille du départ de Dubrovnik, nous avons eu un cocktail dans un ancien palais. Des salles ornées de colonnades, de sculptures, de peintures et de fleurs où nous accédons par un immense escalier, spacieux, royal.

Nous quittons la Yougoslavie rassasiés, le cœur exercé au bonheur.

SANCTUAIRES ET DIEUX

En Grèce ancienne, les mêmes lois duraient des siècles. Lycurgue, un législateur légendaire de Sparte mit en forme des lois qui assurèrent le bon ordre social et militaire, et cela, sept-cents ans avant notre ère. Peut-être le mot Lycurgue sonnait si prodigieusement à mon oreille et que j'étais dans un tel état d'accueil à l'égard de la Grèce antique, que quelles qu'aient été les paroles prononcées par les guides, tout me coulait dans la gorge comme un chaud breuvage de miel. Cette grande phrase devait venir de la guide qui nous dressait un panorama large et vivant de l'histoire de son pays.

J'IMAGINAIS... ATHÈNES

Nous montons à l'Acropole par la voie d'accès construite sur les traces de la Voie Sacrée. C'était le chemin suivi par le cortège des Grandes Panathénées qui accompagnaient le transport du nouveau peplos, un vêtement brodé, la nouvelle robe d'Athéna qui allait lui être offerte dans le Parthénon.

Je marche avec les prêtres, les magistrats, les stratèges, les jeunes Athéniennes choisies pour leur beauté dans des familles aristocratiques de la ville : elles tiennent sur leur tête des corbeilles remplies d'offrandes pour le culte; suivent de jeunes métèques avec des ombrelles pour se protéger du soleil, des hommes portant des cruches d'eau et de miel, des musiciens tenant lyres et flutes chantent et jouent. Un groupe de vieillards de différentes tribus tiennent des branches d'oliviers. Les conducteurs de chars de la cavalerie athénienne ferment le cortège.

Avec les jeunes Grecques, nous passons par les Propylées, un grand passage couvert en marbre Pentélique, à un temple conçu à l'époque de Périclès. Nous arrivons à l'Érechthéion, un temps le lieu le plus sacré de l'Acropole. Le portique sud de ce petit temple est soutenu par six statues de jeunes filles appelées Caryatides portant de longues tuniques aux riches drapés. Ce serait à ce même endroit que les archéologues auraient découvert les plus anciens vestiges de l'époque mycénienne.

Le Parthénon nous apparait. Je lui prête son ancienne splendeur. Sur la frise entière resplendit la procession des grandes Panathénées qui se déroulait tous les quatre ans. Phidias a rendu son époque dans toute sa gloire. Compositions en bas relief, sur plus de cent-soixante mètres par un peu plus d'un mètre. Frise sculptée par Phidias et ses élèves. C'est la majorité de cette frise que la Grèce réclame depuis des années et que le British Museum refuse de rendre et ne rendra jamais.

Nous marchons au milieu de marbres brisés, de colonnes renversées. Sur notre chemin, plus une seule des milliers de statues qui jadis ornaient l'enceinte sacrée de l'Acropole. À eux seuls, Sylla et Néron emportèrent cent statues. Elles ont décoré des constructions dans la ville de Rome et leurs propres palais. Les empereurs Auguste et Hadrien, au contraire, ainsi que Hérode Atticus ont doté la ville d'Athènes de monuments incomparables.

Grisée, descendant les marches de l'Acropole comme si une lumière m'avait traversée, l'impression que je flottais légèrement, que quelque chose était accompli, comme si ce qui viendrait par la suite, dans le voyage en Grèce, prenait sa source dans les colonnes doriques du Parthénon pour vivifier par la suite tous les lieux antiques.

Je suis assise à l'entrée du temple de Zeus Olympien, face à la porte d'Hadrien avec vue sur l'Acropole. Une fin d'après-midi à vivre avec l'empereur devenu vivant et réel depuis la lecture de ses mémoires par Marguerite Yourcenar. La porte d'Hadrien, un arc de triomphe élevé par les Athéniens en l'honneur de leur bienfaiteur. Le parc archéologique de l'Olympieron, un temple colossal commencé au sixième siècle avant notre ère. Il revint à Hadrien de le terminer. Plus loin, les bains d'Hadrien. Dans une autre direction, on arrive à la bibliothèque de l'empereur.

L'Agora, lieu de naissance de la démocratie. Lieu de gloire de la Grèce. Lieu d'assemblées et centre de la vie publique. Ici, ce n'est plus au pied carré que l'histoire nous est restituée mais au centimètre carré. Le temple d'Héphaïstos, construit vers 445 avant J. C., était dédié au créateur de la métallurgie. Le dieu protégeait les fondeurs de métaux et les bronziers. Un des mieux conservés des temples grecs. Le portique d'Attale est devenu un musée. Il a été reconstitué, refait par une équipe américaine d'archéologie qui a respecté le modèle original et a utilisé les mêmes matériaux de base.

Le Musée National d'Archéologie conserve la plus riche collection d'art grec du monde. Sont exposées les sculptures d'avant la période archaïque, celles de la période archaïque, celles de la période classique et finalement la salle mycénienne. Les objets d'or trouvés dans les tombes royales de Mycènes. Des masques funéraires dont celui d'Agamemnon.

Les fresques de Mycènes, dont la Mycénienne, n'ont été trouvées qu'en 1970. Pas vu non plus les fresques de Théra. Ces dernières trouvées lors de recherches à Acrotiri, dans l'ile de Santorin.

Le musée de l'Acropole abrite la vingtaine de plaques de la frise du Parthénon, les seules qui restent à la Grèce depuis que Lord Elgin a arraché les autres pour le British Museum de Londres. Les véritables Caryatides de l'Érechthéion sont désormais à l'abri dans ce musée. Celles qui soutiennent encore le toit du petit temple sont des copies.

LETTRE REÇUE À ATHÈNES

28 septembre 1969
Darling Therese
J'écris cette lettre dans ton appartement. Tu es à Dubrovnik. Ça me semble très loin. Je te manque beaucoup. Je me demande si tu n'es pas juste un rêve merveilleux. J'ai peur que tu ne reviennes pas et que je demeure délaissé toute ma vie. C'est la première fois que je viens à ton appartement depuis ton départ. Ton appareil stéréo sonne merveilleusement bien. Il me tient compagnie. Comme c'est étrange; il fut un temps où entendre un concerto de violon était un évènement spécial. Maintenant, juste à pousser un bouton, j'ai une journée entière de cette musique que j'aime. J'espère que les fleurs étaient rendues pour te souhaiter la bienvenue.

Henri-Bourassa, Jean-Talon et moi attendons patiemment que revienne ta lumière sur nos vies. All my love and kisses.

Jim

Début de matinée à l'hôtel Electra d'Athènes. Quelqu'un sonne à ma porte de chambre. J'ouvre. Surprise. Le concierge de l'hôtel entre les bras chargés de roses jaunes, pêche, blanches et les dispose sur la table secrétaire. Plus que surprise, éblouie. La petite carte jointe à l'envoi était venue de Montréal et signée par mon ami Jim. Ce bouquet serait le plus fastueux de la longue lignée de ceux que je recevrai au cours des années. Même les orchidées reçues par la suite n'ont en rien éclipsé sa souveraineté. L'effet grisant de la lettre et des fleurs reçues à Athènes a coloré le voyage en Grèce d'une brillance telle que ceux faits par la suite étaient, en quelque sorte, jugés, évalués à l'aune de ces matins radieux.

La cathédrale orthodoxe d'Athènes, de style byzantin, est dédiée à l'Annonciation. Depuis le schisme grec d'avec l'Église de Rome en 1054, ils ont conservé de nombreuses fêtes dont l'Assomption, saint Georges, saint Jean-Baptiste. La messe a duré trois heures, mais le temps fut court à admirer l'incroyable richesse de la décoration.

Le soleil avait triomphé des nuages. L'air était chaud et humide. Je marchais dans les petites rues de Plaka, le plus ancien quartier de la ville. Je coyais visiter mais je me laissais plutôt bercer par je ne sais quel discours éthéré créé par l'animation des terrasses, la succession des boutiques, l'accroissement de la foule qui emplissait les rues.

Un moment, je me suis inquiétée de la difficulté de demander un renseignement à un jeune homme sans qu'il me suive... impossible de marcher seule et lentement sans être remarquée... je me suis plainte à moi-même du regard des hommes... quelle était cette horreur, quelle était cette inconscience de ma part? Au lieu de fondre de plaisir sous leurs regards et leurs tentatives de séduction, je me hérissais intérieurement. Bienheureux jeunes hommes grecs qui m'avez regardée, qui m'avez trouvée belle, je l'étais, qui m'avez suivie, qui cherchiez à me parler. Je vous loue et vous bénis.

Vous étiez de vrais jeunes hommes pleins de vie, à votre vocation de désir et de séduction auprès des femmes. Étant assise à une terrasse, j'aurais dû me réjouir de votre regard et de vos paroles. Y a-t-il plus puissant, plus précieux, que le regard d'un homme posé sur soi. Par son regard, il me fait exister, il me fait vivre. J'oubliais que c'était par des regards échangés que des hommes avaient pu s'approcher de moi... J'aurais dû fondre de plaisir, non seulement sous la puissance du soleil mais sous les ardeurs de leurs regards et le charme de leurs gestes.

Honte à moi. Déshonneur que de n'avoir pas compris le jeu éternel du désir par vos beaux yeux noirs posés sur moi dans la chaleur provocante de la soirée athénienne.

Je ne savais pas que quelques années seulement me séparaient du désert que deviendraient nos rues ici en Amérique par toute absence du regard des hommes rencontrés. Pas un geste de la main, pas une œillade, pas un mouvement du corps, pas un mot prononcé, pas le plus léger sifflement admiratif. Les rues, les places publiques dans les pays du pourtour de la Méditerranée sont demeurées des endroits favoris pour la naissance des rencontres et des amours.

Un spectacle sons et lumières à l'Acropole a clôturé de façon inoubliable notre passage dans la ville des dieux grecs.

Homère, un poète grec, déjà décrivait ce rocher comme un lieu sacré. Dans un décor grandiose, sous les feux du soleil levant, apparaissaient les colonnes de marbre parmi les plus belles de Grèce du temple de Poséidon, le dieu de la mer. Le sanctuaire, à l'extrémité de l'Attique dominant la mer Égée, a été construit au lendemain des guerres médiques sur l'ordre de Périclès. Terminé en 449 avant J.-C. Quel hymne composé à la gloire de la terre? La mer ionienne d'un bleu incroyable et verte à certains endroits; des milliers de criques formées par les échancrures de la mer dans les rochers qui la bordent, du roc, des caps, des arbustes, des fleurs, de petites maisons blanches aux toits plats, aux fenêtres sans cadrage se succèdent sans arrêt.

La mer par endroit devient carrément turquoise, inoubliable. Au retour de cette excursion à Cap Sounion, après un pique-nique sur une plage, nous arrivons au Pirée. Embarquement sur le paquebot Stella Solaris pour quatre jours dans les Cyclades, en mer Égée.

Rapidement installée dans ma cabine, j'en sors pour aller sur le pont. Au moment où j'ouvre la porte, l'occupant de la cabine d'en face sort de la sienne. Je lui demande le chemin pour remonter vers le jour.

Arrivée sur le pont supérieur, installée dans une chaise longue, je m'abandonnais aux bercements des vagues; la fréquence de ses regards vers moi laissait entrevoir d'autres possibles bercements... Quand je tournais la tête, chaque fois il me regardait. Une discrète séduction, une accumulation de mirages? Vous espérez seulement.

Un commencement comme tous les commencements; où vous êtes objet d'attention, où vous êtes regardée; comme un voile délicieux et léger qui enveloppe votre chaise, le pont, les parapets du navire. Vous êtes bercée, tout peut arriver : vous êtes regardée, remarquée, peut-être désirée; soudain, vous frissonnez. Vous devenez autre sans savoir quoi; n'étant plus sure de rien, vous croyez à l'impossible.

Au souper, dans la salle à manger du paquebot, toutes les places sont occupées. Demeure libre une place à côté de moi et qui termine la rangée.

Je songeais « si cet homme qui m'avait remarquée allait être placé près de moi!!! » L'hôtesse le reconduit à ma table. Il avait dû demander à être assis près de la jeune fille qui voulait retrouver la lumière... Un Anglais d'Angleterre. Beau et distingué. Conversation animée. Une croisière de luxe! Quelle belle vie!

Tous les présages, comme de fausses promesses, ont volé en éclats. La croisière entière a été perturbée. Ni danse, ni virevolte. La mer ne cessait de gonfler et de se tordre et de tricoter une tempête comme le capitaine dit n'avoir jamais expérimentée de toute sa carrière en Méditerranée. Nous fûmes nombreux à devoir quitter la table. Il fallut la nuit entière pour se remettre.

À Santorini, à 7 h le lendemain. Le calme était revenu. Nous nous rendons dans l'île. La plus méridionale des Cyclades. Son vrai nom : ile de Thera. La légende la désigne sous le nom de Kallisté (la Très Belle). Des guides nous disent qu'on ne devrait jamais quitter les Cyclades et même la Grèce sans avoir passé au moins une journée dans cette ile. Nous y fûmes trois heures trop courtes. Il y a un musée archéologique à Thera, mais surtout le site d'Acrotiri, une ville de l'âge du bronze. Des immeubles, des magasins, des habitations, des fresques y ont été trouvés en parfait état. La ville a été exhumée presque intacte de la poussière volcanique qui l'a recouverte vers l'an 1500 avant J.-C.

Les fresques sont exposées au Musée national d'Athènes. Mon amour des villes de l'Antiquité est tel que j'y passerais des journées entières. J'aime particulièrement voir les habitations et les objets de la vie quotidienne. Je retournerai en Grèce pour Acrotiri.

Nous faisons escale à Héraklion dans l'ile de Crète. Encore là, visite trop courte pour gouter à l'infinie richesse de l'ile. Visite du musée archéologique. Le visiter, c'est un des grands moments d'un voyage en Grèce. Les collections proviennent exclusivement de la Crète. Ce sont des antiquités depuis le sixième et le cinquième millénaires avant J.-C. jusqu'à l'époque romaine, quatrième siècle de notre ère. Somptueux! J'ai vu là le disque de Phaistos. Une tablette d'argile circulaire trouvée sur le site du palais minoen de Phaistos. Gravé sur les deux faces, un texte qui se lit en spirale partant du centre vers la périphérie. Ce sont des signes pictographiques qui ressemblent aux autres écritures crétoises. Mais jusqu'à maintenant, toutes les tentatives pour déchiffrer cette écriture ont échoué. Par ailleurs, je crois qu'il est important de savoir que tous les savants qui étudient et cherchent à comprendre les divers systèmes d'écriture ont appris le grec et le latin. C'est vers 1968 que nous, au Québec, avons aboli l'étude du grec et du latin dans nos collèges.

Excursion au palais de Cnossos, un site minoen, le plus vaste découvert en Crète. L'occupation du site serait aussi la plus ancienne de l'ile.

Nous descendions un escalier du palais. Je ne sais plus si c'était au rez-de-chaussée ou au premier étage qu'elle m'est apparue, ou dans la salle du Trône, ou dans le quartier royal ou encore dans le quartier des domestiques. Une immense fresque représentant une scène de tauromachie. Un jeune homme au corps mince, les jambes virevoltantes dans les airs, les mains appuyées sur le dos du taureau venait d'exécuter un double saut. À chaque bout de l'animal, un jeune homme qui tient le taureau en respect.

Elle est là sur le mur de droite en descendant l'escalier. Ce me fut un véritable choc. Une révélation que dans les temps antiques, les Grecs faisaient aussi de la peinture. C'était aussi me jeter à la figure toute l'authenticité de leur existence dans des temps très lointains; comme si j'en avais douté jusqu'à maintenant.

J'ai beau voir des palais aux architectures raffinées, des statues sculptées dans le marbre, des vases et des amphores, mais quand je vois des peintures, c'est comme le complément absolu de leur degré de civilisation.

Autres fresques. Elles ont été détachées de la salle du trône du palais et portées au musée archéologique d'Héraklion. Je ne peux pas m'empêcher de penser aux cinq Demoiselles d'Avignon en voyant la fresque Les Dames en Bleu du palais de Cnossos. Au nombre de trois. Elles sont habillées de bleu sur fond bleu. Beaucoup de bleu aussi chez les Demoiselles. Mais les travaux d'archéologie au palais de Cnossos par Sir Arthur Evans en 1909 n'avaient pas encore mis au jour, je crois, la fresque des Dames en Bleu quand Picasso, dès 1907, peignit Les Demoiselles d'Avignon. Quelle gloire et quelle épopée qu'un peintre anonyme de l'époque minoenne ait tendu la main et le pinceau au plus fabuleux peintre du vingtième siècle.

« Les voiles opaques d'une histoire surgie du fond des âges se déchirent peu à peu et notre vision globale du passé s'éclaire et devient plus précise. Nous éprouvons pour notre lointaine ascendance une solidarité et une compréhension toujours plus étroites et ce faisant, nous réalisons, dans un certain sens, un rêve immémorial : l'antique aspiration de l'homme à acquérir l'immortalité ».

Nous quittons l'ile de Crète. N'ayant vu que Cnossos, nous laissons derrière nous sans les avoir visités de nombreux palais minoens.

Nous passons la journée dans l'ile de Rhodes. Le Dodécanèse, un ensemble de plus de deux-cents iles dont près d'une trentaine sont habitées. Rhodes est la capitale du Dodécanèse. On dit qu'elle en est la perle.

Tout autant que l'ile de Crète, Rhodes par sa taille, ses lieux historiques, son histoire qui plonge loin à l'époque mycénienne, l'extrême variété des populations qui se sont croisées sur son sol, nous apparait comme un pays en soi.

Nous sommes en octobre. Ruisseaux et rivières sont à sec. Végétation pauvre sur des montagnes peu élevées. Dans la plaine, des arbres fruitiers. Nous ne voyons aucun cheval. Beaucoup d'ânes. Des femmes habillées de noir, fichu blanc sur la tête, conduisent un âne chargé de branches de cyprès et d'olivier. Des hommes nombreux assis aux terrasses des cafés.

Lindos, une ville blanche. De petites maisons basses cubiques. Plusieurs sont du quinzième siècle. Je remarque que les femmes sont grosses. Toujours habillées de noir, la tête voilée de blanc, elles marchent pieds nus.

Une acropole sur un rocher qui domine la mer. Les murs d'une forteresse, d'un château entourant en partie le rocher de Lindos. Un port naturel avec plage d'une beauté à couper le souffle.

Retour à Rhodes, c'est le Moyen Âge. Une ville médiévale. Nous avons marché sur les remparts, chemin de ronde de l'enceinte de la vieille cité. Tout ici nous rappelle Carcassonne. Mais l'histoire nous renvoie à l'apogée de sa splendeur. Rhodes avait acquis beaucoup de prestige non seulement par ses rapports avec Rome, mais son commerce avec l'Italie, la Grèce, la Macédoine, l'Asie, l'Afrique. Alors y fleurirent des temples, des écoles, des théâtres, des statues. Charès de Lindos y éleva le fameux colosse de Rhodes, l'une des sept merveilles du monde antique. Il m'apparait que depuis des temps immémoriaux, jusqu'au dix-neuvième siècle, la Grèce n'a pas cessé d'être pillée, volée de ses trésors et de ses statues. Est-ce Pline le Jeune ou Pline l'Ancien qui écrit qu'au moment où la ville avait été dépouillée de ses trésors elle comptait encore deux-mille statues.

Retour à notre paquebot pour le repas du soir. Une autre nuit en mer. À 6 h 30, lever du soleil au-dessus des montagnes turques. Nous accostons à Kusadasi en Turquie. Un village aux maisons de style cubique à toits rouges. Une ancienne basilique de Saint-Jean. Un village extrêmement pauvre. Dans la rue, des moutons, des vaches, des poulets. Les femmes sont enveloppées dans des couches de vêtements. Véritables paysans. Sol rocailleux, arbres rares, herbes brulées par le soleil. Nous ne voyons aucun cours d'eau.

C'est ici que j'ai commis une faute. J'ai refusé l'excursion à Éphèse. Supposément parce que j'étais fatiguée des vieilles pierres... Je n'ai jamais évoqué cette erreur avant aujourd'hui. C'était plus qu'une faute, c'était un comportement incompréhensible, de l'ignorance. Mon regret est perpétuel. Quand ceux de ma famille qui sont allés à Éphèse ces dernières années parlent de cette merveille, je fais semblant de rien. Je ne dis pas un mot. J'écoute et je me fais des promesses à moi-même...

Toujours sous un soleil radieux, nous quittons Kusadasi. Nous longeons les iles de Samos et d'Ikaria pour un arrêt à Mykonos. Un vent nord-est venant du Bosphore et des Dardanelles souffle constamment sur les Cyclades. On sent que la tempête menace en abordant à Mykonos. Cette ile, c'est comme Venise. Tous ceux qui ont vu Venise ont vu Mykonos. Alors ce n'est pas la peine de rappeler que Mykonos, c'est un dédale de ruelles d'un blanc immaculé; une petite ville bijou au fond d'une baie; de minuscules chapelles entourées de cyprès et d'oliviers. Les plus belles plages de la mer Égée, des sites archéologiques, des boutiques, des tavernes, du jazz, des discothèques où vous vous épuisez la nuit entière. À 1 h du matin, nous quittons Mykonos pour une dernière nuit en mer. Au matin, nous étions au Pirée.

CIRCUIT

Ce vendredi matin du 10 octobre, commence le circuit en Grèce continentale. Nous allons par les sites et les villes, les passés fabuleux, les mondes disparus de la Grèce antique. Épidaure, Olympie, Mycènes, Delphes. Les strates superposées de siècles, d'histoires, de héros, de créations accumulées, de processions vers des lieux sacrés.

Un endroit comme Mycènes, où les dieux ont foulé le sol; Épidaure qui vous saisit comme un miracle de l'esprit humain. Épidaure, un lieu de guérison dans le monde antique, où des hordes de pèlerins venaient de toutes les parties du monde grec; Olympie, où la terre vibre encore sous les pas de course des héros qui ont ici gagné les couronnes de laurier, sous les coups de marteau de Phidias sculptant la Statue d'Athéna pour l'Acropole d'Athènes

Par la route de Corinthe, nous arrivons à Mycènes. Plein d'eucalyptus le long de la route. Dans la plaine d'Argolide, au pied de Mycènes, s'étendent les citronniers, les orangers, les pistachiers, les abricotiers, les cyprès, les palmiers. Mycènes, c'est la racine de l'histoire grecque. C'est la famille des

Atrides « dont les forfaits ont défrayé deux-mille ans de tragédies ». C'est Agamemnon contre Troie, c'est Clytemnestre son épouse qui le fit assassiner par son amant Égisthe, c'est Oreste qui a vengé son père en tuant sa mère et son amant. Plus tard à Montréal, l'année du 350e anniversaire de fondation de la ville, j'ai assisté aux trois tragédies du monde des Atrides présentées à cette occasion par la troupe d'Ariane Mnouchkine de Paris.

Mycènes, c'est l'entrée par la porte des lions. C'est le trésor d'Atrée ou tombeau d'Agamemnon, c'est le tombeau de Clytemnestre. Ce sont les masques d'or et autres trésors trouvés dans la tombe d'Agamemnon. C'est le cercle royal de l'Acropole qui contenait six tombes et dix-neuf squelettes et des offrandes et des trésors déposés pour les morts. Un jour, j'irai à Troie en Asie Mineure (Turquie) où Agamemnon dirigeait les Grecs qui ont conquis la ville.

Tous les amphithéâtres que je verrai par la suite dans le monde romain et même ceux du monde grec, je les comparerai à Épidaure, qui est lui-même incomparable. C'est une merveille construite au quatrième siècle avant notre ère. Tous ceux qui ont fréquenté Épidaure savent que ce théâtre possède une acoustique exceptionnelle. Épidaure, c'est aussi le lieu du temple d'Asclépios, dieu de la médecine. Au musée d'Épidaure, que nous n'avons pas visité, il y a une collection d'instruments de chirurgie de l'époque romaine que j'aurais bien aimé voir, que j'aurais dû voir.

En route, nous admirons les forteresses du Moyen Âge accrochées aux montagnes à Nauplie et à Thyros. L'hôtel Xénia où nous logeons à Nauplie est situé face au golfe Argolide, une baie qui rappelle Naples par sa beauté.

Nous allons par des chemins en lacet dans de hautes montagnes de l'Argolide. Nous arrivons à Tripoli. Avant de passer ensuite par les montagnes d'Arcadie, nous arrivons à une plaine plantée d'oliviers; de nombreux cerisiers, des troupeaux de chèvres dans les champs. À Tripoli, sur la place publique et le long des rues, des hommes sont assis aux terrasses des cafés. À l'arrêt, nous goutons à un miel parfumé au thym. Nous passons par le village de Lagadia, un village de bergers adossé par étages à des montagnes extraordinaires, dans des chemins étroits qui bordent des précipices. Des terrains rocailleux, des maisons en pierre, des clôtures en pierre.

À Olympie, les lieux des ruines sont calmes. Des collines de cyprès et de pins les entourent. Toute la région semble fertile et florissante. Des fleurs en pots ornent toutes les maisons.

Phidias tenait un atelier à Olympie où une coupe à boire marquée de son nom a été retrouvée.

Les ruines sont immenses. Palestre, gymnase, thermes, temple de Zeus, stade, trésors, musée.

Nous passerons par Patras. La ville la plus importante du Péloponnèse. Mais dans l'ordre d'importance des villes grecques, j'imagine que Thessalonique se classe deuxième.

Au sortir d'Olympie, nous passons par Pirgos. Des ânes extrêmement chargés; des villages très très pauvres, des maisons de pierre délavées. Les bergers avec leurs moutons, pour nous, c'est comme le Moyen Âge. Des hommes partout assis à boire et à jaser. Tous les Grecs, comme les Athéniens qui se respectent, passent une grande partie de leur temps dans les cafés.

Bienheureux Grecs, ils prenaient le temps de vivre, de savoir qu'ils existaient. Pour nous, ce comportement était presque scandaleux; c'était de la paresse, une perte de temps. Dans notre pays, nous n'avions pas encore développé l'esprit des terrasses et des cafés rue Saint-Denis, rue Crescent, boulevard Saint-Laurent. Les bonheurs des longues conversations, des flâneries sans fin nous viendraient avec le temps et les voyages.

Nous avons traversé par bac de Hyghea à Itea pour prendre la route de Delphes.

Nous passons à Chéronée, près du champ de bataille où Philippe II de Macédoine vainquit en 338 avant J.-C. un groupe de cités grecques.

DELPHES

Delphes, un décor grandiose de falaises et de montagnes. Un haut-lieu saisissant de l'esprit grec dans tout le monde antique. La puissance suggestive de ce lieu est telle qu'il a été choisi par le Conseil d'Europe pour y établir un centre culturel européen.

J'aime les Voies Sacrées. Celle du Forum au cœur de la Rome antique. Celle de la Via Appia Antica, celle de la Voie Sacrée de Delphes large de quatre à cinq mètres. Elle a conservé son tracé primitif. Tout au long de cette voie, les villes grecques élevaient des temples, des statues, des ex-voto pour célébrer des victoires souvent les unes contre les autres... Adossé à une falaise bordée de pans rocheux, un temple, le Trésor des Athéniens, construit pour commémorer la victoire de Marathon sur les Perses. Gravées sur un socle de statues, de nombreuses inscriptions dont la suivante : « Les Athéniens à Apollon après leur victoire sur les Mèdes en offrande commémorative de la bataille de Marathon ! » Frissons pour nos Olympiques modernes.

Le musée de Delphes, un des quatre plus grands musées de Grèce, ne contient que des collections qui proviennent du site. La salle du trésor de Siphnos contient quelques-uns des plus grands chefs-d'œuvre de la sculpture archaïque : des frises en relief qui ornaient le temple bâti cinq-cents ans avant J.-C. Un des chefs-d'œuvre de ce musée c'est le groupe des Thyades. Un groupe de femmes dansant, exécuté au quatrième siècle, expression de l'art classique. Ces prêtresses de Dionysos ont inspiré à Claude Debussy Les Danseuses de Delphes. Dernier chef-d'œuvre : l'aurige de Delphes. L'aurige, c'est un conducteur de char. Les conducteurs de char avaient gagné la course des jeux pythiques en 478 et 474 avant J.-C. Nouvelle émotion suscitée par Antinoüs. La vue soudaine de la statue de marbre d'Antinoüs, le favori de l'empereur Hadrien, dans une des salles des antiquités gréco-romaines. L'empereur et son ami Antinoüs sont redevenus vivants.

LES THERMOPYLES

Avant de passer par Lamia, cette belle ville adossée à la montagne, nous passons par le défilé des Thermopyles. Mon désir de connaitre la Grèce remontait aussi loin qu'à ma neuvième année d'études. L'histoire de Léonidas avait été racontée à la classe de 10e. J'avais tu mon émotion. Elle fut ravivée et multipliée en passant par le défilé. La route aujourd'hui suit le même tracé que la voie antique. Xerxès, fils de Darius roi des Perses, décide de soumettre les cités grecques. Il mobilise des milliers d'hommes et une flotte de plus de mille navires. Le commandement de l'armée grecque est confié à Léonidas, roi de Sparte. Et le lieu pour arrêter les Perses est choisi. Sur terre, ce sera le passage des Thermopyles qui relie la Thessalie à la Grèce centrale. À la suite d'une trahison, les Perses prennent à revers les Spartiates restés pour garder le défilé avec leur roi Léonidas. Le gros de l'armée grecque avait eu le temps de se replier. Léonidas et ses quelques centaines de Spartiates périrent aux mains des Perses. Ce fut le lieu d'un drame devenu symbole pour les Grecs.

Après tant de temples et de colonnes, de statues, de théâtres, de sculptures, de palais, d'enceintes, de tombeaux, je cherchais l'assise économique.

Seulement des chèvres et des ânes? Des pierres et des roches? Où sont les mines? Où sont les industries? Au-delà des oliviers en nombre infini. Comment, pourquoi, par quels moyens ont-ils été le terreau de l'Occident? Par la pensée, la réflexion, la philosophie, les arts, les croyances aux dieux, aux pouvoirs immatériels, quoi encore? Je réétudierai l'histoire grecque.

Retour à Athènes. Le lendemain 15 octobre 1969, nous prenons l'Empress of Santiago de la Canadian Pacific Airlines. Cette compagnie au temps de sa splendeur canadienne donnait divers noms magnifiques à ses gros porteurs.

Après trois heures de retard pour défectuosité mécanique, nous quittons la terre grecque. Dix heures de vol et 4 987 kilomètres. Nous sommes à Montréal.

Le poète canadien, Leonard Cohen, né à Montréal a vécu longtemps dans les iles grecques.

Je t'attends à un
  Point inattendu de ton voyage
  Comme la clé rouillée
  Ou la plume que tu ne ramasses pas.
  Jusqu'au chemin du retour

Quand il sera clair que la lointaine
Et douloureuse destination
N'a rien changé à ta vie. (Cohen)

IX
Côte est et autres lieux

MARIA, GASPÉSIE (AOUT 1970)

Une fois encore par la magie du temps et de l'espace, je suis plongée dans mon pays. Soleil, tendresse et douceur du vent sur mon corps, bruit de la mer, sable chaud, plage déserte, paisible.

Que cet instant soit éternel, que durent la beauté, la santé, les visages sans rides, les corps sans fatigue, les jours sans fin.

Ce matin, c'était l'aube fraiche
la douceur du temps qui commence
le pépiement des oiseaux
le souffle léger de la matinée
le calme qui ruisselle
la nourriture, l'eau
volupté du corps épousant le lit
tendresse du lit qui me reçoit
détente des membres et des bras allongés
lit béni qui me verse le repos.
Refuge, Espoir!

Souvent, je voudrais seulement vivre, attendre le jour, être tranquillement sans plan; gouter, regarder, être. Chaque matin recommencer. La même ferveur devant une feuille de trèfle que devant les dentelles de Bruges. L'homme vivra, revivra. Je perçois que la vie continuera. C'est la révélation intérieure et indicible dans les profondeurs de l'être. C'est tout à coup la certitude...

Dans la cour de la maison, ma mère, sa sérénité, sa paix. Le café ensemble, le jus d'orange qui se marie avec le soleil; douceur et détente.

Mon pays, cette terre, je te salue! Que cette vie dure à jamais!

Qui parlera du vent; la tendresse du vent, la merveille du vent.

Il m'enveloppe et me caresse.

C'est en un seul jour, tout un poème; poème de la vie et de la mort;

en un seul endroit tout l'univers.

Deux brins d'herbe, un buisson, une rivière, une mer, un soleil, la chaleur.

La présence de ma mère, de ma sœur, à une même table sur l'herbe; nous mangeons de la rhubarbe.

Je parle des colonnes des temples grecques et ma mère me parle des rosiers sauvages vus dans l'ancien jardin près de la petite maison en haut de la voie ferrée.

Cet après-midi, seule sur la grève, mon courage à deux mains, baignade dans l'eau glacée de la baie.

Ne plus attendre l'inspiration pour me mettre aux collages

Y aller sans but précis, laisser faire mes mains, mes mouvements

Entreprendre plusieurs travaux à la fois

Entreprendre plusieurs lectures en même temps

Vais-je suivre cette idée du livre sur mes ancêtres?

La vraie vie est plus riche, plus étrange, plus exaltante que tous les romans.

Dans mon tailleur de jersey rouge, sac de voyage à la main, je marche jusqu'au wagon-lit du train de Gaspé à la gare centrale de Montréal. J'installe immédiatement vêtements et objets de toilette pour la nuit.

C'était un de ces voyages innombrables faits dans mon pays d'origine. Pour la troisième fois de l'année, je visitais ma mère, seule dans sa maison depuis le décès de mon père. Je connaissais le roulis du train, les heures dans un wagon-salon, le verre de vin bu à petites gorgées pour prolonger le temps.

Retirée dans ma « roomette »; je me lève à l'aube pour admirer, comme à chaque voyage, les paysages toujours nouveaux et toujours les mêmes de la rivière et de la vallée de la Matapédia.

Le déjeuner terminé, je retourne au wagon-salon. Il ne faut rien rater du paysage offert le long de la côte de la baie des Chaleurs. Pendant quelques heures dans ce wagon, seule femme au milieu d'un groupe d'hommes. Tous des Gaspésiens qui reviennent de Deception Bay. Mineurs dans une mine de nickel pour la Fondation Company. Deception Bay, à la fine pointe nord du Québec, sur le détroit d'Hudson qui sépare notre terre de l'île de Baffin.

Ces hommes qui n'en pouvaient plus d'être loin des femmes, comme ils disaient, au milieu de tempêtes de neige. Un discours très lest par moment : des mots d'esprit, des hommes drôles, agréables. Les accents et les intonations diverses de leur langage trahissaient leur appartenance à tel ou tel village.

La présence d'une femme au milieu de onze hommes. Des hommes qui sortaient d'une longue absence. Tendance à des discours osés, mais constamment retenus dans des limites, par la présence d'une femme. Ce jeu entre hommes et femme, voilà ce que l'observateur a remarqué. Il y avait un douzième homme. Un voyageur qui n'était pas du groupe. Assis en retrait. Un homme grand, à la barbe grise, environ cinquante-cinq ans. Je lui jette de fréquents coups d'œil. Je désire lui parler mais incapable de me décider.

Il observe le va-et-vient du discours entre ces hommes et moi; la fragile retenue de leurs paroles et la constante réserve qu'ils finissent par exercer sur les possibles dérives de leur langage; un manège constant de dits et de non-dits, d'allusions, d'émotions, d'excitations, de paroles osées.

Le train file. Nous croisons la route des Thibodeau, la route des Mill. Vient le moment de descendre. Je quitte le groupe et retourne à ma chambre pour prendre mes bagages. Je m'assois un instant. Cet homme, l'observateur, apparait dans l'embrasure de la porte :

— Madame, vous êtes une femme extraordinaire.

— Je suis une femme extraordinaire? Pourquoi vous dites ça

— Je vous ai observée... vous étiez là, au milieu de tous ces hommes...et vous riiez... et vous étiez heureuse... votre comportement, votre attitude... Vous serez un personnage de mon roman; j'écris un roman.

— Vous écrivez un roman? Qui êtes-vous? Dites-moi votre nom.

— Mon nom?

Il penche la tête et fait signe que non de la main.

Soudain, anxieuse, regrettant,

— Monsieur, je descends tout de suite; je descends ici.

— Je regrette. Je devais aller vous parler. Je regrette.

Il s'asseoit un moment sur le banc dans ma chambre. Il me regarde et me dit :

— Madame, je vous souhaite beaucoup de bonheur.

Sept minutes s'étaient écoulées. Le train s'est arrêté à la gare du village; je suis descendue. Je ne l'ai jamais revu. J'aurais peut-être trouvé son nom en cherchant dans les listes d'auteurs au Québec, quand même pas si nombreux à cette époque.

Que me reste-t-il maintenant dans le cœur et dans les mains pour n'avoir pas osé parler à cet homme? Des regrets... beaucoup de regrets, et le napperon de papier du déjeuner marqué C.N. sur lequel sont imprimés les emblèmes floraux des provinces et des territoires du Canada et à l'arrière duquel j'avais jeté quelques notes sur cet évènement...

Chaque printemps, une fièvre de vacances s'emparait de moi. Cependant, la fatigue était réelle. En mars, je quitte avec une amie, Lyse D., pour Montego Bay. La Jamaïque, c'est le climat, c'est l'eau chaude, une semaine inoubliable à cause du bonheur des bains dans une mer tiède et de la douceur de l'air en soirée.

Récidive au début d'aout en organisant une fin de semaine de cinq jours. Jim et moi, nous filons vers les États-Unis. Nous traversons le Vermont, le New Hampshire pour nous rendre à Ogunquit dans l'État du Maine. Une petite ville côtière qui a les pieds dans l'océan Atlantique.

Madame Morris était mon adjointe durant le quart de travail de soir dans l'unité de soins que je dirigeais. À différents moments, elle m'a suggéré de poser ma candidature au poste de surveillante. « Vous êtes capable. Vous avez les capacités pour accomplir le travail. Je vous encourage. Vous devriez... » Par la suite, j'ai toujours considéré que je lui devais d'avoir osé ce pas de plus, et d'avoir posé ma candidature. Elle m'a éveillée à la possibilité d'élargir ma vision du travail, d'occuper de nouvelles responsabilités. Plus de cinq ans que j'étais infirmière-chef de l'unité de médecine hommes. Poste très exigeant. La coordination des soins infirmiers et, plus tard, la formation en cours d'emploi ouvraient de nouvelles perspectives.

Au printemps 1972, j'occupais désormais un poste de coordonnatrice des soins infirmiers. J'ai continué à adorer : ma vie à l'hôpital, le va-et-vient dans cette institution, sa complexité, ses exigences, le plaisir des équipes de travail, les cours de perfectionnement qui m'étaient accordés. Je n'ai pas souvenance qu'on m'en ait refusé un seul. Participation chaque année au Congrès provincial des infirmières du Québec, au Congrès annuel de l'Association des hôpitaux. Je suis allée au Congrès national des infirmières du Canada à Toronto. On m'a payé le cours Administration d'une unité de soins à l'Université de Montréal. J'ai pu faire le certificat Gestion d'hôpital à la même université, en cours du soir pendant un an.

Bar Harbour (1971)

À quatorze heures, nous quittons Montréal. Par l'auto-route des Cantons de l'Est, Jim et moi, nous filons vers la Nouvelle-Angleterre. Nous campons à Coleman State Park (Colebrook) dans l'État du New Hampshire, dans la vallée Mohawks, au pied des montagnes Blanches; montagnes de la chaine des Appalaches semblables aux Chics-Chocs de la Gaspésie. Toits affaissés, teintes bleutées.

La température baisse fortement durant la nuit. À l'aube, un concert de chants d'oiseaux tels que je n'en avais jamais entendu nous tire d'une nuit de sommeil. Diversité, variété des sons. Je n'aurais jamais cru ça possible.

Après des heures de route, nous sommes à Bar Harbour. Toutes les commodités au Bar Harbor Camp Ground. Le soir, une mouffette nous visite. Au matin, un oiseau, est-ce un rossignol? chante prodigieusement. Champ de bleuets à côté du camping. Piscine chaque jour. Notre roulotte est sur une colline. À nos pieds, une des nombreuses baies de Bar Harbor.

Une pluie abondante nous garde sous la tente. Je lis. Jim prépare les plans pour la suite du voyage : routes, campements, endroits historiques. Tonnerre, éclairs, pluie diluvienne. Pitié pour ceux qui ont une tente au sol.

Nous grimpons jusqu'au sommet du mont Cadillac dans le parc national Acadia de Bar Harbor. Une vue grandiose du côté nord de la baie, la route, la mer.

Au temps de Louis XV, une colonie française avait été établie dans l'ile des Monts-Déserts. Même pour un temps, elle appartint à Madame de Guercheville, une riche dame du royaume de France qui aida Poutrincourt, un des fondateurs de l'Acadie, dont les richesses étaient épuisées. Le marquis de Cadillac avait été gouverneur de la région.

Bar Harbor, une grande ile rocailleuse aux côtes très découpées. Une ile boisée de sapins, de chênes et d'érables. Quand Champlain est passé par là, l'ile était peuplée d'Indiens.

Elle y avait écrit des romans et des nouvelles, des essais, du théâtre, des poèmes et des poèmes en prose, mais surtout *Mémoires d'Hadrien*. Ce livre fut publié en 1951, je ne l'ai connu qu'en 1969. Nous avions circulé dans l'ile des Monts-Déserts sur la route longeant l'océan, le Sea Shore Road, et dans Northeast Harbor, l'un des villages de l'ile, sans savoir que Marguerite Yourcenar l'habitait. Elle avait nommé « Petite Plaisance » la maison Brook Cottage qu'elle avait achetée avec son amie Grace. Elles n'avaient eu ni le gout ni les moyens d'acquérir l'une de ces villas immenses et richissimes qui faisaient face à leur cottage, villas propriétés de Mary Rockefeller et de la riche famille Millikan.

L'ile était devenue un endroit à la mode dans les années 1880. Des peintres connus s'y étaient installés. Surtout à leur suite, est venu un grand nombre d'Américains de Philadelphie et de Boston. Une sorte de « Belle Époque » à l'américaine, qui n'a duré qu'un temps.

Après quatre jours de verdure, de parcs, de chants d'oiseaux, de bord de mer, de véritable petite plaisance, nous prenons le bateau à Bar Harbor même pour nous rendre à Yarmouth, à la pointe sud de la Nouvelle-Écosse.

Le Bluenose est là. Une bête magnifique. Dès le départ, c'est l'impression du voyage en Grèce. Hydra, Samos surgissent de la mer. Les côtes du Maine escarpées, dentelées, défilent au gré des vagues. Je revois les côtes de Turquie, quittant Kusadasi.

Quel plaisir de se laisser bercer sur le pont du traversier! Yarmouth, une beauté que nous approchons par les anses, les baies, le phare, les collines, les rochers. Le port est au fond des côtes escarpées tapissées de barques de pêche. Maisons très espacées, aux couleurs vives de rouge, vert, aubergine.

« Êtes-vous venus pour la fête? » Cette parole me traverse encore le cœur aujourd'hui. Question posée par une dame dans un restaurant où nous mangions à Church Point (Pointe-de-l'Église). Quelle fête était-ce? Je ne sais plus. Mais eux, mais elle, dans leur bonté et leur simplicité, nous croyaient capables de participer à leur fête. Aurions-nous dû écouter notre cœur. J'ai toujours le sentiment que nous avons manqué de présence aimante à leur égard. J'ai de nouveau commis une faute identique contre la bonté accueillante, il y a quelques années.

« Voulez-vous visiter notre exposition de vêtements sacerdotaux? » À la dame qui sortait de la sacristie dans la nef de l'église, je répondis non. Nous n'avons pas le temps. Nous sommes venus pour le cimetière dans votre paroisse de Saint-Jean de l'île d'Orléans. Jim, Barbara et Steve et moi, de quitter l'église. J'ai toujours regretté d'avoir répondu ainsi. Ce n'est pas vrai. Nous aurions eu du temps. J'avais surtout encore une fois manqué de cœur.

À Church Point, nous visitons l'église Sainte-Marie et justement un musée attenant qui contenait des objets et des vêtements religieux. C'est là que fut prononcée cette autre parole touchante par un jeune homme du nom de Buckley : « Avez-vous vu notre drapeau? »

C'était une petite oriflamme de 12 pouces sur 6 pouces. Le drapeau de la France avec une étoile jaune devenu ainsi le drapeau acadien. C'est ce jeune monsieur Buckley qui avait organisé le musée.

Des fois, on ne savait pas si les gens parlaient français ou anglais. Certaines gens nous disaient « On pense qu'on ne parle pas assez bien pour vous... » Ils s'efforcent de bien parler avec les gens qui parlent mieux... comme les gens venant du Québec.

Les jeunes gens ont un air calme, simple, pensif, poli. Semblent n'avoir aucune agressivité. Cet homme dans le restaurant qui se lève et nous salue de la main; celui-là même qui disait qu'il ne parlait pas bien le français.

La veille, le long de la côte, nous avions pris un café dans le village de Grosses Coques, et le souper chez Paul, à Meteghan River où tous parlaient français alentour de nous. Ils reçoivent des journaux locaux en français, de même des émissions de radio et de télévision.

De ces milliers d'Acadiens qui ont été déportés en 1755, déjà cinq ans après, plusieurs des survivants étaient revenus s'installer le long de cette côte qui va de Yarmouth à Grand-Pré. Tous leurs villages avaient été brulés, et des noms anglais avaient été donnés à leurs lieux de naissance. Ils se sont enracinés sur ce sol malgré les menaces, les incendies, la pauvreté. Ce sont leurs descendants, les francophones qu'on rencontre aujourd'hui en Nouvelle-Écosse, sur cette côte.

Un bonheur de voir défiler les maisons de Yarmouth à Digby; elles sont rouges, bleues, vertes, roses, beige rosé, rose profond; les toits sont verts, noirs, ou gris pour s'harmoniser à des couleurs aussi vives. Je crois qu'il y en avait quelques-unes qui étaient violettes. Cette particularité de maisons si colorées va continuer de Digby jusqu'à Grand-Pré. Tout le long de la vallée d'Annapolis, c'est cent milles d'arbres fruitiers, de champs fertiles, de paysages bucoliques.

Le 17 juillet, nous prenons le repas de midi à Digby : la ville est située dans la partie sud de cette sorte de grande rade intérieure. Un lieu abrité, protégé. Ce fut sur la rive nord de ce plan d'eau, qui porte aujourd'hui le nom de Bassin d'Annapolis, que fut établie l'Habitation de Port-Royal par Champlain,

L'Habitation de Champlain a été reconstruite par le gouvernement canadien en 1938. Les travaux ont été exécutés selon le plan illustré (ou la gravure) de l'Habitation réalisée par Champlain. D'autres détails de l'Habitation ont été relevés dans *L'histoire de la Nouvelle-France* de Lescarbot et dans les *Relations* des Jésuites.

La reconstruction a été exécutée avec une fidélité scrupuleuse dans tous les détails. L'Habitation de Port-Royal est devenue un parc historique national.

J'ai visité ce lieu le cœur chaviré par l'émotion. C'était là, à Port-Royal, que mon ancêtre Daniel, venu de France, avait bâti sa maison.

La découverte de lieux historiques, la rencontre de gens, leurs accents, leur ton de voix, le poisson frais que nous mangions, les herbes et les fleurs, la variété des paysages, les eaux de la baie de Fundy qui succèdent aux eaux de la baie Sainte-Marie, nous gardaient sous le charme et la séduction.

Le 18 juillet, nous étions à Grand-Pré. L'église-musée que nous visitons rappelle la dispersion de milliers d'Acadiens hors de la Nouvelle-Écosse et du Nouveau-Brunswick. Grand-Pré et ses alentours furent un des principaux lieux de départ. Grand-Pré, une vue immense sur le bassin des Mines, sur le cap Blomidon, sur la plage Évangeline où ils ont marché jusqu'à l'embarquement.

Je prends note de textes écrits en anglais et affichés sur les murs du Musée.

Il est décidé de déporter les habitants français; de si mauvais sujets de sa Majesté : « Je vous donnerai les ordres nécessaires pour procéder à leur renvoi.

Vous aurez recours aux plus énergiques mesures... Non seulement pour embarquer de force les habitants, mais encore pour priver ceux qui s'échapperaient, de tout abri, de tout moyen de subsistance en brulant les maisons et en détruisant dans le pays tout ce qui peut leur permettre de vivre... »

Cent milles de vallons, de collines, de terres fertiles, de soleil éblouissant et nous étions près de l'Ile-du-Prince-Édouard. Tôt le lendemain, par le traversier, nous abordons à cette ile-jardin. Après le Centre de la Confédération, nous faisons le tour d'une partie de l'ile. Notre voyage achève. C'est le retour à Montréal.

À la fin du périple, le cœur transformé, je suis demeurée en grand amour avec les Maritimes.

HAÏTI (1971)

Au travail, fallait partager les congés. Vous aviez la fête de Noël ou le jour de l'An. Vous aviez soit le mois de juillet, soit le mois d'aout. Souvent, je choisissais le congé du jour de l'An pour un voyage à l'étranger moins cher que la semaine de Noël.

Ma sœur, religieuse chez les Filles de la Sagesse, était revenue de ses douze ans en France. Après quelques missions en Ontario, elle fut envoyée à l'Asile communal de Port-au-Prince que desservait cette communauté. C'était vraiment un asile, un dernier refuge pour des vieillards sans le moindre sou et en mauvaise santé. Ils ne mangeaient qu'une seule fois par jour. Un gruau ou une espèce de bouillie préparée dans un très grand chaudron de fer noir. C'était une œuvre gouvernementale. La pension des vieillards était payée par le gouvernement, mais avec des mois et des mois de retard. C'était le règne de Duvalier fils.

Lyne et moi avons visité ma sœur et sa communauté aux fêtes du jour de l'An 1971 à 1972. Nous logions dans un hôtel de Pétionville sur les hauteurs de Port-au-Prince. Chaque jour, tôt le matin, les femmes descendaient des montagnes avec un panier de bananes et de légumes sur la tête. Elles se rendaient au marché public situé au cœur du brouhaha de la ville.

Nous avons pu faire une visite à l'hôpital universitaire de Port-au-Prince. Ça m'a jeté dans le désarroi; j'ai même pleuré. Des enfants à trois dans le même lit. Des armoires à matériel médical délabrées, pratiquement vides de tout ce qui peut permettre des soins. Il semble que pour nombre d'employés, toutes les fournitures de l'hôpital étaient « *bagaille* » d'État, propriété de l'État. On pouvait s'en emparer. Le peu d'objets valables qu'on a vus étaient sous clé.

De cette visite, je restai marquée. Comment pouvait-on sortir de ce lieu avec des normes de connaissances, de savoir-faire, d'hygiène, de compétence. Quand des années plus tard, en entrevue, je recevais de jeunes immigrées haïtiennes venues s'engager à titre d'infirmières, elles devaient répondre aux questions précises d'une entrevue rigoureuse.

Des touristes canadiens rencontrés sur la rue nous suggéraient de voir je ne sais plus si c'est la « cité Soleil » : « Vous verrez là de la bienheureuse misère ». En quelque sorte le point culminant de la souffrance humaine. Nous avons refusé.

Avec les années, je ne veux plus aller en voyage dans les pays où la misère et la pauvreté sévissent de façon endémique, où des gouvernements laissent pousser les fleurs de tous les maux. Nous savons maintenant que les gouvernements occidentaux donnent des millions et même des milliards à tous les pays de grande pauvreté. Nous savons que des responsables de ces pays dilapident souvent l'argent qui leur est accordé.

RETOUR DANS LES MARITIMES (1972)

Enchantés par notre voyage en Nouvelle-Écosse en 1971, Jim et moi sommes retournés dans les provinces Maritimes en 1972.

De Saint-Alexandre de Kamouraska, nous roulons pour entrer au Nouveau-Brunswick par Edmundston. Nous nous rendons camper à Woodstock, dans la vallée du fleuve Saint-Jean. Le soir suivant, nous campons au Mohawk's Camping, bien au-delà de Fredericton, sur le lac Grand, entre Jemseg et Young's Cove.

Les paysages sont particulièrement grandioses en passant par Baie-Verte et Tatagamouche pour lesquels nous avions fait un détour pour arriver à Amherst en Nouvelle-Écosse. Nous passons de Tidnish jusqu'à Pictou. De là, par Antigonish, nous nous rendons jusqu'à la chaussée de Canso. Il faudrait que je me répète à chaque phrase, à chaque deux mots pour dire et redire la beauté des paysages tout au long de notre route. Nous traversons le détroit de Canso et nous sommes dans l'île du Cap-Breton.

Des brumes recouvrent les cimes des montagnes. Dans cette île du Cap-Breton, la variété des sites, la configuration des lieux composent quelques-uns des plus beaux paysages du Canada. Nous installons notre camping à Port Hood sur la côte ouest. Nous devons « décamper ». Les moustiques vont nous dévorer. Essayant de manger, les moustiques nous rentraient dans la bouche en même temps que le morceau de saumon.

Nous reprenons la piste Cabot jusqu'à Chéticamp. Ce village acadien est entouré par la mer d'un côté. À l'arrière, il est bordé par le parc national des Hautes-Terres du Cap-Breton. Chéticamp, c'est un important havre de pêche. Un sentier-promenade nous permet d'admirer la beauté de l'ile en face du village.

Nous visitons l'église, le musée, le magasin d'artisanat. Les maisons du village sont petites, grises, éparpillées.

Nous apprenons l'existence du cimetière des « quatorze vieux ». Ces chefs de familles acadiennes revenus quelques années après la dispersion des Acadiens et qui ont fondé Chéticamp. Sur les pierres tombales délabrées, quelques-unes par terre au milieu des broussailles, je découvre leurs noms à tous. Leurs ossements à quelques pieds sous la terre sont aussi lourds de signification et de sens que les quelques objets de leur passé accrochés aux murs du musée. Peut-être qu'après des années, les gens du musée ont compris la valeur historique de ce cimetière. Peut-être l'ont-ils réaménagé.

Dans leurs écoles, le français n'est utilisé que pour l'enseignement de la langue française et de l'histoire.

Plus tard, beaucoup plus tard, après de lentes prises de conscience, ce ne sera que par le recours à la Cour suprême du Canada que les francophones hors Québec obtiendront des droits aux écoles en français.

C'est une des plus belles routes panoramiques de notre pays que le Cabot Trail. Des baies, des anses, un littoral déchiqueté. Le golfe du Saint-Laurent qui brille au pied de falaises vertigineuses. La forêt à l'intérieur du parc est formée de sapins, épinettes, bouleaux et peupliers. Il y a des sentiers, des belvédères, des plages; on ne peut pas en épuiser les richesses.

À la sortie du parc, nous sommes à Ingonish.

C'est déjà le 22 juin et nous campons à Ingonish. Impossible de voir la ville. Elle repose quelque part sous les brumes. Peut-être les brumes sont-elles ici perpétuelles. Cape Smoky est le nom de sa voisine qui s'avance dans la mer.... La présence de brume est un phénomène naturel impressionnant.

La beauté tisse sans cesse ses fils d'or, d'argent, de scintillements quand nous roulons sur la transcanadienne à travers le Bras d'Or. Les lacs Bras d'Or, c'est une mer intérieure au cœur de l'ile du Cap-Breton. Un panorama sans cesse changeant de forêts, de fermes, de villages. En réalité, c'est un immense lac d'eau salée. Des centaines de baies et d'iles. C'est un lieu qui a servi de refuge aux Acadiens de l'ile Madame qui ont dû fuir après la chute de la forteresse de Louisbourg. Ils ont vécu dans ces forêts pendant environ cinq ans avant de retourner à l'ile Madame où on les retrouve aujourd'hui.

Le 23 juin au soir, nous campons sur les bords de la rivière Mira dans les Bras d'Or. Au Mira River Provincial Park. Un terrain de camping ouvert et boisé. Des aires de pique-nique le long de la rivière.

Le 24 juin, c'est le grand jour. Nous visitons le parc historique national de la Forteresse de Louisbourg. C'était une ville de quelques milliers d'habitants au temps de sa splendeur. Faut voir cette merveille reconstruite par le gouvernement canadien.

C'était comme marcher sur le sol de France. À chaque pas que je faisais, à chaque détour, à chaque pièce visitée, à chaque pied carré du terrain, c'était l'émotion suscitée par l'histoire. Une armée britannique commandée par le général Am-

herst s'empara pour la seconde fois de la forteresse de Louisbourg en 1758.

Quand la reconstruction a été décidée, les recherches sur
le terrain ont permis d'amasser une collection d'objets français et britanniques : de la vaisselle, de la poterie, des armes,
des outils, des jouets. Les historiens et les archéologues ont
trouvé leur tâche particulièrement ardue. Ils ont cherché en
France, en Grande-Bretagne, au Canada et aux États-Unis.
Les archives de Louisbourg comptent maintenant plus de
trois-cent-cinquante-mille documents.

De nombreux bâtiments du temps de la forteresse ont été
reconstruits. De nos jours, c'est comme déambuler dans une
petite ville française. Louisbourg serait la plus importante
reconstitution historique en Amérique du Nord. Cette journée nous a épuisés. Le lendemain, nous visitions Sydney et
les environs. Le Glace Bay's Miners Museum raconte l'histoire de l'exploitation des mines de charbon. La région de
Sydney, c'est la région la plus riche en charbon au Canada.

Le 26 juin, nous quittons Sydney pour nous rendre à l'ile
Madame sur la baie de Chedabucto. Des anses, des iles, des
ports de plaisance, des caps, des falaises tout le long du lac
Bras d'Or. Comme dans la vallée d'Annapolis, les couleurs
des maisons composent un véritable tableau : des vertes, des
charbons, des gris pâle, des roses, des gris foncé, des bleues,
des beiges, des bourgognes, des brunes; sur l'ile Madame se
sont ajoutées une violette et une noire. Partout la beauté de
la nature nous coupe le souffle. Je ne cesse de m'extasier.

L'ile Madame, c'est comme un bijou dans un écrin. Nous
avons posé notre tente au terrain de camping Five Islands.
Nous faisons le tour de l'ile en nous arrêtant aux villages acadiens les plus pittoresques : D'Escousse, Arichat et Petit de
Grat.

Mes ancêtres acadiens choisissaient des endroits uniques où s'établir, des ports protégés par des iles en face. Ils s'efforçaient de toujours voir arriver ce qui venait de la mer : navires de ravitaillement ou navires de la côte de Nouvelle-Angleterre pour attaquer leurs villages ou leurs installations.

Deux semaines, c'est trop court pour visiter de si vastes régions.

En mars 72, avant le voyage dans les Maritimes, nous étions allés en Floride. Encore une fois, ma fatigue l'emportait sur toute autre considération. Si épuisée la veille du départ en vacances, que je pleurais devant les bermudas, les verres solaires, les crèmes, les blouses, les sandales, les chapeaux de paille à rassembler dans les valises.

En décembre 72, nous débarquons à Nassau, dans l'archipel des Bahamas. Du haut des airs, le coup d'œil est somptueux; des iles et des ilots par centaines dans un écrin gigantesque miroitant de bleu et de vert.

Dans le port, une dizaine de paquebots blancs entassés comme dans un stationnement; des milliers de touristes en descendent.

Au milieu d'édifices roses et blancs, notre hôtel. La douceur du climat, le sable blanc, les plages, des nourritures créoles; le véritable repos. La vraie détente pendant une semaine.

En janvier 74, nous arrivions d'une semaine à Acapulco. L'eau de la mer était aussi chaude qu'en Jamaïque. Le soleil aussi ardent, le climat aussi bienfaisant. Encore loin de l'Équateur, nous étions au-delà du tropique du cancer, dans les eaux chaudes de l'océan Pacifique.

Il y avait eu le bruit de la musique ouverte le matin jusqu'à 23 h le soir. Nous avions beau demander un changement de chambre, pour à la fois s'éloigner de la rue et du bruit de la musique, celle-ci nous rejoignait dans nòtre nouveau motel. Quelles que fussent nos remarques au gérant, nous n'avons pas eu gain de cause. Nos malaises au retour étaient probablement dus à notre colère refoulée.

À l'été 74, deux semaines de pur plaisir, en pleine nature. En camping au Parc National du Mont-Orford. De ces vacances, il m'est resté une grande nostalgie, un grand rêve que j'ai laissé mourir : celui d'avoir un campeur. Et de voyager et de découvrir les parcs nationaux ici au Canada et aux USA, et peut-être passer les hivers en Arizona.

Une image de bonheur et de plaisir s'était ancrée dans mon esprit. Une tente-roulotte très grande : armoires et réfrigérateur; ils étaient de Californie. Un couple et deux enfants. J'aurais pu au moins tenter de faire revivre mon rêve, à la retraite. Maintenant que je deviens davantage consciente, presque chaque jour, je me répète cette parole lancinante : ne laisse pas mourir tes rêves.

Aux Fêtes de fin d'année, nous optons pour les Caraïbes.

Qui dira le repos trouvé dans ces iles des Antilles. Jim et moi étions à San Juan de Porto Rico. À part les bains de mer, il y avait eu les marches dans la vieille ville jusqu'à la forteresse du Morro qui garde l'entrée du port, les visites des jardins, les orchidées; les randonnées dans la forêt pluviale où une pluie fine nous asperge, cesse, revient inopinément et cesse de nouveau.

Les maisons, les portes et fenêtres bardées de fer forgé pour en protéger les entrées; je n'avais pas encore vu la côte andalouse, ni Cuernavaca au Mexique. Maintenant, je serais heureuse d'avoir du fer forgé à la porte de mon jardin pour l'ouvrir sans crainte pendant les chaudes nuits d'été.

Avoir vingt ans...

Albert H. sur le HMS
Tadoussac de la Canada
Steamship Line — été 1958

Chez les Yougoslaves canadiens,
avec Carlos A.

Au
Rockfeller Center
— New York 1960

Claudette, Andrée, Armelle
et Thérèse —
Jour de la graduation —
le 4 aout 1963

Pharmacie de Ville Mont-
Royal, avec Himy S.

Bal de graduation

Graduation — aout 1963

...après une rencontre,
juillet 1966

Louise, Lyse et Thérèse
au New-Jersey 1965

Séduite par
l'empereur Hadrien —
Athènes

Nous quittons le Parthénon.

Hôtel Excelsior —
Athènes

Delphes, nous descendons du
théâtre.

Jour de promotion à l'hôpital

Voyage à Miami

...recevoir des orchidées

Dans l'appartement de Jim

Picadilly Circus —
Londres, 1977

San Diego, Californie

Tuçson, Arizona — 1982

Hawaï, juillet 1980

Un collage, par une matinée de
concertos, Vancouver

Départ à la retraite — 1988

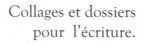

Jim à Miami — 1988

Composition d'un poème
au restaurant du parc
Stanley

Collages et dossiers
pour l'écriture.

Écrire pendant des années...

...jouer à l'oreille...

En Espagne...

Abou Simbel – Égypte

Hôtel Napoléon — Rome.
Le tableau : l'enlèvement
des Sabines.

...prête à donner sa conférence
sur le voyage à Rome

Atelier, peinture
et collage...

Beijing – La Cité interdite...

Aéroport de Vancouver –
2002...

X
L'extrême occident

MATIN GLACIAL (7 JANVIER 76)

Dix hivers de neige, dix fêtes de Noël avaient pesé sur ses épaules, possiblement sur sa décision. Ce dernier 25 décembre que nous avions traversé ne l'avait pas davantage enthousiasmé. Il n'était pas heureux au temps des Fêtes. Des souvenirs qu'il devait chasser de son esprit? qui le faisaient trébucher? Les années précédentes, nous allions au soleil pendant le congé de fin décembre.

Jim partageait mon appartement depuis quelques jours, ayant quitté le sien pour le 1er janvier. La veille du jour de l'An, il me laisse à moi-même. Il va fêter avec d'autres gens, une femme? des gens de son bureau, une fête d'adieu? Ébranlée, je me suis cachée dans la salle de bain pour pleurer. Pas un mot de ce qui m'arrivait, à ma sœur ou à mes compagnes. Voulait-il me signifier qu'il n'avait plus d'intérêt pour moi. Je ne savais pas. Je n'avais pas demandé d'explications; pas plus que j'en avais demandé à David sur le sens de « peculiar ».

Il avait accepté le poste offert par sa compagnie d'ingénierie de Montréal qui participait au contrat de construction du pipeline de l'Alaska. Il était muté à San Francisco.

Par un matin glacial en ce sept janvier, un froid sibérien pénétrait jusqu'à la moelle des os. Il n'avait pas voulu être accompagné à l'aéroport. J'avais quitté à six heures pour mon travail à l'hôpital. Lui, quittant l'appartement en début de matinée, s'envolait par Air Canada pour la côte Pacifique où il serait à 20 h, heure locale. Dix années s'étaient écoulées depuis notre rencontre à Montréal.

Rentrant dans mon appartement à la tombée de la nuit, il ne me restait de sa présence qu'une lettre de remerciements, de baisers, d'adieux, déposée sur la table du salon. Le vide était complet. Aurait-il pu, aurait-il dû m'inspirer? Quand j'ai ouvert la radio, cherchant une échappatoire dans mon désert, Nicole Croisille chantait *Il ne pense qu'à toi.* J'ai acheté le disque. Il a tourné aussi souvent que la fréquence des tempêtes, la chute des températures, la montée du doute, l'épaisseur du vide.

C'est une chanson aux arrangements musicaux bouleversants. En arrière de son chant, un chœur d'hommes répète : *Il ne pense qu'à toi. Il nous parle de toi.*

Puisque là-bas vous êtes ses amis
      S'il n'ose pas m'écrire ce qu'il en est
Asseyez-vous et parlez-moi de lui
      C'est qu'il gâche sa vie et qu'il le sait
Il voulait voyager du sud au nord
      Vous a-t-il demandé de me parler?
Et pour qu'il soit heureux j'étais d'accord
      A-t-il besoin de moi à ses côtés?
Parlez-moi de lui, il n'a pas écrit
      Parlez-moi de lui
A-t-il enfin trouvé la joie la liberté?
      Je n'aime que lui
Parlez-moi de lui
      Il m'avait dit patience
Comment va sa vie?
      Depuis c'est le silence
Dans ce pays lointain
      Parlez-moi de lui

Est-il heureux enfin?
  Comment va sa vie?

Est-il vrai qu'il habite sur le port?
  Dans ce pays lointain
A-t-il toujours sur lui ma chaine d'or?
  Est-il heureux enfin?
Sur les photos il semble avoir changé
  Parlez-moi de lui
Et il me parait triste et fatigué
  Je n'aime que lui

Parlez-moi de lui, a-t-il des ennuis?
  Il m'avait dit patience
Comment est sa maison?
  Depuis c'est le silence
Chante-t-il des chansons?
  Parlez-moi de lui
Parlez-moi de lui
  Dites-moi tout
A-t-il des amis?
Vous dites que le soir
Il perd souvent l'espoir

NOUVELLES DE LA CÔTE OUEST

J'ai essayé de te rejoindre au téléphone. Ta ligne était engagée et après, il était déjà 22 h 30 à Montréal. Il n'y avait plus de réponse. As-tu reçu ma carte postale d'Anchorage?

Quelle belle surprise que ta longue lettre qui m'attendait quand je suis arrivé de l'Alaska hier soir.

Au début de ta lettre, tu ne sembles pas très enthousiaste. J'espère que tu as pu faire du ski et de la raquette.

Je te manque beaucoup mais j'ai été trop occupé pour être déprimé ou pour me sentir délaissé. Je n'ai pas encore eu le temps de marcher le long de la mer ici.

Bonne nuit, Thérèse, sois heureuse comme le premier matin que nous avons vécu ensemble et tu as dit bonjour au soleil. Il y aura d'autres matins.

INVITATION

San Francisco

« Je ne sais pas par où commencer. Je t'ai parlé le jour de ton anniversaire mais chaque jour, j'aurais des tas de choses à te dire et toi, tu me poses une douzaine de questions. J'ai une semaine de vacances qui doit être prise à compter du 1ᵉʳ mai, deux jours à l'Action de grâces, un ou des voyages à Phœnix au sujet des ordinateurs. Au milieu de tout ça, j'ai une bonne idée : je t'offre une visite à San Francisco. Je prendrai ma semaine de vacances avec toi. De San Francisco, nous pourrions aller à Honolulu, mais après avoir visité la ville ici. Je dis Honolulu mais ça pourrait être ailleurs. Tu parlais d'aller en Angleterre, qu'en est-il ?

Je pense que la salle d'opéra pourrait te plaire. Elle a quarante ans et est complètement différente de la Place des Arts. J'y suis allé hier soir pour un ballet et cet après-midi pour un récital de piano. J'ai les billets pour un concert symphonique qui va inclure la symphonie n° 2 de Brahms et le concerto n° 2 pour violon de Prokofieff. La soliste sera Kyung-Wha-Chung, connue pour être une musicienne de grande qualité.

Le parfum de Givenchy pour ton anniversaire était-il à ta convenance? Je m'inquiète que les fleurs envoyées n'aient pas la qualité et la quantité que j'ai voulues même en payant le prix. Dis-moi comment étaient les fleurs. »

Dans cette ville, il faut marcher; on sent les rues, on sent les côtes innombrables, on sent les gens. J'évite Market Street à cause des mendiants et de la malpropreté. Je marche surtout dans les parcs alentour du Centre civique. Une grande variété d'oiseaux cherchent leur nourriture sur les gazons. Des jacinthes dont le parfum me parvenait de dizaines de pieds avant d'arriver près d'elles. Une constante odeur d'épices me vient des bosquets, des jardins, des petits parcs le long des différentes rues qui, elles, sont partout en pente raide. Je me lève de plus en plus à bonne heure pour retrouver chaque matin la vue des eaux de la baie sous le Golden Gate et sentir les odeurs de Chinatown que je traverse en partie chaque jour.

San Francisco

Je vais être très heureux de te voir au mois d'aout, Thérèse. Le travail que je dois faire en Alaska a été retardé d'un mois. Il ne devrait pas interférer avec nos plans.

J'ai assisté à un autre concert qui me fut un très grand plaisir. Isaac Stern jouait avec l'orchestre le 4e concerto pour violon de Mozart. Ensuite, ce fut un concerto de Bella Bartók que j'ai trouvé terriblement excitant et que je ne connaissais pas.

Apporte ce livre français que tu as sur les massages et ce livre de cuisine sur les poissons que j'ai laissé chez toi.

J'ai déjà réservé deux billets pour un concert en plein air, sa-
medi soir le 14 aout, au Concord Pavilion. Il est situé « on the
warm sunny lawns surrounded by the scenic beauty of Mount
Diabolo Foot Hills ». Concord est au nord ouest de San Fran-
cisco près de l'endroit où le fleuve Sacramento rejoint les eaux
de la baie.

SILICON VALLEY (1976)

Le taxi est à la porte à cinq heures trente. Insensiblement, le jour s'est levé. Course rapide à l'aéroport. Il y a déjà foule à Dorval. Elle déborde de partout. Il faut enjamber les sacs, valises, bagages de toutes sortes et de tout acabit. Longue attente au comptoir de CP Air. Il me reste juste le temps d'une brioche et d'un café et je suis dans la salle d'embarquement.

Les Jeux olympiques de 1976 ont eu lieu à Montréal. Dans le groupe de voyageurs, quelques membres de l'équipe de natation de Vancouver et le coureur américain du quatre-cents mètres, médaillé d'or.

Je n'ai pas écrit depuis Toronto. J'ai lu *Entretiens avec l'Histoire*. Des entrevues avec dix-sept personnalités politiques de l'histoire contemporaine. D'Henry Kissinger à Alexandre Panagoulis, en passant entre autres par Sihanouk, Arafat, Gandhi, etc. un livre magistral écrit par la célèbre journaliste italienne Oriana Fallaci.

Ayant dépassé Calgary, nous sommes au-dessus des montagnes Rocheuses. Les pics sont acérés. La neige s'accole aux pentes verticales. Nous ne distinguons ni vallée, ni col, ni même les lignes tortueuses des fleuves Fraser et Columbia. À trente-mille pieds, impossible de reconnaitre des monts aussi célèbres que le mont Eisenhower, le mont Edith Cavell, le mont Mackenzie, dans la diversité des chaines qui penchent vers le Sud.

Elles sont même quelque peu effrayantes; s'il fallait s'y écraser. L'approche de Vancouver est passablement énervante. Les montagnes se rapprochent. Vancouver est à leurs pieds.

Le long du Pacifique, de toute leur hauteur, elles se jettent dans l'océan; il faut approcher les aéroports par une route maritime. Il semble qu'on va amerrir.

À Vancouver, énervement et course pour la douane avant de sauter dans un autre avion de CP pour la Californie.

Encore deux heures de vol et nous sommes sur la piste de l'aéroport de San Francisco. Jim est là qui m'attend. Il me semble pâle, un peu changé. Ce sont ses cheveux coupés très courts. Après peu de temps, je le reconnais. Nous filons en autobus jusqu'à son appartement au Fox Plaza de la rue Market, un loft d'un grand confort. Nous nous y installons comme si le bonheur nous était dû pendant trois semaines.

Nous commencions nos visites par un des endroits les plus célèbres de la côte ouest américaine. Nous utilisons le BART, un train souterrain, pas de bruits, silencieux, confortable, de toute beauté, pour aller à l'université Berkeley, de l'autre côté de la baie. L'université est constituée de nombreux pavillons, un pour chaque science. Une bibliothèque spécialisée pour chaque pavillon. Tout ceci s'étend sur un immense terrain à flanc de montagne. Un coup d'œil grandiose sur la baie de San Francisco. Le Golden Gate est juste en face. Plusieurs iles dans cette portion de la baie, en particulier Angel Island et l'Alcatraz.

Dans l'édifice des sciences, une classe d'enfants travaillent avec les claviers d'ordinateurs; nous mesurons la durée de nos réactions. Les enfants expérimentent avec des rats; ils pourront toucher aux serpents. Ici s'inventent les vingt prochaines années.

Le Nouvel Âge, les sectes, le culte du corps, l'informatique, les nouveaux milliardaires, la puce et ses dérivés, la génétique, l'imaginaire débridé, les expérimentations, tous les rêves, tous les cauchemars.

Mais déjà, elles étaient là. Savions-nous qu'ils recyclaient leurs déchets; qu'ils mangeaient des aliments naturels sans additifs chimiques; qu'ils avaient des voies réservées aux vélos depuis le début des années 1970; que des fermiers locaux produisaient des légumes et des fruits non contaminés par les pesticides. Leur mode de vie écolo remonte loin dans le temps. Ils ne se souviennent pas quand tout cela à commencé.

Le vent tourne, en Californie, plus rapidement et plus violemment qu'ailleurs. C'est de Berkeley qu'est parti le Free Speech Movement, la puissante révolte qui a dynamisé la jeunesse américaine et produit une onde de choc qui s'est répercutée autour du globe. C'est à Berkeley, à People's Park, que s'est développée une vague de créativité sociale : « ce terrain vague transformé en espace communautaire libre et autogéré a galvanisé non seulement les gauchistes mais la majorité de la population et n'a été détruit que par l'agression meurtrière des flics sous les ordres du gouverneur Reagan » (J. J. Lebel) pour transformer la Californie et avec le temps nous transformer tous. L'âge d'or du phénomène hippie c'était 1966-1967. C'était le carrefour historique d'Ashbury et de Haight Street à San Francisco. C'est de là qu'est partie, il y a quatre ans, la révolution hippie, chatoyante de couleurs et d'extravagances vestimentaires où chacun choisissait son plumage et son pelage, chantait l'amour et la paix.

Au retour, nous soupons au Sea Wolfe Restaurant sur Jack London's Square, à Oakland. Jack London était un écrivain américain, d'ailleurs né à San Francisco, qui a écrit plus de cinquante livres. Le Sea Wolfe est le nom d'un de ses livres. Le poisson servi était excellent. Les portions excessives. Nous rentrons tard à l'appartement.

SAUSALITO

Nous faisons à pied la traversée du Golden Gate Bridge. À notre gauche, l'océan Pacifique qui s'ouvre à l'infini, à notre droite les eaux de cette baie gigantesque qui s'étend de Vallejo au nord, sur plus de cent milles, jusqu'à Palo Alto au sud. Nos pas étaient légèrement soulevés de terre par la brise aux embruns salés qui soufflait, le soleil qui irradiait et l'émotion contenue qui nous habitait. Rendus de l'autre côté, nous prenons un autobus qui mène à Sausalito. Une petite ville qui a pris son essor particulièrement depuis les dix dernières années; depuis que le mouvement hippie, le peace and love s'est mis en marche.

Ville de bois et de verre. Maisons aux façades basses, petites, repeintes en blanc, rose, turquoise; légères, cherchant à échapper, selon la doctrine hippie, aux pesanteurs de la vie américaine. Flâneries et café à une terrasse, les pieds au bord de l'eau.

Nous marchons dans la ville magnifique avec ses boutiques tout aussi resplendissantes. Le port de mer est plein de voiliers de diverses tailles. Des maisons flottantes nombreuses qui semblent abriter le bonheur. Elles nous poussaient au rêve. Et les maisons accrochées aux montagnes, elles aussi racoleuses et prometteuses de biens terrestres et de vie nouvelle.

Pour le retour, nous prenons le traversier qui nous mène de Sausalito au port de San Francisco. Nous mangeons dans un restaurant du port.

Une longue marche le long d'Union Street. Fascinante et agréable, Union Street où les anciennes maisons somptueusement victoriennes, toutes plus originales les unes que les autres, ont été restaurées, redécorées, et maintenant sont utilisées comme boutiques, magasins de fleurs, de cadeaux et souvenirs, de meubles antiques, de galeries, de restaurants. Dans un Wine and Cheese Center, nous goutons aux divers vins de la Napa Valley. Nous prenons le repas de midi au restaurant The Cranes, un repas léger, soupe, salade, quiche, annonçant peut-être les régimes végétariens à venir.

Au Museum of Modern Art, une exposition venue de France sur le fauvisme. On y admire des Matisse, des Marquet, des Manguin, des Derain, Vlaminick, Dufy, Braque. Ce groupe avait été qualifié de « fauves ». C'était au tout début du vingtième siècle. Les académies enseignaient la peinture en trois dimensions avec ombres et lumières. Eux, les fauves, proposaient la peinture à l'extérieur, des paysages toujours changeants, une lumière constamment modifiée, une exubérance de couleurs vives. Ce qui me plaisait de plus en plus, c'était d'apprendre que ces peintres étaient autodidactes à l'exception de Derain; que leurs peintures étaient une traduction de leurs émotions, plus encore, ils exprimaient une joie de vivre païenne.

Une journée pour les églises. Nous visitons celle de Mission San Francisco, d'Asis. C'était la sixième mission établie dans le nord de la Californie, une mission franciscaine espagnole fondée en octobre 1776. Comme au Québec avec les Oblats, souvent les prêtres missionnaires précédaient les coureurs des bois, les mineurs, les découvreurs, les bâtisseurs. St-

Mary's Cathedral est un édifice moderne, dépouillé, aux lignes nettes. Les formes de sa structure, les matériaux utilisés nous incitent au calme. Je dirais même au détachement!

SEVENTEEN MILES DRIVE

Jim loue une voiture. Comment savait-il? Comment avait-il su que les lieux où nous allions passer étaient si grandioses. Que nous serions pendant des milles et des milles comme un petit point lumineux sur la route, entre l'immensité de l'océan Pacifique et les hautes montagnes de la Coast Range.

Constamment au cours de ce voyage, nous sommes au plus près de l'océan; par les routes qui serpentent le long des rivages. En quittant San Francisco, nous passons par Daly City, Pacifica, Half Moon Bay, San Gregorio et Santa Cruz. Nous arrivons dans la baie espagnole de Monterey.

Mais avant de parcourir le célèbre Seventeen Miles Drive, de la péninsule de Monterey, nous nous arrêtons dans la ville. « La rue de la Sardine », à Monterey en Californie, c'est un poème; c'est du vacarme, de la puanteur, de la routine; c'est une certaine irisation de la lumière, une vibration particulière, c'est de la nostalgie, c'est du rêve. » Elle était encore ainsi en 1945, l'année où John Steinbeck publia cette introduction à Cannery Row (rue de la Sardine) dans son célèbre roman où il transformait en héros littéraires les hordes d'ouvriers, plus de trois-mille, qui faisaient des sardines, une nourriture et une farine de poisson dans une trentaine de conserveries. Son livre immortalise cet endroit.

Marchant sur Cannery Row, nous humons les odeurs du café et du pain frais qui ont succédé à l'odeur piquante des sardines. Le bruit grinçant des poissonneries a cédé la place au mugissement des vagues, aux cris des goélands et des otaries.

Steinbeck est aussi l'auteur de *Les raisins de la colère*, *Tortilla flot* et *À l'est d'Éden*. Il a reçu le prix Nobel et le prix Pulitzer. Son ombre de grand écrivain du vingtième siècle anime encore la verdoyante péninsule de Monterey.

Les dix-sept milles de la forêt de Del Monte autour de la péninsule sont un pur enchantement; cette route a été décrite comme *the greatest meeting place of land and water in the world*. Des parcs, des maisons splendides, des plages, des rochers couverts de goélands, de cormorans, de phoques, le fameux « lone Cypress ». Ce cyprès accroché aux rochers qui penche au-dessus des vagues, le tapis rose et violet de cette petite fleur nommée « ice plant » et qui couvre, tel un tapis, des espaces immenses de roc le long de l'océan.

Au bout de ce chemin, nous arrivons dans la ville de Carmel. Village somptueux : hôtels, boutiques, places publiques, tous les objets, tout ce que l'on voit est beau! Les visiteurs sont très nombreux. Aucune place libre pour coucher à Carmel. Nous nous rendons à Salinas, à l'intérieur des terres, pour la nuit.

Salinas est au cœur de la vallée du même nom. C'est sur ses soixante-mille acres de terre que l'on cultive quatre-vingt pour cent de la laitue consommée aux États-Unis.

Le 8 aout, nous revenons à Carmel pour visiter le centre des boutiques, voir les paysages, la plage blanche; les maisons accrochées à des terrains asymétriques. La veille, nous avons soupé dans un restaurant français, à Carmel. J'entends encore *Les feuilles mortes*, *Les enfants qui s'aiment*, *Sanguine*, *Les amants*, *Il n'y a plus d'après*, chantées par Yves Montand, et j'ai le cœur qui tremble!...

En début d'après-midi, nous quittons Carmel et nous nous engageons sur la route n° 1. C'est cent milles tout à fait collés à l'océan Pacifique; des montagnes d'un côté qui surplombent des rochers, des baies qui se succèdent, des coups d'œil étourdissants, des paysages inégalés, des haltes routières, des maisons en bois suspendues à des hauteurs indescriptibles, qui avancent au-dessus des flots, qui défient l'océan. Étrange rapport que de relier cette beauté à l'église de Brou visitée il y a dix ans en Bourgogne, mais ces deux trésors de la terre se rejoignent de quelque façon, il me semble.

Les Espagnols, qui avaient abordé à la côte californienne au dix-huitième siècle, appelaient cet endroit *El pais grande del sur*, le grand pays du sud, mais n'y avaient pas établi leurs missions. Big Sur, un morceau de territoire de la côte Pacifique; sauvage, rude, une forteresse naturelle loin de la civilisation. Des arbres géants recouvrent les collines qui subitement plongent dans l'océan entre deux rochers. Quand nous avons voyagé tout le long de cette route, elle était considérée comme la plus belle du continent. En 2004, la revue américaine *Life* publie un numéro sur les quarante plus belles routes des États-Unis. C'est la route 1 du Pacifique qui est sur la couverture et en page deux, le pont de Big Sur.

Il avait vécu là des semaines de bonheur; dans une cabane isolée, pas loin du bord de mer. Un bain de nature dont il était sorti saisi de nouveau par le désespoir. C'était Jack Kerouac à Big Sur.

Nous étions au pied des montagnes de la chaine Santa Lucia. Nous étions à *Big Sur*. Nous allions traverser le pont qui enjambe la rivière du même nom. *« Et le pire de tout, c'est le pont!... je vois cette mince et terrible ligne blanche du pont, à des* milliers de pieds de hauteur, au-dessus du petit bois que je traverse, voilà le ressac couronné de blanc qui fonce vers nous en mugissant et déferle sur le sable. La mer bleue, derrière les hautes vagues écumantes, est pleine d'énormes rochers noirs qui se dressent comme de vieilles forteresses d'ogres ruisselant d'une fange liquide. D'énormes arêtes rocheuses se dressent de toutes parts, creusées de cavernes; la mer s'engouffre à l'intérieur, et l'écume jaillit. Vous êtes là, juste au-dessous de ce pont vertigineux, de cette mince ligne blanche qui court d'un rocher à l'autre, tout au long de cette côte tourmentée. Pourquoi ce lieu a la réputation d'être beau, pourquoi on ne parle pas de l'impression de terreur qui s'en dégage, des rocailles qui grondent, du spectacle qui vous attend quand vous descendez le long de la côte par une journée ensoleillée, écarquillant les yeux sur des kilomètres et des kilomètres d'une mer dévastatrice ».

Près de quinze ans que son célèbre livre *Big Sur* avait été écrit. Je ne l'avais pas encore lu à cette époque. Avoir su ce que je sais de lui aujourd'hui, nous nous serions arrêtés longuement. Comme des pèlerins, nous aurions grimpé par les sentiers pour saisir les odeurs, la couleur du temps, mettre nos pas dans ceux d'Alf, le mulet, jusqu'à la cabane prêtée à Jack par un ami.

En route, nous passons par San Simeon. Là-bas, au loin sur la colline, se dresse le château de William Hearst. Hearst était un journaliste américain né à San Francisco. Il avait été propriétaire du *Morning Journal* de New York, du *New York American* puis d'une chaine de quarante journaux et magazines. Il fut un créateur de la presse à sensation, en couleurs et à grand tirage. Il fut un magnat tout-puissant, de tendances conservatrices. Il était devenu très riche. On dit qu'il a pillé les trésors artistiques d'Europe sans faire attention aux couts ni aux conséquences pour les collections des musées européens.

Aujourd'hui, le château de William Hearst fait partie des parcs qui appartiennent à l'État. Nous ne l'avons pas visité et je me demande encore pourquoi.

Nous couchons à Morro Bay. Les rochers dont parle Jack Kerouac nous ont suivis jusqu'ici. Ceux de Morro Bay forment un mur bas sur l'horizon.

LOS ANGELES

J'écrivais dans mes notes que l'atterrissage d'un Boeing 747, pour le pilote, n'est pas plus difficile que de rentrer à Los Angeles sans erreur de parcours, à 17 h 10 le dimanche. Nous étions passés par San Luis Obispo, Santa Maria, Santa Barbara. À Ventura, nous étions encore à quatre-vingts kilomètres de Los Angeles. Notre plan, fait par Jim, fut mis en vigueur... La carte déployée sur mes genoux. Tous les *highways*, *throughways*, *freeways*, tous les «*Exit*» où nous devions tourner ou que nous devions éviter sont signalés en rouge. À temps, j'indique à Jim qu'il faudra éviter San Bernardino, Santa Ana, Long Beach, même San Diego qui s'en viennent. Nous sommes emportés par le flot des voitures, par la vitesse à maintenir, par la voie à conserver, par une espèce de griserie sur ces rubans routiers qui nous bercent et nous emportent. Jamais je ne verrai ailleurs dans le monde une telle forêt de routes, d'autoroutes, d'embranchements; nous étions constamment menacés par un «*Exit*». Un changement de voie, une erreur, et il fallait « sortir » sans quoi nous serions fracassés par le flot de véhicules venant de l'arrière, quittant le Golden State Freeway.

Nous arrivons sans la moindre erreur à l'hôtel Holiday's Inn of America de Los Angeles, rue Marengo. Nous sommes à un kilomètre du centre-ville. La pollution le recouvre; on ne peut pas l'apercevoir avant l'entrée. Une ville émiettée par les autoroutes.

L'hôtel Hyatt's Regency et l'édifice Richfield Plaza forment avec d'autres gratte-ciels ce centre-ville creusé au cœur des autoroutes.

Le mardi 10 aout, par le Harbor Freeway, nous allons directement à Long Beach. Toute la journée, nous visitons le Queen Mary I qui y est accosté, et qui est devenu un musée. Une grande merveille que ce navire qui a servi entre autres au transport de troupes en Europe pendant la dernière guerre. Faut voir les photos des milliers de militaires entassés, dormant chacun leur tour, chaque huit heures, dans des hamacs. Faut lire les menaces qui pesaient sur ces jeunes hommes d'Amérique qui traversaient l'Atlantique, tous feux éteints la nuit pour éviter les sous-marins allemands. L'émotion me gagne à visiter cette exposition. Mes trois frères qui sont allés à la dernière guerre ont vécu des traversées identiques, sur des navires aussi gigantesques, dans des conditions aussi menaçantes.

On ne se fatigue pas du bord de mer. Nous roulons le long d'Ocean Drive, à Long Beach, avant de remonter vers Los Angeles.

Il me semble que nous n'avons pas tiré grand-chose de notre visite aux Universal Studios. C'est ma mémoire qui flanche. Depuis, les studios ont été déplacés de Los Angeles à Burbank.

Jeudi le 12 aout, c'est le tour du beau musée de Los Angeles sur Willshire Boulevard; nous sommes dans une des plus belles parties de la ville. J'ai vu là une exposition unique de courtepointes. Liberté la plus totale dans la création. Dans ma mémoire sont restés ces tableaux formés de morceaux de papier, sur lesquels sont appliqués d'autres bouts de papier, des bouts de fil qui pendent. Rien dans ces tableaux et quelques autres qui ressemble aux règles de peinture des Académies. On pouvait donc faire ça? On pouvait donc faire n'importe quoi avec n'importe quel matériau? J'avais pénétré à un étage inconnu où la liberté de création était totale. La beauté des courtepointes comme des tableaux «aux bouts de papier» m'a laissé dans une légèreté et une soif de création que je n'avais pas expérimentées dans d'autres musées déjà visités.

Nous passons par Beverly Hills. Maisons grandioses, immenses, très chics, perchées dans les montagnes.

Vendredi le 13 aout, nous quittons Los Angeles en passant par Santa Monica et Malibu le long de l'océan Pacifique. Les plages de sable blanc sont immenses, très attirantes. Elles sont toutes publiques. Les surfeurs sont nombreux. Nous piquons vers Ventura et remontons vers San Francisco par la route 101 à l'intérieur des terres.

Là, c'est un autre spectacle. Sur sept à huit kilomètres de largeur, les terres sont couvertes de légumes. Pas une mauvaise herbe. Des champs de fleurs. Du violet, du jaune, du rouge. Des murs d'eau s'affaissent sur ces territoires. Le plus loin que l'on regarde, on aperçoit les arrosages. Les cultures sont d'une perfection inégalée. C'est la première industrie de la Californie devant Lockheed et Boeing.

Tard dans la soirée, nous étions à San Francisco venant d'Oakland. Nous avions traversé la baie par l'Oakland Bay Bridge. Un pont géant de 12,8 kilomètres de long.

Le lendemain samedi, c'est le repos.

À 20 h, nous sommes au concert de l'orchestre symphonique de San Francisco. Jean-Pierre Rampal, flutiste, est le soliste invité. Nous sommes à Concord dans un amphithéâtre naturel au pied des monts Diablo Hills, dans Marine County. Quel endroit magnifique à la manière des théâtres romains, la musique, la température, le bonheur de vivre. Vraiment je crois que Jim est un ange ! Après lui avoir dit qu'il était un génie.

L'après-midi du dimanche, nous allons à Muir Wood National Monument à vingt-sept kilomètres au nord de San Francisco. Ce sont les « redwood sequoia » que nous sommes venus admirer. Ici, l'océan produit une abondance de brume et d'humidité. Ces arbres géants peuvent pousser jusqu'à cent-dix mètres. Ils sont particulièrement résistants au feu, aux insectes et aux champignons. Ils n'occupent qu'une bande de territoire qui s'étend du sud de Monterey jusqu'au sud de l'Oregon. Nous marchons dans les sentiers aménagés. Une grande variété de fougères couvre les sous-bois. Était-ce la première fois que je voyais des geais bleus? Ils volaient de chaque côté de nous le long des sentiers sans manifester la moindre frayeur.

Au retour, nous nous rendons au Ghirardelli Square; une place publique bordée de boutiques, de galeries et de restaurants. Dans le même voisinage des rues Jefferson et Beach, au pied de la rue Colombus, c'est The Cannery. Des édifices historiques transformés en une autre ville dans la ville; encore tout ce qu'il y a de plus délicat et de plus raffiné en termes de petits cafés, crêperies, d'objets d'artisanat rares, de vins importés. La place est bordée d'oliviers. Des musiciens nous entretenaient d'airs de Frank Sinatra.

Le mardi 17 aout, nous sommes au musée M. H. de Young dans le Golden State Park. Immenses, nombreuses galeries; je ne pouvais pas tout voir. J'ai visité les galeries qui illustraient le cheminement du monde occidental dans son développement depuis l'Égypte et la Grèce.

Je ne connaissais rien à la peinture américaine. J'ai visité les galeries réservées aux peintres américains tels John Coplan, Gilbert Stuart, Thomas Eakins et John Singer Sargent.

En après-midi, le musée d'Histoire naturelle qui porte le nom de California Academy of Science. L'aquarium Steinhart est réputé dans le monde entier pour le grand nombre et la variété des poissons petits et gros jusqu'aux baleines. Nous visitons la section des animaux (non vivants, bien sur). Dans un musée d'histoire naturelle, je ne rate jamais la section des minéraux : pierres précieuses et semi-précieuses. Un plaisir ! Une beauté !

Le lendemain, grand repos. Je paresse au maximum, j'écris. Je prends des notes, je lis des revues. Je bois du café. Je paresse encore. C'est le bonheur ingurgité à grandes gorgées.

Le jeudi, retour à l'édifice des sciences du musée d'Histoire Naturelle pour voir particulièrement le planétarium Morrison. Aujourd'hui, j'ai oublié la démonstration magistrale que faisait le musée sur le cheminement des sciences astronomiques depuis le géographe et mathématicien grec Claude Ptolémée du deuxième siècle après J.-C., en passant par Nicolas Copernic et son hypothèse de double mouvement des planètes, et surtout sa prétention que la terre n'était pas le centre de l'univers, seulement une planète parmi d'autres, jusqu'à Johannes Kepler et ses trois lois sur les orbites des planètes. On y apprenait que Newton avait tiré, des lois de Kepler, le principe de l'attraction universelle. Je souhaiterais m'acheter un petit télescope. Je souffre de ne pas voir le ciel illuminé pendant la nuit dans ma ville trop éclairée. Une erreur que de passer sa vie sans voir les étoiles. Plus tard, j'ai vu à la télévision les treize épisodes de la série *Cosmos, une visite guidée de l'univers* par Carl Sagan, astronome américain. De cette visite au musée, il me reste un amour et un intérêt pour les sciences astronomiques.

Tout aussi déterminante fut, ce jour-là, la visite à la galerie d'anthropologie. Y était exposée, illustrée, documentée la préhistoire de l'humanité. Les origines de l'homme jusqu'à nos jours. Depuis le ramapithèque, l'australopithèque afarensis, l'homo habilis, l'homo erectus, l'homme de Cro-Magnon, l'homme de Neandertal, l'homo sapiens. Une évolution sur quatorze millions d'années; des mandibules, des palais fêlés, des dents, des crânes, des morceaux de tibias, des outils de silex, des grattoirs, des pointes de flèches, des squelettes, des fossiles de toutes formes. Prise d'un grand intérêt pour l'histoire de l'humanité, qui s'accentuait ici à San Francisco. Elle avait commencé au Musée d'Histoire Naturelle de New York et culminerait au musée des Antiquités nationales de Saint-Germain-en-Laye.

Relique du Cap Horn

Au milieu de tant de musées et de courses, je ne sais plus quel jour nous avons visité le Balclutha. Ce voilier de trois-cents pieds de longueur, bâti à Glasgow en Écosse en 1886, qui fait partie maintenant du San Francisco Maritime Museum. Sa majesté, sa grandeur, sa prestance émouvante viennent pour moi du fait qu'il fut un cap-hornier. Son premier voyage avait été de Glasgow à San Francisco en contournant le Cap Horn. Quelle belle bête qui avait défié les quarantièmes rugissants, les vagues de trente pieds, la fureur des tempêtes qui déchiraient les voiles et cassaient les mâts. Il a contourné dix-sept fois le Cap Horn à la fine pointe de la Terre de Feu. C'était un navire marchand typique de la dernière période victorienne, à la coque d'acier. Il transportait jusqu'au Golden Gate du vin, des alcools de Londres, des machineries d'Anvers, du charbon du Pays de Galles. Il retournait en Europe avec du grain. Aujourd'hui, le Balclutha brille d'élégance dans la rade du « Municipal Pier » à peu de distance du Ghirardelli Square et The Cannery, à San Francisco.

Vendredi le 20 aout, C'est le repos complet à l'appartement. Samedi, nous magasinons. Et dimanche, le 22 aout 1976, c'est la fin de ce voyage exceptionnel. La Californie, San Francisco, quelle expérience je venais de vivre !

Ma relation avec Jim avait survécu à son départ de janvier. Mais lui-même, la forme de sa journée, ses idées, sa façon de manger, de s'habiller, de meubler l'appartement, de vivre de nouveaux intérêts, de jouir du monde, de la rue, des parcs, des plages, de l'ambiance californienne, seront marquées par des emprunts à la génération *Beatnik*, par les enseignements du nouvel âge, par le climat de la ville, l'air incroyablement transparent, la mer des deux côtés, la beauté des rives du Pacifique. Une nouvelle frontière mythique. Un lieu pour le plaisir, l'argent, la créativité, où le corps est roi.

Un lieu où, en 1976, les homosexuels occupaient déjà une grande place dans la ville. Sur certaines rues, Castro, Market, plein d'hommes jeunes, beaux, bronzés se tenaient par la main. Dans les boutiques de journaux, les magazines montrant les hommes en nu intégral, sur leur couverture, occupaient les tablettes les plus en vue. San Francisco, c'est la ville la plus homosexuelle de toutes les villes du monde.

UN POÈME « OBSCÈNE » CHANGE LA FACE DU MONDE

On dit que c'est à l'instigation de Rexroth qu'a eu lieu l'acte fondateur de la nouvelle culture : la première lecture publique de *Howl* (hurlements, cris) par Allen Ginsberg dans la Six Gallery de San Francisco en octobre 1955. Un poème considéré comme une nouvelle déclaration d'indépendance, un décret de naissance d'une Amérique nouvelle. Traduit en plus de quinze langues, il avait été lu dans le monde entier.

Tous envahissaient Haight-Ashbury et s'agglutinaient dans les quelques rues bien connues de San Francisco où le nouveau mouvement avait pris forme. Un poète et essayiste américain nommé Kenneth Rexroth avait encouragé toutes sortes d'expérimentations entre musiciens et poètes. C'est grâce à lui que se sont rencontrés ceux qui ont formé la Beat Generation, entre autres Kerouac, Ginsberg, Cassady, Burroughs, Corso. Il avait été le premier à populariser et défendre leurs écrits.

Howl et autres poèmes, c'est quarante-cinq pages du texte intégral conforme au manuscrit original. Saisi par les douanes américaines et la police de San Francisco, traduit en procès pour obscénité, il avait été défendu par des poètes et des professeurs.

Quel laboratoire que la Californie; un pays de tous les extrêmes, lieu de toutes les déviances, positives comme négatives : avènement des sectes, utopistes, hors-la-loi culturel, climat de révolte.

Revers de médaille; effets dévastateurs des overdoses qui emportèrent beaucoup de monde, jusqu'aux faux-prophètes qui avaient fait fortune sur le dos des « Clochards Célestes ». Joan Didion, écrivain, la première, comprit la véritable portée de ce qui se passait à San Francisco. Ce n'était pas l'explosion de la jeunesse américaine en faveur de la liberté d'expression de soi. Haight-Ashbury représentait le début d'une réalité plus terrifiante : les parents américains divorçaient et dans la tourmente, ils oubliaient leurs enfants.

La famille nucléaire n'existait plus. Les hippies étaient les enfants perdus de Haight-Ashbury, un avant-goût des phénomènes qui devaient marquer l'Amérique tout entière au début des années 1990; les drogues, les gangs, les criminels et les victimes d'abus.

Je songe à ce pays de rêve, de science-fiction, de savoir, de puces électroniques, d'utopie, peut-être aussi de cauchemars.

De la fenêtre du hublot, je vois le train argenté, le Zéphyr. Tournant dans les montagnes de la Sierra Nevada se rendant de Chicago à Sacramento.

Dans ce pays, j'ai été frappée par des paysages dénudés, par des terres jaunies, par des forêts souvent minces.

J'ai vu l'arrosage à la grandeur de l'État. J'y ai vu les plus belles cultures du monde, étendues immenses, perfectionnées, mécanisées.

J'ai vu la suprême beauté de la côte Pacifique le long de la route numéro 1; les maisons le long de cette côte, dans des endroits inouïs, accrochées à des escarpements, à des rochers, dans les collines, au flanc des montagnes.

Je me souviens de la route Seventeen Miles Drive, de Monterey, de Carmel, de la beauté des bois, des sous-bois, de la mer, du roc, des terrains de golf, des sanctuaires d'oiseaux, des rochers dans l'océan, des goélands, des cormorans, des phoques, des végétations colorées, semi-désertiques, le long du rivage, les plages nombreuses, étendues, fabuleuses, publiques. Les montagnes qui viennent régulièrement et en rang se jeter à la mer et former, avec les rivières qui coulent de leur sommet, une suite incessante de baies, de plages, de haltes.

Je me réveillerais de mon étonnement californien, comme si j'avais vécu un songe; la Californie était-elle un poème, une fiction ou une réalité en devenir?

Le voyage avait été fabuleux. Nous nous étions laissés emporter dans un tourbillon. C'était là un des beaux voyages de ma vie.

Dans une lettre qu'il m'avait écrite après ce voyage, Jim proposait que lors de ma prochaine visite, nous restions davantage à l'appartement afin d'y trouver plus de repos!

UNE LETTRE DANS UN TIROIR

Il avait quitté en janvier. J'étais seule. Pas d'homme, toujours pas d'autres hommes dans ma vie. Même si nous échangions lettres, appels téléphoniques, voyages, Jim n'était pas à côté de moi. Il ne vivait pas dans mon appartement. Je ne le trouvais pas au creux de mon lit.

À la fin de cette année-là, l'alerte à l'absence s'intensifia. En décembre, j'écrivais la lettre suivante que je n'ai pas mise à la poste :

Nostalgie des soirées enfuies
Tu étais là, le samedi
T'attendrai-je toute ma vie
Trop longue attente déjà
Pourquoi me soucier de lui
Qui est-ce qui va sur le chemin là-bas
Musique, musique évocatrice
Tu déroules et m'enroules d'une longue
Écharpe de tendresse
De mes amours anciennes
Tu me délivres dans la détresse

Comme si ma solitude s'était muée en ondes électromagnétiques, pour franchir le pays, bifurquer vers la côte Pacifique, établir une résonance concentrique à l'entour de lui... le même jour, peu après cet écrit, le téléphone sonne chez moi; Jim appelait de San Francisco sans autre raison que celle de savoir comment je me portais... ce que je devenais...

D'UN BOUT DU MONDE À L'AUTRE (3 MAI 1977)

Prudhoe Bay, Alaska

Je suis content que tu aies obtenu congé et que nous pourrons faire le voyage à Vancouver. Nous devrions prendre le temps de relaxer ensemble afin que tu ne retournes pas à Montréal trop fatiguée. J'arriverai à Vancouver par United Airlines vers les dix-neuf heures. Les réservations sont faites au Holiday Inn Hôtel du centre-ville. Une grève menace une compagnie ici. Il peut arriver que je doive voyager par Pacific Western jusqu'à Seattle et de là en voiture jusqu'à Vancouver. Installe-toi à l'hôtel, repose-toi, regarde ta bien-aimée télé...

C'est excitant, cette nouvelle expérience que de s'envoler toi et moi, d'un bout à l'autre du monde, de franchir des milliers de milles pour ce rendez-vous dans cette ville que baignent les eaux du Pacifique; et qui nous rappellera de nombreux moments vécus dans cette perle de l'ouest qu'est San Francisco.

C'était du 10 au 19 mai 1977. Il venait d'au-delà du Cercle polaire. Un endroit nommé The North Slope. Jim y travaillait pour une compagnie américaine à la construction du pipeline qui transporterait le pétrole de l'Alaska jusqu'aux territoires américains du sud.

J'allais le revoir et redécouvrir Vancouver que je n'avais pas vu depuis dix ans, en vérité que je ne connaissais pas.

Le rendez-vous fut si réussi que c'est surement pendant ces jours-là qu'il a décidé qu'il vivrait dans cette ville. Il fut séduit par Vancouver. Par la suite, au gré des va-et-vient dus au travail, il chercherait constamment une mutation définitive dans cette ville.

Les eaux du Pacifique, la fraicheur de l'air, le style de vie de la côte ouest, la nature grandiose, la multiplicité des parcs, l'absence de neige, il avait gouté à tout ça sur la rive californienne. Il en resta marqué.

Son appel avait-il précédé la lettre d'Alaska? Ce n'était pas coutume pour moi de recevoir un appel téléphonique d'au-delà du cercle polaire. Jim me confirmait sa visite prochaine.

Finalement tout est arrangé pour te visiter pendant mon prochain congé. Je serai à Montréal vendredi le 8 juillet au matin et je te quitterai le 15. Je suis très heureux de pouvoir rester à ton appartement. N'hésite pas à me dire si tu as en même temps des visiteurs de ta famille. Nous arrangerons les choses différemment. Fais-tu des progrès au tennis? Nous essayerons de faire un peu de bicyclette.

Ici le pétrole va bientôt couler dans le pipeline. Toute la fin de semaine, la station de pompage a rempli les réservoirs. Demain c'est le grand jour. Les valves vont être ouvertes et le pétrole commencera son long voyage vers le sud. C'est plein de journalistes et de cameramans ici. Possiblement que tu auras des échos par la radio et la télé. Déjà des plans sont en cours pour augmenter les possibilités de transport du pétrole. Je fais partie de l'équipe.

XI
Londres sans Londinium (1977)

À fréquenter un « British », à lire et relire l'histoire de l'Angleterre par André Maurois, je ne pouvais plus me retenir. Je partais pour deux semaines en Angleterre. Premier grand voyage seule.

Pourquoi seule? Je ne veux pas me sentir coupable de visiter, de tout visiter, d'être dans les musées. Je veux pouvoir me concentrer, dégagée de tout accompagnateur pour cette visite dans les siècles passés.

Même si je savais que les Romains avaient colonisé ces terres pendant quatre-cents ans, qu'ils avaient fondé Londinium (Londres d'aujourd'hui), je demeurais obsédée par la Pierre de Rosette, les momies et les innombrables objets que je voulais voir au British Museum.

Londres et l'Angleterre romanisés n'entraient pas encore dans mes projets. Mon éveil à cette richesse viendra beaucoup plus tard et je serai presque atterrée par le nombre et la variété des lieux colonisés par les Romains et que je voudrai découvrir. Il faudra un autre voyage.

Marcelle et Yvette m'avaient reconduite à Mirabel. De longues attentes aux comptoirs. À 22 h, je quitte par Nordair. Un vol de six heures. L'hôtesse parle comme une automate. À n'y rien comprendre. Si notre vie tient aux renseignements qu'elle donne, nous plongerons en plein Atlantique.

Nous sommes à Londres à 9 h. Atterrissage à Gatewick. Encore des queues, des attentes. Mon compagnon d'avion et moi partageons le transport de nos bagages jusque sur les quais. À grande vitesse, deux trains passent devant nous sans arrêter. Rien qui s'apparente au C.N.R.

Nous filons rapidement vers Londres et croisons de nombreux trains. Le nôtre passe d'un aiguillage à l'autre. Je me souviens des accidents de train en Angleterre. Faut voir le nombre de voies ferrées à la gare Victoria où nous descendons. Londres est prise d'assaut par les touristes. Ville extrêmement cosmopolite.

Vu de l'avion, le territoire est morcelé plutôt en triangles arrondis qu'en carrés. Des clôtures d'arbres séparent les propriétés. Chacun a sa cour entourée d'une clôture de bois ou de bosquets. Des fleurs et des légumes dans de minuscules jardins. Maisons en enfilade, identiques, de couleur brune — le brun domine. Intéressant de voir la subdivision d'une large cheminée en multiples cheminées et tuyaux.

Sans tarder, je fais un tour dans la ville. Montée dans l'autobus impérial, je m'installe à l'étage supérieur. Traversée de la Tamise par le pont Westminster. Nous passons par le parlement, l'abbaye de Westminster, la National Gallery, Trafalgar Square, la statue de l'Amiral Nelson. À la descente de l'autobus, j'entre dans une station de métro pour apprivoiser le système de transport.

La ville est en partie blanche. Le centre-ville rappelle Athènes; rues courbes, en demi-cercle. Quel bien-être je découvre dans ce style. Une foule compacte sur les rues cet après-midi alentour de Piccadilly Circus et Trafalgar Square. Je suis à Londres! Incroyable! Je jubile.

Dans ma chambre du Regent Palace Hôtel à Piccadilly Circus, je suis près de m'endormir quand le téléphone sonne. C'est Jim qui me rejoint de San Francisco. Un baume sur ma solitude difficile, malgré mon approche « je peux voyager seule »... La conversation téléphonique est complétée par une carte postale reçue à l'hôtel.

La circulation est affolante ce matin à Piccadilly. C'est plein soleil sur la ville et j'ai vu le premier homme au parapluie mais sans chapeau melon. Je reconnais la petite valise de Jim. Des hommes à l'allure identique se promenaient sous mes yeux.

Émotion à Russell Square où je vois un vieillard, le dos courbé, écrivant assis dans sa chaise longue; des notes jetées dans un carnet noir, il passe à un carnet rouge puis retourne à un bleu et recommence. Un tas de petits oiseaux colorés à ses pieds, mais très très près de lui; ils le regardent se reposer; ils attendent au milieu des roses et des géraniums; sans doute il les nourrit.

BRITISH MUSEUM

Oui, j'ai fait le voyage d'Angleterre pour la Pierre de Rosette, les tablettes cunéiformes, les momies égyptiennes et la Mésopotamie.

À Russell Square, un jeune homme m'avait indiqué le chemin du musée. Sans tarder, je suis dans la galerie sud. Émotion de voir enfin cette fameuse pierre. Gravée en trois langues : en hiéroglyphes, en démotique et en grec. Elle a permis à Champollion, un égyptologue français, de déchiffrer les hiéroglyphes égyptiens.

« Champollion avait découvert la correspondance entre différentes familles de signes et deviné la double origine – phonétique et visuelle – des hiéroglyphes ».

Le déchiffrement des caractères sacrés a été à la base de la connaissance de la civilisation égyptienne. Bonaparte avait lancé une expédition en Égypte. Il était accompagné de savants et d'artistes. Il avait collectionné nombre d'œuvres et de statues, dont la Pierre de Rosette découverte par un de ses officiers. Il s'est heurté à la puissance maritime anglaise. Tout avait dû être remis à l'Angleterre lors du traité d'Alexandrie.

Comme si les Égyptiens n'avaient pas encore pris leur élan, leurs sculptures ne sont pas dégagées de la pierre; les corps sortent péniblement de leur gangue; on en voit pas entièrement sorties, même certaines ne le sont pas du tout. Les personnages nous regardent de face, figés, les épaules rigides, les bras en ligne droite le long du corps. On verra bien chez les Grecs ce qui va se passer. J'écris fréquemment des Hourra ! Tant je suis heureuse dans ce musée.

Souvenir inoubliable de l'immense série de momies accompagnées de leurs cercueils de bois peint; dans une autre galerie, j'avais été frappée par les peintures venant des tombeaux égyptiens et des exemplaires sur papyrus du *Livre des morts*.

Le livre des morts, c'était un livre illustré, sur rouleau de papyrus, qui contenait des incantations que le mort devait prononcer dans sa nouvelle vie; des sortes de prières qui l'aideraient à s'adapter à sa vie éternelle. Le livre était déposé dans la tombe du défunt et faisait partie du rituel funéraire.

Pendant que j'écris des notes, des dames espagnoles s'arrêtent pour me parler, simplement à cause de leur amabilité.

J'admire encore la Pierre de Rosette, je parle à des Grecs. Ils lisent tout haut les inscriptions grecques sur la pierre. J'aurais dû écrire la traduction française de ce décret de Ptolémée V, un des rois de la dynastie de Lagide qui ont gouverné l'Égypte pendant près de quatre siècles.

Je suis entourée d'Anglais à la cafétéria. Beauté et douceur de l'accent anglais; ce jeune homme qui converse avec sa mère; la petite fille qui ne cesse pas de rire avec son père, sa tante, sa mère. Une dame me dit : « Vous savez, Londres, ce n'est pas l'Angleterre. Il faut voir la campagne. »

À un moment dans la salle du Mausolée, je suis frappée, même émue par le nombre de statues et d'objets d'art « *taken from the others* ». Un sentiment indéfinissable allié à une sorte d'émotion me rattache soudain à ce couple qui se rend compte de l'énormité du nombre des œuvres d'art. Un autre couple est frappé par ce même phénomène. Nous nous parlons. Nous avons le même sentiment que nombre d'œuvres viennent d'ailleurs. Faut se souvenir que nombre d'entre elles n'auraient pas survécu aux intempéries et aux pillages si elles avaient été laissées sur les lieux de leur naissance. Les temples et les monuments d'Égypte étaient ensablés quand Napoléon y est arrivé.

Le sultan de Turquie, au dix-huitième siècle, avait donné la permission à l'ambassadeur anglais de transporter les frises du Parthénon en Angleterre.

Ce n'est pas une petite affaire que le British Museum. Dans la salle du Mausolée, nous n'avons pas le tombeau lui-même du roi Mausole, qui était à Halicarnasse et qui était une merveille du monde Antique; mais on y voit une des sculptures détachées du Mausolée et du temple de Diane à Éphèse.

Est-ce que leur grandeur en ces temps-là, leur intérêt, avaient été seulement les arts? Pensaient-ils moins à l'argent? John, qui m'accompagne au souper, affirme avec vigueur que l'amour de l'argent a été de tout temps.

Dans la salle des Néréides, il y a un tombeau entier (un petit temple) venant de Xanthos (aujourd'hui une ville de Turquie). Les objets de la salle entière viennent d'un même lieu : des nymphes, des frises, des guerriers, des chasseurs, des festins, des sacrifices.

Je continue à être frappée par l'incroyable variété des nationalités; j'ai conversé avec trois hommes de l'ile Maurice. Ils connaissaient l'existence du Québec.

Après ma première visite au Musée, je prends un cappuccino dans un petit restaurant. Je retourne à Russell Square pour me reposer et écrire.

Partout, les gens qui me voient écrire, que ce soit dans le parc ou au musée, sont intrigués, attirés, intéressés par une personne qui écrit; tous me regardent d'un œil inquisiteur.

Une femme pleure allongée dans les bras d'un homme qui l'embrasse et lui murmure des paroles à l'oreille... je n'entendrai rien... la circulation est trop bruyante... On fait tout dans les parcs anglais; on s'embrasse de plus en plus... vais-je voir des gens faire l'amour? Je le souhaiterais...

Une deuxième journée au British Museum fut pour les antiquités assyriennes et sumériennes venant de Ninive et Nemrod (en Irak actuel). Les Britanniques furent longtemps la puissance dominante dans le Proche-Orient. En 1917, ils avaient occupé Bagdad. Leurs archéologues sont entrés en Irak à la suite des militaires, plutôt en même temps... Des bas-reliefs provenant du palais royal de Ninive, palais où vécut Assourbanipal; un nom dont on se souvient de notre histoire ancienne à l'école; des stèles royales et l'obélisque noir de Salmanasar III. Une galerie d'antiquités babyloniennes nous montre le résultat des fouilles dans le royaume de Sumer et à Babylone, berceaux de civilisations remontant à trois-mille ans avant notre ère, et particulièrement lieux de naissance de l'écriture.

Une nuit pratiquement sans sommeil. Fatiguée, plaintes au gérant pour ma chambre qui est bruyante. Pas moyen de changer d'endroit.

Cet après-midi, tour de la ville (2 heures) par autobus de la London transport. Ville monumentale. 8½ millions d'habitants – des dizaines et des dizaines de rues comme la rue Sherbrooke à Montréal. Très belles maisons ou plutôt édifices de huit à dix étages, blanches, crèmes, rougeâtres. Très peu d'affiches — des dizaines et des dizaines de rues sans affiches.

En aucune autre ville ai-je vu autant de races de tant de pays; des sikhs, des femmes du désert, des Viets, les gens de Zambie, South Africa, famille du Brésil.

Hier soir, j'ai soupé (invitée) par John Howard d'Australie. Il a vécu aux États-Unis. Il vivra à Paris. En me voyant, il dit : « Vous êtes une nurse ». Il connait bien Élisabeth Kubler-Ross. C'est une de ses amies. Une femme médecin autrichienne qui vit maintenant avec son mari aux États-Unis. Elle s'occupe des mourants. Elle a écrit plusieurs livres dont *Death and Dying*, *La mort est un nouveau soleil*, et d'autres. Il apprend le français.

WESTMINSTER

Quatre heures de visite sans arrêt de l'abbaye de Westminster. Ici j'ai pleuré :

Monument au général Wolfe dans la chapelle de Islip (ou plutôt le bas-côté du croisillon nord). *To the memory of James Wolfe major general and commander in chief of the British land force on an expedition against Quebec who after summoning by ability and valor all obstacles of art and nature was slain in the moment of victory on the XIII of September 1759.*

The King and Parliament of Great Britain dedicate this monument.

Le général Wolfe a été enterré à Greenwich.

Dans cette église, c'est la tour de Babel, c'est le jugement dernier. Il n'y aura pas plus de nations, pas plus de variétés. Je n'ai rien vu de tel, même pas à Paris.

Le général Wolfe est là avec Isaac Newton et Anne de Clèves, une des femmes d'Henri VIII. La chapelle Islip est consacrée au rappel de tous les grands personnages du Commonwealth.

Dans la chapelle où repose Élisabeth Première, dans le même caveau, sa sœur (sa demi-sœur) Marie Tudor catholique, et dans un petit sarcophage, ce sont les restes des enfants d'Édouard IV, assassinés à la Tour de Londres! Étouffés pendant leur sommeil par ordre de leur oncle Richard qui voulait le trône.

Richard, duc de Gloucester, a obtenu le trône sous le nom de Richard III après avoir fait assassiner ses neveux à la Tour. Dans le drame *Richard III* de Shakespeare, celui-ci peint un tableau de cet être, que l'on dit à la fois monstrueux, courageux, cruel et brillant.

Les larmes aux yeux, je suis retournée au tombeau des enfants de même qu'à celui d'Élisabeth et de Marie Tudor. Dans une autre petite chapelle, j'ai vu le tombeau de la femme de Darnley, Mary, reine d'Écosse, soit Marie Stuart.

Le trône du couronnement existe depuis 1301, depuis Édouard 1er. À côté du trône, il y a l'épée et le bouclier d'Édouard III. Tous les rois anglais sont couronnés sur ce trône.

Je suis au tombeau de Philippine de Hainault, originaire de Hollande et épouse d'Édouard III. Ici encore l'émotion est à son comble. Je t'aime beaucoup Philippine, tu as sauvé les bourgeois de Calais! Les armées de son mari, le roi Édouard, dévastaient Calais depuis des mois. Aux pieds de son mari, elle a obtenu grâce pour les six bourgeois et pour la ville entière. Sois bénie Philippine, tu as gracié les bourgeois qui sans toi marchaient vers la mort et à leur suite toute la population.

Je prends du repos dans le coin des poètes de l'abbaye de Westminster. L'abbaye chargée de statues, de plaques, d'écrits. Des inscriptions sont en latin et montrent la venue des Français en Angleterre lors de la Conquête normande.

Au coin des poètes, on retrouve Kipling, Dickens, Taylor, Casaubon, Blake. Haendel le musicien a son tombeau près de l'écrivain Dickens. À 12 h 30, j'écoute un concert de musique d'orgue. Je me suis souvenue du plaisir que j'avais eu à lire *Les Grandes Espérances* de Dickens.

Dans la chapelle St-Édouard, une dame anglaise s'offre de me donner des renseignements. Un peu plus loin, un surveillant s'offre pour des explications. Il me dit : « vous êtes *french-canadian* » et il me parle en français. Il est très aimable.

Au repas du midi, le serveur me reconnait comme Québécoise à cause de mon accent. Il me dit : « Hier soir, j'ai vu un très beau film à la télévision, *Réjeanne Padovani* ». Il l'a trouvé excellent.

Était-ce à la tour de Londres, était-ce là où j'avais vu les bijoux de la couronne, que j'ai vu cette bague au sujet de laquelle j'avais lu sans pouvoir retracer le texte par la suite?

Robert Devereux, deuxième comte d'Essex, était un favori d'Élisabeth Première. Il était séduisant, mais arrogant et de caractère possessif. La reine lui avait remis une bague. Il devait la faire parvenir à la reine s'il se trouvait en danger et avait besoin de son aide. Il s'est très mal comporté à l'égard de la reine, allant jusqu'à la menacer. Il fut emprisonné à la Tour de Londres. Il envoya la bague à la reine pour demander son secours. La bague ne s'est pas rendue à la reine... Et le bel Essex fut décapité à la Tour. « Cette mort répandit une nuance de mélancolie sur les dernières années d'Élisabeth 1re». Finalement, j'ai vu cette bague à l'abbaye de Westminster.

Les Stuart étaient écossais. Charles 1er Stuart avait été décapité le 30 janvier 1649. Tous les ans, il y a un pèlerinage des partisans des Stuart. Et sur la tombe de Marie reine d'Écosse, un œillet rouge et des branches vertes sont déposés.

J'aime tous ces renseignements sur la vie de ceux qui ont fait les pierres et les murs, les monuments et les édifices, les cathédrales et les châteaux, les palais, les parcs et les jardins. Histoire tachée de sang réel et symbolique qui court le long des rues, au travers de la ville.

Au souper, un serveur m'adresse la parole. Il demande d'où je viens à cause de mon accent. Il est du Bangladesh. Il ne pouvait pas imaginer d'où je venais à cause de cet accent spécial. Il est retourné deux fois dans son pays depuis qu'il vit en Angleterre.

Au souper, je converse avec mon voisin, un jeune Irlandais venant d'une trentaine de kilomètres de Dublin.

En bas de Trafalgar Square, au carrefour de Charing Cross, près de White Hall, où il fut décapité, je reste longtemps songeuse devant la statue de Charles 1er Stuart.

Température sensationnelle. À 10 h, je suis au British Museum pour une troisième visite. Il y a déjà foule aux grilles.

Une durée de deux heures : La Duveen Gallery où sont les marbres d'Elgin, enlevés du Parthénon d'Athènes (Elgin était ambassadeur d'Angleterre à Constantinople). La Grèce était sous la férule des Turcs. Une haine éternelle entre les Grecs et les Turcs. Elgin les a arrachés, cassés, brisés et les a apportés en Angleterre. La salle rappelle le Parthénon : taille, style, lumière et d'autres statues du Parthénon y sont aussi. Ce sont toutes des sculptures du cinquième siècle avant Jésus-Christ. Sur les murs, la frise qui ornait le pourtour du célèbre temple grec.

Le musée compte une exceptionnelle série de momies. Dans ce musée, il me semble qu'il y a du matériel pour dix musées. J'ai visité deux salles de momies. Elles ont plus de quatre-mille ans. Fallait quatre-cents verges de tissu de lin, fermement tissé, taillé en bandelettes, placé en couches superposées pour envelopper le corps. Des cercueils étaient décorés de tissus, ornés de dessins géométriques. Dans certains cercueils, le corps est complètement courbé en deux. Un squelette complètement replié dans un panier d'osier (je pense à Moïse). Une série de cercueils de bois, peints à l'intérieur et à l'extérieur de personnages, des ibis, des écritures hiéroglyphiques. Des momies d'enfants, d'animaux, d'oiseaux, d'ibis, de gazelles. Deux peignes fins de différentes grosseurs, aussi âgés que les momies. Une salle entière contenant des papyrus de toutes sortes. Ça ressemble à un papier blanchâtre (ou à du lin tissé?). On y voit des dessins, des hiéroglyphes.

Le soir à mon hôtel, au milieu de tant d'hommes, c'est le bonheur. Un comédien lit à la télévision des règlements qui défendaient toutes allusions au sexe ou l'approchant, pour les pièces de théâtre, il y a vingt-cinq ans à Londres et en Angleterre. Qu'en était-il au Québec?

Toute la journée en repos. Je suis à moitié morte de fatigue. Une visite chez le coiffeur, et les énergies me raniment.

En soirée, je suis au bar. Je rencontre des hommes. Je prends l'apéritif avec un monsieur qui a été de l'Intelligence Service (de 1939 à 1945). Il ressemble à un Lord. Dans un coin, « *a man in a grey flannel suit* ». Il lit *The Economist*. Cet homme me plairait beaucoup, je lui jette un regard quand il lève les yeux de son journal. Il quitte! Je passe ensuite la soirée avec un comptable cingalais et un ingénieur-conseil nigérian, plus deux ou trois autres qui veulent me faire de la façon! Tout le monde m'invite. Un monsieur anglais me demande si je suis une artiste de quelque sorte. Je lui réponds : « Je vais être écrivain ».

J'ai assisté au service religieux de 11 h 30 à la cathédrale St-Paul.

Le tombeau de Nelson est dans St-Paul. Un amiral britannique qui avait remporté deux victoires navales décisives sur les Français. À Aboukir en Basse-Égypte, Nelson avait vaincu l'escadre française en 1798. À Trafalgar, au nord-ouest de Gibraltar, à la tête de la flotte britannique, il avait remporté la victoire sur la flotte franco-espagnole en 1805. Il fut tué à la bataille de Trafalgar.

Le tombeau de Wellington plus grandiose que celui d'Élisabeth 1re! Wellington, un général britannique qui, à la tête des forces alliées, a remporté la victoire sur Napoléon à Waterloo, dans la région wallonne.

Au sortir de St-Paul, éblouie par la splendeur des tombeaux, je me suis demandée si nous parlions assez des nôtres. Si de quelque façon nous faisions suffisamment connaitre nos grands personnages. Les Anglais parlent d'eux-mêmes dans leurs monuments; ils élèvent de nombreuses statues, se racontent dans leurs écrits. Ils se voient, se reconnaissent. Ils ont confiance en eux.

Venue à 17 h, par taxi, à Leicester Square pour le souper dans un restaurant tenu par un Indien. À ma table, une jeune étudiante en piano venant de Hambourg en Allemagne. Elle étudie à Lubeck. Elle ne veut pas participer à des concours. Pour elle cela égale société de consommation. Elle dit que les Allemands ne font pas de musique. Ils ne sont que des techniciens. Elle veut faire de la vraie musique et faire carrière. Elle a acheté un livre de musique qu'elle ne trouvait pas en Allemagne. Je converse avec une autre jeune fille douce, perdue, venue à Londres pour la comédie musicale Jésus-Christ Superstar.

En après-midi, visite au Victoria & Albert Museum. Un musée gigantesque avec un extrême amoncellement d'objets. Je le trouvais difficile à visiter. J'ai vu la salle trente-huit. Des tapisseries du Moyen Âge. D'une beauté ! D'une splendeur ! Il y avait là une autre exposition qui se nommait Demolished et que j'ai visitée avec stupeur.

Demolished

« In Glasgow 33 churches officially listed as historic, were demolished in last two decades. Since 1969, the Church Commission authorized demolition of 27 listed churches. Thirty-eight churches declared redundant in diocese of London since 1970, nineteen have been demolished. An exhibition about demolition of churches going on in England and Germany. »

J'arrive difficilement à croire que l'Angleterre puisse détruire une partie de ses édifices historiques.

Entre 1960 et 1970, les Méthodistes ont fermé trois-mille églises. Je suis complètement abasourdie. Va-t-il falloir démolir St-Paul puisque, c'est certain, personne n'arrivera à remplir cette église?

Il y avait eu un nombre effarant d'églises bâties en Angleterre. À la Réforme, il y avait 1 200 monastères dont les pouvoirs publics se sont emparés à cause de leurs richesses.

Quel phénomène que les églises se soient vidées! Crise de valeurs ou fin de civilisation ou mutation? Notre vue est trop courte pour voir ce qui va arriver dans le futur. Aurons-nous à les reconstruire? Ou à les remplacer par des centres communautaires? Quoi faire avec toutes ces églises?

Au restaurant, une dame âgée, à cheveux blancs, seule, s'est assise de façon à voir tout le monde. Elle regarde fréquemment un couple près d'elle. Elle souhaite que quelqu'un lui parle, il me semble. Je pense même qu'elle mendie pour qu'on lui adresse la parole. Je converse avec elle. Elle dit qu'elle aime être seule... Elle est originaire de l'Ile de Wight.

J'ai passé la soirée avec un monsieur d'Afrique du Sud en visite en Europe. Il pense que les choses se gâchent de plus en plus à travers le monde : *Crowds, smell from car on the streets in Paris*. La nourriture pas bonne partout. Un monsieur qui trouvait irrespirable l'air de Paris à cause des voitures. Chez lui, il en a deux. Il fait un grand voyage chaque année mais il trouve qu'il y a trop de monde partout. Il dit qu'il ne faut pas croire les journaux et les livres au sujet de l'Afrique du Sud. Il faut voir.

Un après-midi à 13 h, je quitte Russell Square avec un groupe en autobus pour me rendre au château de Windsor. Nous passons près des terrains de course d'Ascot qui font face au château.

Une ville royale, grandiose. On se sent Lord ou Lady, roi ou reine quand on marche dans ses rues, dans ses parcs immenses.

Le château de Windsor a été bâti par Guillaume le Conquérant qui s'est emparé de l'Angleterre en 1066. Il a été bâti sur une colline qui permet de voir la Tamise et les lieux environnants. Le château fait partie d'un réseau de forteresses et de châteaux bâtis à l'entour de Londres et dont fait partie la Tour de Londres, elle aussi bâtie au temps de Guillaume. Windsor serait le plus grand château habité au monde.

Nous visitons la chapelle St-Georges. Superbe. De style gothique flamboyant.

La tombe d'Henri VIII et Charles 1er Stuart (décapité) sont dans la chapelle St-Georges. De même Georges V et la reine Mary, Georges VI et une place pour la reine-mère.

Édouard le confesseur avait bâti l'abbaye de Westminster; Henri VI fonda l'école d'Eton et construisit à Cambridge la chapelle de King's College. » Henri VI n'avait pas 20 ans quand il a fondé Eton.

Nous sommes allés à Eton. Voir le collège et la chapelle, c'est comme voir un château. Mille garçons et douze femmes étudient dans ce collège.

Au retour de cette excursion, je soupe dans un restaurant italien près de Russell Square en compagnie de gens qui nous parlaient de leur pays. Un couple, elle Anglaise, lui Sud-Africain. Ils vivent en Afrique du Sud. Ils sont en Angleterre pour acheter un terrain et une maison. Avec nous, deux Françaises. L'une d'elles vit à Paris, l'autre à Abidjan. De commentaires sur l'apartheid virulent en Afrique du Sud, nous passions aux problèmes de la Côte d'Ivoire, pour radoucir le ton en parlant des développements culturels de la capitale française.

Je ne sais plus quel soir je suis allée voir *Jésus-Christ Super-star*. Un extrême bonheur de comédie musicale. Touchée aux larmes, particulièrement par Judas. J'ai eu beaucoup de peine pour lui, pour ce qu'il avait fait, son sort, sa douleur. Est-ce que je l'avais oublié? Judas était un disciple de Jésus. Il avait été choisi. Pour moi, parmi les douze, c'est peut-être le personnage le plus touchant; celui qui me brise le cœur.

Un écrivain vient de rédiger « une épitre imaginaire » de Judas à l'apôtre Jean. La tradition chrétienne avait diabolisé Judas. Dans ce livre, « *Judas repasse les évènements marquants qu'il a vécus avec Jésus et les autres apôtres, clarifie le sens de certaines de ses réactions mal comprises par les autres et explicite ce qui l'a conduit à livrer Jésus. Devant la tournure des évènements qui échappent complètement à ses prévisions et qui conduiront Jésus à la mort, il choisit lui-même de se donner la mort, moins dans un geste de désespoir que pour partager la destinée de Jésus dont il a enfin compris la mission* ».

Après des années à me remémorer ses actions chaque dimanche des Rameaux, à la lecture de la Passion de St Mathieu, j'ai appris ceci : Le Christ Seigneur serait apparu à une religieuse. Lors de cette apparition, il aurait été question de Judas et de son sort. Le Christ aurait révélé : « *Je ne dis pas ce qui est advenu de Judas, par crainte, le sachant, qu'on abuse de ma miséricorde* ». Depuis ce jour, je suis réconcilié avec Judas l'Iscariote. Je sais qu'il a obtenu miséricorde. Depuis « Messe pour le temps présent », c'était ma plus belle soirée au théâtre.

À huit heures, je suis à la Tour de Londres. En attente, seulement trois personnes avant moi. Les diverses tours, la place de l'échafaud, la Bloody Tower, The White Tower où se trouve la chapelle de saint Jean l'Évangéliste et qui remonte au temps des rois normands. Ouvrages extraordinaires. Les lances me font horreur mais c'est quoi comparées à la bombe à neutrons? Était-ce en passant par le palais de Blenheim que fut évoquée la douleur d'Anne Boleyn, transportée d'un château des environs à la Tour de Londres. J'entends encore son cri de terreur, déchirant le ciel, comme si la lame du couteau l'avait déjà transpercée.

Plein d'évènements qui nous serrent le cœur et qui nous sont rappelés quand on la visite. C'est là que durant la nuit furent étouffés Édouard V et son frère Richard, duc d'York, deux enfants dont l'un devait monter sur le trône. C'est leur oncle, monté sur le trône à leur place sous le nom de Richard III, qui les a fait étouffer. Deux siècles plus tard, les squelettes des deux enfants furent trouvés dans un coffre sous des marches d'escalier conduisant à la White Tower. Ils sont maintenant à l'abbaye de Westminster. Ici, à la Tour, Anne Boleyn, deuxième femme d'Henri VIII, a eu la tête tranchée. De même la très jeune lady Jane Grey qui avait pris part à l'infidélité de Catherine Howard à l'égard d'Henri VIII.

Je mange en face de la Tour. Assise dans le parterre, j'offre une place à une dame âgée que j'écoute. Elle n'aime pas les Irlandais. Elle vit seule. Après avoir pris une bière, elle retourne chez elle. Et je retourne à l'hôtel. Je suis très fatiguée et je dors en après-midi. Au lever, une marche rue Shoflling. Je rentre pour les nouvelles de la B.B.C.

Je vais à la National Gallery. Des Léonard de Vinci dans la salle cinq. Des Rubens. On reste songeur et incrédule devant leur génie. Comment atteignent-ils une telle perfection? Plusieurs salles consacrées aux peintres hollandais. Une peinture de Gustav Klimt reposait sur un piédestal. Je me souviens que c'était le portrait d'une femme tout habillée de fleurs. Maintenant, je connais l'existence du magnifique portrait d'Émilie Floege, amie de Gustav Klimt. Mais ce portrait est au Musée der Stadt à Vienne. Peut-être avait-il été prêté à la Gallery. Les Turner sont facilement reconnaissables. William Turner, un peintre anglais du dix-neuvième siècle. Son attrait pour la lumière, les couleurs fluides, dans des toiles peintes avec lyrisme annonce l'impressionnisme. Après être passée à Florence, je n'ai pas besoin de chercher le nom de l'auteur pour reconnaitre les trois Botticelli. Je visite un grand nombre de salles.

Un tableau immense : décapitation de Lady Jane Grey sur ordre de Marie Tudor. Absolument poignant. Très réaliste. Je passe près des Tournesols par Van Gogh. Inhabituel : un tableau du postimpressioniste français Georges Seurat. Il peint par toutes petites touches, comme s'il posait des pastilles colorées sur la toile. Je vois, par Van Dyck, le tableau à Charles 1er (Stuart) sur son cheval préféré.

J'ai fait une visite à la National Library qui était attenante au Musée, à cette époque. On n'a pas idée de la richesse de cette bibliothèque.

Une bible de Gutenberg, le texte d'*Alice aux pays des merveilles*, un conte archicélèbre de Lewis Carroll. *Les Évangiles de Lindisfarne*, un manuscrit du huitième siècle. Lindisfarne, c'est une petite ile au nord de l'Angleterre où un saint moine avait fondé un monastère au septième siècle. Fallait voir les enluminures de ce texte : la finesse des traits, les couleurs, la luxuriance de détails. *L'histoire religieuse de l'Angleterre* par Bède le vénérable, un moine de Northumbria. Elle fut écrite en latin au huitième siècle.

Vu aussi : *The Anglo-saxon Chronicle* relatant l'invasion de César jusqu'à la fin du règne du roi Alfred, en 901. Un texte écrit en anglais par un moine. Une autre *Historia Britanium* la plus ancienne histoire connue, écrite à la main, relatant elle aussi l'histoire depuis César jusqu'au neuvième siècle.

D'autres livres illuminés de miniatures. Des personnages et des scènes si petites, des traits si fins, tels lignes ou plis dans les robes; d'une beauté et d'une finesse à jeter par terre et à ne pas se lasser de les regarder. J'ai vu la célèbre *Magna Carta*, considérée comme le premier document établissant les libertés anglaises.

C'est par centaines de mille que des tablettes en écriture cunéiforme ont été trouvées par les archéologues anglais en Mésopotamie (Irak). Je n'en ai pas vues beaucoup au British Museum. Il est possible qu'il faille demander à les voir et c'est dans une salle spéciale. Je sais qu'en Haute-Égypte ont été découvertes en 1985 environ trois-cents tablettes pas plus grandes que des timbres-postes. Ce n'est pas une merveille, non? Si un jour je retourne en Angleterre, j'irai voir de ce côté.

OXFORD

Nous traversons les collines de Chilten.

Arrêt à un endroit clôturé où des pierres sont debout comme celles de Stonehenge; un lieu honoré depuis l'époque préhistorique en rapport avec une religion où le soleil était considéré comme un dieu.

Arrivons à Oxford, sensationnelle. Faut voir l'architecture des trente collèges (université qui remonte au douzième siècle). On dit de cette ville que c'est le *Golden Heart of Britain*.

Après le repas nous allons à Woodstock et ensuite à Stratford.

Sur le chemin du retour, encore des villages éblouissants mais surtout celui de Wroxton dans les Cotswalds. Je comprends que des visiteurs puissent sentir leur équilibre ébranlé devant le nombre et la perfection des œuvres d'art de Florence.

Londres est une ville si riche en orchestres, en concerts, en activités théâtrales. Je ne me suis réveillée qu'à la fin du voyage. Deux soirées en ligne avant de partir.

J'ai assez de forces pour aller au théâtre à Piccadilly Theatre. À vingt heures, on y présente *Wild Oaths Company* d'un auteur irlandais du dix-huitième siècle.

Le samedi, le paiement de mes comptes, mes valises bouclées, je vais au théâtre Adelphi. On y présente *Irène*. Une comédie musicale. Costumes extrêmement variés. Irène est belle, mince, danse et chante à la perfection.

Le 14 aout, dimanche, c'est le départ. Nous quittons Londres à midi. Un arrêt à Shannon, en Irlande du Sud. Et je touche terre à Montréal. C'est peu dire que j'ai adoré ce voyage. Depuis des années, j'ai le gout d'y retourner. Mais la terre est si vaste, et tant de trésors me sollicitent.

Une fois encore ce fut un grand plaisir de te parler au téléphone et d'entendre quelques brèves impressions sur Londres.

Je suis délivré d'une certaine inquiétude au sujet de ton état possible de fatigue, tout autant que de savoir que le voyage fut un plaisir et que l'hôtel était confortable. Je vois que Londres et l'Angleterre t'ont donné le gout d'y retourner, de même te poussent à souhaiter voir d'autres pays, tel l'Égypte. »

Après trente ans, retour prévu aux richesses de l'Angleterre. Jim m'offre le voyage en septembre 2007. Abasourdie
par ce que j'ai découvert depuis ce temps, de la présence romaine en ce pays, nous visiterons des lieux et des villes qu'ils
y ont fondés et des monuments qu'ils y ont érigés.

XII
Escapades californiennes

DE SOLEIL, DE SEL, D'OCÉAN (NOVEMBRE 1977)

C'était excitant d'avoir une réponse si rapide à mon invitation. Je t'envoie un chèque pour acquitter le prix du billet et toutes tes dépenses ici de façon à ce qu'on ne discute pas de cette question quand tu es chez moi. N'oublie pas que je t'ai offert ce voyage. Je serai à l'aéroport. Si toutefois il survenait quelque difficulté et que je n'étais pas là, prends l'autobus de l'aéroport, descends au Hilton et attends-moi au café d'où tu pourras téléphoner à mon appartement. »

J'avais fait le voyage d'Angleterre. Jim souhaitait m'entendre non sur la ville de Portsmouth où il est né, et où je n'ai pu aller, mais sur ce que j'avais vu et découvert du sol anglais qui est aussi riche en histoire au pied carré que le sol de France.

Il m'invita de nouveau à San Francisco.

Je suis à l'aéroport de Dorval. En route pour Chicago, où je changerai d'avion pour United Airlines qui me conduira sur la côte Pacifique. Lors du premier voyage, il habitait sur Market Street. Près de Van Ness. Jim avait fait un pas de plus dans le savoir jouir de la vie et des lieux. Il logeait à Northpoint. De nouveaux appartements. Une vue sur la baie. Deux piscines chauffées, un gymnase pour des exercices. Un club santé gratuit. À peu de distance du Ghirardelli Square et de Fisherman's Warf et de dizaines de boutiques.

Il restera marqué par les aménités et le bonheur de vivre à North Point sur la rue Bay, près de Stockton. Quand il sera muté à Vancouver, il choisira Rosewood, un type d'appartement ressemblant à North Point : l'agencement des pièces, les larges fenêtres, la couleur de l'édifice brunâtre à l'extérieur, les vignes grimpantes, lui rappelleront le bonheur de vivre à San Francisco.

Malgré tant de visites et de courses lors de mon premier voyage, nous n'avions pas épuisé la richesse des lieux. Je retrouvais Jim avec beaucoup de plaisir. Samedi, une longue marche en soirée dans la section animée du port depuis Fisherman's Warf jusqu'à Ghirardelli Square.

Il avait promis davantage de repos. C'est ce que nous vivons. Le soleil brille. Nous profitons de la piscine. Lundi en avant-midi, c'est encore la piscine, le repos et le soleil.

Depuis un détour par Boston pour chercher des uniformes d'infirmière, je n'avais rien perdu de ma marotte. En après-midi, nous allons à Daly City pour trouver des uniformes les plus beaux et les plus originaux possible. Une longue marche le long de la mer à Ocean Beach, avec vue sur le Sea Lyon Rock. Nous revenons par une route panoramique qui longe la ville du côté ouest.

Jim est un bon cuisinier. L'était-il devenu dès sa première année sur la côte ouest? à fréquenter la luzerne, l'avocat, la papaye, le cumin et le carvi, les herbes rares venues de Java?

C'était mardi, dans l'après-midi. Une heure et demie de promenade en bateau sur la baie de San Francisco. Nous passons sous le Golden Gate et sous l'Oakland Bay Bridge, près de l'Alcatraz qui n'est plus une prison mais un parc et près d'Angel Island. Quel panorama que la vue de la ville et ces ponts au loin qui semblent légers comme des dentelles. Un navire russe croise le nôtre sous le Golden Gate. Au loin nous apercevons Sausalito.

Le soir, c'est un autre bonheur qui nous attend. Celui de souper avec Claudette et Raouf, des amis de Montréal qui sont en voyage en Californie. La soirée au MacArthur Park Restaurant sur Front Street. Plaisirs des longues conversations. Échanges d'émotions et de commentaires sur les beautés de la côte ouest.

Le lendemain en avant-midi, nous visitons la maison Haas-Lilienthal. Une maison victorienne majestueuse de style Queen Ann sur Franklin Street. Elle est un exemple parfait de l'exubérance exprimée dans ces immenses maisons de bois construites à San Francisco durant la dernière partie de l'époque victorienne vers 1885. Une façade pleine de fantaisies, d'ornements, de fenêtres en saillies. En état de conservation exceptionnel. La famille Haas, originaire de Bavière, était devenue riche en Amérique. Les descendants ont compris que cette maison était un point de repère dans l'histoire des maisons victoriennes de San Francisco. Elle a été donnée à la Fondation Héritage architectural de la ville. Elle est inscrite au registre des endroits historiques de la nation américaine.

Je retourne au Musée d'Histoire Naturelle du pavillon des Sciences situé dans le parc.

Je m'intéresse aux crânes. Un crâne d'australopithèque africanus âgé de sept-cent-mille ans, un autre trouvé par Richard Leakey au lac Rodolf, au Kenya, qui se rapproche de l'homme de Neandertal et qui confondrait quelque peu l'hypothèse d'une lignée en ligne droite, du singe en évolution jusqu'à nous. Depuis cette découverte, le musée a dû réécrire tous ses textes, reclasser les crânes, en ajouter de nouveaux. Un crâne d'australopithèque afarensis vieux de trois millions d'années a été découvert en Éthiopie. À cet endroit ont été découverts les restes fossilisés des plus anciens ancêtres de l'homme remontant à quatre à cinq millions d'années. On dit que cette dernière découverte confirmerait les prévisions de Darwin selon qui les toutes premières traces de l'évolution de l'homme seraient retrouvées en Afrique. Dans la liste de nos plus anciens ancêtres, après l'australopithèque, ce serait l'homme de Pékin, l'homme de Neandertal et l'homme de Cro-Magnon. Les datations de ces crânes sont faites à l'Institut sur l'origine de la vie humaine, à Berkeley.

Avant l'heure du départ pour moi, nous cédons encore aux attraits de Marin County. Nous allons marcher à Sausalito, rêver en passant le long des maisons flottantes. Nous revenons par Mill Valley. À Larkspur, d'immenses maisons dans les bois sous des arbres géants; nombreux domaines de hippies.

Ma semaine de voyage est achevée. J'ai adoré tout ce temps passé à San Francisco. J'ai tout aimé.

Jim, sa présence, son amabilité. L'appartement avec l'œil constamment sur le jardin. Les musiques chinoises et japonaises que nous avons entendues, les livres, particulièrement *Emmanuelle*, les fleurs accrochées partout, les oliviers, les eucalyptus, les séquoias sur nos routes, les nouvelles nourritures végétariennes aux herbes et aux épices, le climat de détente de Sausalito, les maisons sous les bois de Mill Valley, pour les rêves dans lesquels nous plongent les maisons-bateaux, les épices et les herbes de Sumatra et de Bornéo, l'enveloppante beauté de tous les paysages, l'impressionnante richesse du Golden Gate Park où nous avons marché tant de fois.

Je quitte Jim et San Francisco le samedi 12 novembre par United Airlines. Volons au-dessus du lac Tahoe dans la Sierra Nevada. Très peu de neige sur les montagnes, les crêtes sont à découvert. Le lit des rivières est à sec. Ceux qui ont de l'eau vont devoir partager. Nous échangerons verdure et eau contre leur soleil. Quelle différence de couleur des terrains avec le Canada. Ici c'est brun, desséché.

Plus nous allons vers l'est, plus les pics sont couronnés de neige. Les plaines du Nebraska sont blanches.

Les montagnes du Colorado nous apparaissent déchirées en demi-cercle. Survolons l'Utah et le Wyoming. Impossible de ne pas reconnaitre le Mississippi. Ce fleuve géant qui coule depuis le lac Supérieur, à Duluth je crois, jusqu'à la Nouvelle-Orléans.

Une vue grandiose de Chicago, les gratte-ciels le long du lac Michigan; une étendue incroyable de maisons; une autoroute me semble aussi longue que le Mississippi.

L'HYPOTHÈSE D'ÉROS

À 18 h, en route pour Montréal. Je reprends mon carnet de notes. Vais-je replonger sans plus dans ma vie habituelle? … Qui va la changer?… Surement personne d'autre que moi. Par quels moyens? En cherchant en moi? Lisant toujours *L'hypothèse d'Éros* par Emmanuelle. Ai-je manqué à la vie sensuelle, à l'amour, à la joie de vivre?

Il venait presque d'être publié. Où l'avais-je donc acheté? Je ne me souviens pas. *L'hypothèse d'Éros* d'Emmanuelle Arsan fut ma principale lecture lors de ce voyage à San Francisco.

Ce livre aurait-il pu ou dû changer quelque chose dans ma vie, à ma mentalité, à mes comportements, à mes croyances? Des années durant, il a dormi dans ma bibliothèque. Je le relis en entier aujourd'hui.

Je me demande si un livre peut nous changer, même juste nous aider à changer. Qu'est-ce qui m'a fait changer quand il m'est arrivé de changer? C'est le crayon. Ce sont les prises de conscience faites le crayon à la main. Ce sont des lectures réfléchies dans le silence de mon atelier. Ce sont des paroles prononcées par quelques personnes. Ça revient peut-être à dire que c'est une espèce de méditation. C'est devenir conscient. Ça m'apparait presqu'un mystère. Pourquoi pas avant? Pourquoi si tard dans ma vie? Pourquoi, quand et comment devient-on conscient?

« ... l'homme vit inconscient de sa chance de vivre. » « Est tenu pour heureux celui qui traverse la vie comme un rêve, sans ouvrir les yeux... »

« Admis que l'homme, le monde, la vie doivent et peuvent changer, que tout ou presque est encore à faire pour que cette métamorphose se produise, une question de plus se pose : l'érotisme peut-il y aider? L'hypothèse que l'érotisme est un instrument de progrès mental et social fait sourire certains sages et en indigne un plus grand nombre. De quoi s'agit-il, cependant, si ce n'est, là encore, d'inventer? Mais inventer quoi? Simplement une géométrie et une arithmétique nouvelles de l'amour? Une franchise plus grande de conduite et de lángue? Ou plus ambitieusement, une morale du bonheur? »

« Avant que je la connaisse, ni parents, ni mari, ni amis, ni amants, ni son éducation, ni une foi religieuse, ni le poids de son milieu, ni les règlements de sa profession, ni ses ambitions, ni ses connaissances scientifiques, ni les magistrats, ni l'État ne s'étaient jamais, que je sache, mis en travers de ses désirs. Si elle n'avait pas, jusque là, fait l'amour comme et autant qu'il lui plaisait, c'est donc qu'elle avait refusé d'elle-même une liberté qui lui était accessible. Elle n'avait pas été opprimée, elle avait été peureuse. Si elle est différente aujourd'hui, c'est sans doute qu'elle est devenue plus courageuse... ou plus consciente de ses pouvoirs et plus clair-voyante sur ce qui est pour elle bien ou mal. »

« En matière de sexe, sommes-nous toujours, autant que nous le prétendons, gardés par les autres, ou sommes-nous nos propres geôliers, nos propres bourreaux? »

« Si ce ne sont l'art et l'amour pourtant, qui appartiennent à l'imagination et à l'idéation, les bras innombrables, les sexes nouveaux, les relations de fête et les jouissances inouïes dont ces facultés de notre cerveau ont besoin pour nous créer un monde vivable, quels autres fournisseurs, venus d'où, leur offriront ces matériaux? »

« La jouissance, le bonheur plus que l'ignorance, la faim, la violence, plus que la bêtise, sont pour le pouvoir des réali-tés subversives. Nul pouvoir, en revanche, ne censurera ja-mais ce qui apprend à ses sujets — et à lui-même — à avoir peur. »

Retour à Babylone (1978)

Quand Jim m'a de nouveau invitée à San Francisco au printemps 1978, savait-il qu'il reviendrait de ce lieu paradisia-que en juillet de la même année? Voulait-il encore et encore savourer les plaisirs offerts dans cette région bénie par les brumes et les effluves de l'océan Pacifique : cette Babylone de la côte ouest, cette capitale des mystiques de l'Amérique. Ca-pitale des rêves utopiques, des sectes, des hippies, des beat-niks. « Ville de nulle part, entre l'Orient qui la japonise et les hautes forêts de la Sierra, ville de bois et de verre, légère comme pour mieux échapper à toutes les pesanteurs améri-caines, ville d'ancien temps dont la mémoire est à refaire tous les dix ans socialement et tous les demi-siècles architec-turalement ».

Je me trouvais gâtée d'aller encore voir Jim. J'ai pris un avion d'Air Canada pour Los Angeles. De là, une autre compagnie pour San Francisco. Le 26 mai, vendredi à 18 h, j'étais rendue, je l'embrassais, il m'entourait de ses bras. Le soir, nous étions à notre bien-aimé Fisherman Warf's.

Le samedi matin vers 11 h, nous quittons, en route vers Yosemite Park au milieu des montagnes de la Sierra Nevada. Encore une fois le plaisir de traverser l'Oakland Bay Bridge. Les collines et les montagnes sont jaunes, brulées par le soleil. Nous roulons dans la San Joaquim Valley. Faisons halte à Merced où nous soupons au restaurant El Captain. Nous passons la nuit à Merced. Dimanche, toute la journée, nous sommes dans Yosemite Park et Yosemite Valley. C'est probablement le parc le plus fréquenté des États-Unis. Par petit train, nous allons à Mariposa Grove pour admirer la grandeur et la gloire des séquoias géants. Nous revenons en marchant pour admirer encore les miroitements du soleil sur les fougères arborescentes qui recouvrent les prairies à l'orée de Mariposa Grove. La rivière Yosemite constamment furieuse, blanche, animée de rapides incessants. Les montagnes sont hautes de huit à dix mille pieds. Des chutes de plus de 450 pieds. Inapprochables comme les chutes du Niagara. Un parc inoubliable. Nous revenons loger à Merced. Le matin, nous passons par la vallée San Joaquim avec ses immenses terrains plats couverts de cultures de légumes et de fruits.

À Monterey, nous dinons sur les quais. Toute cette beauté retrouvée; les fleurs bleues, roses, lilas qui poussent en tapis compact le long du rivage et sur les talus des routes. Sur la plage, nous observons les phoques, les cormorans et un grand nombre d'autres oiseaux sur les immenses rochers à quelques centaines de pieds du rivage; les otaries viennent tout près de nous.

Arrivés à Carmel, la même ville bijou. Pas l'ombre d'un laisser-aller dans un coin, dans une cour ornée de fleurs. Des heures au restaurant français *La Bohème*. Émus d'être sérénadés par les chansons françaises.

Nous remontons vers San Francisco. Un frémissement me parcourt en traversant cette vallée aux noms célèbres : Santa Clara, San Jose, Palo Alto, San Mateo, San Bruno. Ceux qui parlent de la Vallée du Silicium rappellent chaque fois ce phénomène d'un verger qui s'est transmué en microprocesseur. Cette vallée de Santa Clara, au sud de San Francisco, était couverte de pruniers, de cerisiers, d'abricotiers. De jardin d'éden, elle a été transformée tout au long de ses soixante milles de longueur en un laboratoire du futur. De ses centres de recherches est sorti le minuscule circuit intégré imprimé sur un support de silicium de la taille d'une puce. Et ce fut le débordement de machines, de technologies, de microprocesseurs, de laser, de recombinaisons génétiques.

Ici dans la vallée, les prix Nobel, les Ph. D., les ingénieurs, les membres de l'Académie des sciences, de l'Institut de médecine s'y ramassent non pas à la cuillère mais à la pelle. Comment expliquer le destin de la vallée de Santa Clara. Un journaliste suggère que le génie ici a proliféré à la manière d'une culture bactériologique : la technologie attire la techno attire l'argent qui attire l'argent qui attire la techno...

Le mardi, Jim va travailler au bureau. Je passe la journée à la piscine. À part les magazines, je lis un exemplaire du San Francisco Chronicle laissé dans la salle de lavage.

Après avoir fait la moitié du Forty Nine Miles Drive, une soirée au restaurant russe *Renaissance*. Musique russe. Décorations tarabiscotées.

Le mercredi, Jim prend de nouveau congé : nous retournons dans la vallée, à l'Université Stanford, près de Palo Alto. Je cherche des livres en nursing. J'en achète deux.

Stanford, une usine à idées remplie de grosses têtes. Des découvertes qui changent la face du monde : la voie ouverte aux transplantations cardiaques. C'est là que fut trouvé le secret des combinaisons génétiques; là aussi où travaillait le père de la pilule. En marchant entre les pelouses et les cours intérieures des pavillons de cette célèbre université, mes deux livres sous le bras, j'avais vaguement l'impression d'avoir grimpé une demi-marche vers l'autel de la connaissance... Nous complétons le Forty Nine Miles Drive. En après-midi, nous prenons un traversier pour Larkspur et Tiburon. Nous arrivons près de la célèbre prison de San Quentin proche du rivage. Située dans un creux de la baie de San Francisco tout près du pont qui relie le Marin County à East Bay. Depuis la fermeture de l'Alcatraz, San Quentin s'enorgueillit d'être la prison la plus redoutable de Californie.

Jim va travailler jeudi et vendredi. Je continue le repos qu'il avait promis à la piscine et au soleil. En fin d'après-midi, je vais faire quelques achats à Ghirardelli. Un homme se met à me sourire. C'est un ingénieur libanais. Les hommes me regardaient de plus en plus... je me laissais regarder.

Le soir, Jim et moi nous sommes dans un restaurant libanais. Lors de ce voyage comme les deux précédents, nous n'aurons pas cessé d'expérimenter une grande variété de nourriture dans les divers restaurants de la ville et ailleurs en Californie.

Vendredi, je prépare mes valises. Encore le plaisir du soleil et du repos. J'ai fait un tour à The Cannery Row et je suis allée m'asseoir à Ghirardelli. Un homme est venu me parler. Il m'invite pour un verre. Il veut m'amener souper. Je suis une heure avec lui pour une Tequila. Il veut me marier sur le champ... souhaite me téléphoner... il me semble un peu fou...

Ce soir-là, nous retournons à Sausalito, cette ville qui nous avait tant séduits.

Le 3 juin, je quitte Jim et San Francisco pour Los Angeles. Par Air Canada nous survolons Las Vegas, Omaha dans le Nebraska, Chicago, Windsor, Toronto et enfin Montréal.

Débarquant à Montréal, il ne me reste plus rien de la douceur de l'air, des rayons de soleil, de la Californie, de la présence de Jim, du laisser-aller et du laisser-faire auquel je m'étais livrée. Endormie dans le bien-être là-bas, le réveil ici fut brutal. J'étais rendue à une autre réalité. Pendant ma semaine de San Francisco, à Maria en Gaspésie, ma mère était entrée dans une résidence pour personnes âgées.

J'étais au travail à l'hôpital quand, avant mon départ, on m'avait transmis un appel interurbain. Au bout du fil, la petite voix de ma mère : « Thérèse, tu avais promis que tu m'accompagnerais pour mon entrée à la Résidence. Je suis admise dans six jours ». Je lui apprends que je ne l'accompagnerai pas. J'ai déjà un voyage prévu à San Francisco.

Comment avais-je pu répondre ainsi?

Au retour de San Francisco, j'ai repris un avion pour la Gaspésie afin de la visiter. Nous sommes dans le salon de la résidence. Elle, assise de côté, dans une berçante. Moi, sur ma chaise de bois, droite, face à la baie des Chaleurs. Plus nous avançons dans la conversation, plus le malaise me gagne. La tige de fer qui me barre maintenant la gorge s'enfonce de plus en plus. J'ai peine à parler tant la douleur est vive et me coupe les mots.

Au cours des années, ces évènements remontaient à ma conscience. Je les refoulais ne me sentant pas capable de faire face aux douleurs que je pressentais.

En mars 1998, je suis sur la Costa del Sol. Chaque matin, je lis et relis *Le jeu de la Vie* de Florence Scovel Shinn. Elle parle de l'importance du pardon. Je me dis que je n'ai personne à qui pardonner. Personne ne m'a fait de mal. Le pardon me concerne très peu.

Soudain, s'impose à ma conscience l'idée que la personne à qui pardonner, c'est moi. La clef venait d'être tournée dans la serrure de fer qui m'enserrait la gorge depuis près de vingt ans. Je ne pouvais plus reculer. J'ai revécu les évènements. J'ai pleuré pendant deux jours. Deux jours où, inondée par les larmes, j'ai écrit des pages et des pages relatant toutes les prises de conscience, tous les faits. J'ai demandé pardon et enfin, me suis pardonnée.

Mais ce pardon accordé n'est jamais venu à bout de ma douleur qui, je le sais maintenant, m'accompagnera jusqu'à la mort.

UN RENDEZ-VOUS (78-79)

Il était venu de loin. Plus loin encore que tous les autres. C'était Georges W., un médecin spécialiste qui travaillait au même hôpital que moi. Avant d'habiter notre ville, il avait cotoyé les précipices de la mort. Sorti du ghetto de Varsovie après une révolte des Juifs, il avait réussi, par des chemins détournés, à fuir jusqu'en Angleterre.

En quelques semaines, cent-mille Polonais avaient été expulsés d'un secteur de la ville pour y installer les Juifs. C'est la naissance du ghetto. Cinq-cent-mille personnes entassées à six-sept par pièce. Un mur entoure le ghetto. Les portes gardées par des militaires en armes et des chiens. Les Juifs sont coupés de la ville et du monde. Ils sont dans des quartiers anciens, négligés, des maisons délabrées, sans plomberie, sans chauffage. Les gens meurent de faim. Les soins de santé sont limités. Des épidémies en emportent des milliers.

À Montréal, réside la troisième plus importante communauté de survivants de l'Holocauste au monde. Probablement que Paris et Londres ont été les premières villes d'accueil pour ceux qui sortaient d'Auschwitz, Birkenau, Mauthausen.

Quand c'était possible, quand il y avait une place à ma table à la cafétéria de l'hôpital, il venait s'asseoir, courtois, poli, raffiné. Il me demandait à chaque fois des nouvelles de mes lectures. L'esprit aiguisé, la mémoire en alerte, l'allure constamment entretenue de la grande savante en nursing et en littérature, je pouvais dire quelques mots de *La chute* d'Albert Camus et *L'hymne de l'univers* de Teilhard de Chardin ou tout autre livre qui était en cours de lecture.

Assis à la table, en quelque sorte, il fallait que je l'émerveille à chaque rencontre pour le garder, l'empêcher de s'envoler et flotter dans l'air comme les couples peints par son compatriote Chagall.

En 1976, le consul de Pologne à Montréal invite ce médecin à une réception qui sera offerte dans les salons du paquebot polonais *Stefan Battory*, ancré dans le port. Il m'invite à l'accompagner. À cette occasion, il me faisait remarquer avec quelle avidité, quelle précipitation, les gens s'approchaient des tables, emplissaient leurs assiettes, dévoraient la nourriture; dans leurs entrailles et leurs mémoires, le souvenir des famines pendant la guerre et les années qui ont suivi.

Georges W. habitait Hampstead, une ville banlieue de Montréal. Probablement des Britanniques riches et bien élevés avaient donné ce nom à leur ville, en souvenir de la ville de Hampstead, au nord de Londres.

En Angleterre, des Londoniens aisés y avaient une résidence d'été au dix-huitième siècle. Un lieu d'écrivains, comme Keats, et d'autres artistes. De nos jours encore, cette ville plait aux artistes et intellectuels connus, et de préférence cosmopolites.

Un dimanche soir, je fus reçue chez lui, dans sa bibliothèque. Trois professeurs de littérature à l'Université McGill, la journaliste québécoise Denise Bombardier et moi formions le groupe des invités. La conversation portait peut-être sur la littérature? Ayant lu le livre de la journaliste italienne Oriana Fallaci consacré à des entrevues avec les grands de ce monde, j'ai pu dire à Mme Bombardier que son travail prometteur ferait peut-être d'elle une nouvelle Oriana Fallaci. Cependant j'étais intimidée. Un peu paralysée sur ma chaise. À la fin de la soirée, Georges est venu me reconduire.

Quelquefois, il m'invitait à le rencontrer à son bureau; côté sud rue Sherbrooke Ouest, au coin de la rue Guy. Il me ramenait à la maison.

De nouveau à Hampstead un dimanche midi où j'étais l'invitée du repas qu'il avait préparé. Au cours de la conversation, à table, j'ai saisi qu'il allait me dire quelque chose d'important, ou qu'il allait me demander quelque chose de grave. Un frisson léger courut sur le fil reliant mon pied à ma bulle protectrice... Énervée, inquiète, je détournai la conversation...

Pourquoi et comment pourrait-il s'intéresser à moi?

Ses attentions, étaient-ce seulement une brise légère sur l'eau, un vent d'été qui rafraichit la canicule, une étoile dont on remarque l'éclat dans le ciel du soir, ou était-ce un appel? Un appel oublié, emmuré en moi dans ma prison du temps, dans les hauts murs de mon passé; une main tendue vers moi qui m'aurait conduite hors du grillage de fer, m'aurait délivrée des interdits.

Près de trois années s'étaient écoulées depuis que Jim m'avait quittée pour le travail à San Francisco. De retour au Canada, il avait été envoyé en poste à Toronto. Il y vivra de juillet 1978 à octobre 1979. Il habitait en banlieue, à Mississauga.

Quelque part en 1979, de bonne heure un vendredi, Jim me téléphone et m'annonce qu'il veut passer la fin de semaine avec moi à Montréal. Il n'a pas demandé s'il pouvait venir... C'était si naturel, entre nous... j'étais toujours disponible... lui de-même... Je n'ai pu que répondre oui. Je n'ai même pas songé à inventer quelque raison pour le retenir à Toronto et reporter sa visite à la prochaine fin de semaine. Aucune imagination pour me sortir de l'impasse. J'aurais dû, après quelques réflexions, être capable de le rappeler, de proposer autre chose... peut-être même dire la vérité toute crue.

J'avais rendez-vous en fin de semaine avec Georges.

Prise entre deux feux, j'ai téléphoné à Georges et j'ai annulé ma fin de semaine avec lui. Je ne sais plus ce que je lui ai dit. Je n'ai manifesté aucune habileté à dénouer les fils du nœud qui s'était formé sans que personne d'entre nous ne le veuille. Le gâchis fut total. Ce fut le rendez-vous manqué qui ne revint jamais.

À l'hôpital, je ne le revis plus. Nos pas ne se sont plus croisés. Plus tard, quelques mois, une année, se rendant au travail en voiture, il a eu un accident. Était-ce une crise cardiaque? et il est décédé.

Je n'ai pas de photos de lui, mais son visage est clair dans ma mémoire, sa voix, ses gestes, comme si c'était hier... Est-ce que je n'avais pas su voir, que je ne m'étais pas aperçue?

Était-ce comme le dernier acte du drame, le dernier écho

lointain de la parole de mon père : que je ne devais pas, que ça n'arriverait pas? Sur le coup, je n'ai pas saisi toute l'ampleur de ces évènements. Beaucoup plus tard, devenant de plus en plus sensible à l'égard de mon passé, les épisodes entourant ma rencontre avec Georges ont creusé de profonds sillons dans ma conscience et m'ont laissée ébranlée.

XIII
Aux alentours de la zone Pacifique

ALBERTA (1979)

Avant d'être nommé définitivement à Vancouver, Jim a fait de nombreux aller-retour entre Toronto, Edmonton, Calgary et l'Alaska.

Il travaillait en Alberta et il m'invitait pour deux semaines de vacances. L'Alberta et la Colombie-Britannique sont réputées pour le grandiose et le nombre de leurs beautés naturelles. Ces attraits dépassent les musées qu'ils ont pu aligner, les hôtels qu'ils ont construits, les centres commerciaux qu'ils ont répartis sur leur territoire.

Dimanche, la parade de milliers de citoyens portant drapeaux, oriflammes, fanions, martelant le pavé, ajoutant aux bruits des tambours, annonçait l'ouverture du Stampede de Calgary. C'est la grand'messe des cowboys de l'Ouest. C'est le haut-lieu de leurs connaissances et de leur maitrise des chevaux et autres animaux de grande taille. C'est, dans un espace restreint, le rappel de la cavalcade dans la poussière des prairies, pour capturer au lasso les animaux sauvages qui l'habitaient. Époustouflantes prouesses des cowboys sur le dos des broncos, des bisons, des bœufs, des chevaux sauvages. Jetés par terre, insensibles aux chutes, les dompteurs remontent sur le dos des bêtes qui, à leur tour, s'évertuent à s'en débarrasser en les secouant de tous leurs muscles. Une cérémonie prodigieuse dont on se souvient longtemps. Au sortir du Stampede, nous visitons l'exposition d'animaux domestiques. Le calme est rétabli. Les vaches et les chevaux mangent tranquillement leur foin.

En début de soirée, nous quittons pour Edmonton où nous arrivons après trois heures de route. Tout le long du chemin, c'est la pure prairie nette, prospère, sans la moindre aspérité.

L'Edmonton Art Gallery, c'est leur Musée des Beaux-arts. J'y faisais la découverte des peintures d'Emily Carr. Le musée possède plus de quarante tableaux de cette artiste. Emily Carr était née à Victoria sur l'ile de Vancouver. Encore aujourd'hui, elle est considérée comme la plus importante femme peintre du Canada. Elle a été inspirée, entre autres, par ses voyages dans l'archipel de la Reine-Charlotte. Elle avait été émue par les nombreux totems jonchant la forêt, rongés par les herbes et les pluies, renversés par la fureur des vents de l'océan Pacifique, abandonnés par les Indiens, entre autres les Nishgas. Ces totems étaient l'œuvre de leurs ancêtres. Elle s'est rendue dans Anthony Island, l'ile la plus au sud de l'archipel, pour tenter d'en sauver de nombreux de la destruction et du pourrissement. Par ses peintures, elle les a faits connaitre. Des musées s'y sont intéressés, dont le Musée d'Anthropologie de l'Université de Colombie-Britannique qui a contribué à leur sauvetage. L'ile Anthony, qui porte le nom en Haïda de l'ile de Sgaang Gwait, est classée parmi les sites canadiens du patrimoine mondial. La Vancouver Art Gallery possède la plus grande collection des œuvres de ce peintre.

Oser, oser, oser en art. On ne peut pas assez le dire et le redire encore. Michel Snow a pris une vieille boite, blanche, polie, et l'a pliée de différentes façons, l'a mise dans un cadre. Elle fait partie de la collection de la Galerie d'art d'Edmonton...

Michel Snow, un Canadien, né à Toronto. Artiste visuel aux multiples talents, pianiste, musicien d'envergure, peintre, réalisateur de films.

Eh oui, à Edmonton, nous visitons le centre commercial McCauly, appelé aussi le West Edmonton Mall. C'est à l'époque le plus grand au Canada. Des boutiques de luxe, de la musique, du bruit, du va-et-vient; un lieu dont les habitants sont fiers, mais qui a quelque chose d'excessif.

L'écrivain José Saramago réfère à ce centre dans un de ses livres. « *La Caverne* m'a été inspirée, au deuxième ou troisième degré, par une visite au West Edmonton Mall, où l'on trouve même une plage tropicale : l'artifice prend la place de la réalité. De plus en plus dans le monde, le seul endroit propre, illuminé, pacifique et tranquille, c'est le centre commercial. J'arrive même à imaginer un monde avec des centres commerciaux éparpillés dans un désert d'immondices, de saletés, d'eau corrompue... c'est la menace. »

JASPER

D'Edmonton à Jasper, c'est trois-cent-cinquante kilomètres de route. Dans le parc de Jasper, par Skytrains, nous allons au mont Whistler. Nous gravissons une autre partie des Rocheuses et nous avons une vue grandiose sur la vallée d'Athabaska. L'Athabaska, c'est un glacier. C'est aussi un fleuve puissant aux eaux abondantes et tumultueuses qui creusent des grottes impressionnantes que nous avons pu admirer.

Nous continuons par sept milles de chemin dans les montagnes, au mont Edith Cavell couvert de neige — il nous semble que des pans entiers de la montagne sont prêts à dévaler en avalanches sur nous. Ce mont culmine à 3 363 mètres.

Ce devait être dans les journaux, pendant mon adolescence, où j'avais lu sur Edith Cavell. Une héroïne anglaise qui travaillait pour les armées Alliées lors de la première Grande guerre. Elle avait été fusillée par les Allemands en 1915. J'ai gardé le souvenir de son nom qui évoque pour moi courage, détermination, douleur. Toujours je me suis souvenue d'Edith Cavell. Je l'associe à Amelia Earhart, la femme pilote américaine, la première à traverser l'Atlantique comme pilote.

En fin d'après-midi, nous arrivons à Columbia Ice Field. Mais avant d'arriver au glacier pendant la journée, nous avons visité le lac Maligne, à trente milles de Jasper. En chemin, nous passons par le lac Medecine, tout aussi réputé que le précédent. Les hautes montagnes se mirent dans les lacs. Des campings partout. J'imagine que chaque famille en Alberta se fait un honneur d'être propriétaire d'un campeur.

Les rivières sont « blanches », pleines de fureur, rapides. Elles déversent avec fracas des volumes d'eau dignes des fleuves. Je crois que la plupart sont des fleuves. Nous grimpons sur le glacier Columbia avant de nous joindre à la visite en autoneige.

En rentrant dans le parc de Jasper hier, c'était des rivières, des chutes, des lacs, des glaciers, de hautes montagnes couvertes de neige; c'était des chèvres de montagne et, à mille pieds plus haut, c'était une famille de mouflons. Plus tard, ma nièce Mylène, biologiste, sera de l'équipe qui étudiera dans les Rocheuses canadiennes la vie des mouflons et les conditions de leur sauvegarde. Jasper, ce sont les cinq bébés rennes pas du tout effrayés, prêts à manger dans nos mains. De tous côtés qu'on se tourne, de la crête des montagnes, par les glaciers et les chutes, la beauté ruisselle sur nous; un peu comme si nous ne savions pas trop comment l'absorber.

Comment cette beauté va-t-elle s'inscrire dans nos vies au retour du voyage? Le 2 juillet, deux pouces de neige recouvrent le sol au pied des glaciers, à Columbia.

Le 3 juillet, on quitte à midi pour un sentier de trois milles et demi; un belvédère nous permettait de voir au loin le lac Louise et son glacier Victoria; nous rencontrons des tamias rouges, des marmottes qui sifflent debout dans les champs; un gros morceau de roche dévale la pente opposée. Au loin, trois alpinistes se mesurent au roc et grimpent péniblement. Le bruit de leurs marteaux résonne dans la vallée.

Promenade en canot sur le lac Louise. Une heure avec Jim sur ce lac miroir pour le glacier qui le domine; les deux sont sculptés, liés, sertis dans une nature grandiose, nés à l'époque des convulsions terrestres, au temps des diverses glaciations.

J'ai fait à Banff, avec Jim, la seule promenade à cheval de toute ma vie. On n'a pas idée du plaisir que ce doit être de découvrir à cheval, par les sentiers et les parcs, les beautés de ces paysages.

En gondole, nous montons jusqu'au mont Sulphur à sept-mille pieds d'altitude. Un couple de mouflons mangeaient dans nos mains. Hier, nous avons vu le parc des bisons. Une colonie d'écureuils que l'on peut caresser tout en leur donnant à manger.

Une merveille de notre monde que je commençais à découvrir, c'était les fleurs sauvages. Des fleurs multicolores poussent à des altitudes de sept à huit-mille pieds. Quelle tendre merveille inutile qu'une courte vie de fleur à flanc de rocher, accrochée aux escarpements, soumise aux vents et au climat semi-arctique.

Avant de quitter Banff, nous visitons le Sundance Canyon; un long sentier qui nous mène à un belvédère. Nous admirons le Jack Lake, un lac vert. Beauté, beauté partout présente, et le lac Minnewanka qui a plus de trente milles de longueur. C'était la fin d'un voyage unique.

C'était l'immensité des lieux visités, le grandiose des paysages, la variété des sites, le degré de conservation de la nature, la présence des animaux sauvages, la multiplicité des lacs, l'abondance de rivières gigantesques, le fracas des chutes, le nombre des glaciers. Faut ajouter la beauté des hôtels-châteaux du Canadien Pacifique qui, insérés dans cette nature, ajoutent à la splendeur de l'ouest de l'Alberta. Un voyage prodigieux que Jim avait planifié du début à la fin.

HAWAÏ - LES ILES SANDWICH (1980)

Ces iles avaient reçu leur nom du capitaine James Cook qui les avaient découvertes en 1778. Qui donc leur a donné leur nom actuel d'iles Hawaï?

Assez de la mer des Caraïbes, assez de Miami Beach. Jim proposa des découvertes dans l'archipel d'Hawaï. Montés dans l'Empress of Sydney de CPAir, nous franchissons au-dessus du Pacifique les 2 500 milles qui nous séparent d'Honolulu. Un décalage horaire de trois heures avec Vancouver.

À Honolulu, nous logeons à l'hôtel Waikiki Tower of the Reef situé sur la plage de Waikiki. Une chambre de grand confort au 19e étage. Sans en être conscients, nous étions en escale au paradis terrestre. Il semble, selon la Genèse, qu'Adam et Ève n'avaient gouté qu'à la pomme dans ce jardin d'Éden. Nous goutions à la goyave, au fruit de la passion, à la papaye, à l'ananas, à l'anthurium et à la noix macadamia. Nous avons marché au milieu du camphrier, de l'arbre à la cannelle, de l'arbre aux épices (*all spices*), même l'arbre du chicle (la gomme Chicklet).

La merveille d'Hawaï, c'est la beauté des arbres : l'arbre de la papaye, du Candle Nut Tree, l'Asoka à deux fleurs jaunes et orangées, le bananier, le Brownea ou Rose of Mountains aux fleurs rouges brillantes. Le Pink Cassia, arbre officiel de Honolulu. Le Hydrangea Tree dans le Foster Garden; un rose vif. Faut voir le Poinciana aussi nommé Flamboyant, Flame Tree. C'est un des plus éblouissants et des plus beaux arbres du monde. Un immense parasol de fleurs rouges et orange. Aussi, un Acacia originaire des forêts hawaïennes qui fleurit jaune.

Au Foster Botanical Garden, des orchidées géantes, une jaune superbe; de petites orchidées délicates dans une variété de couleurs. Des arbres immenses fleuris rouge, orangé, rose, blanc, pêche, mauve. Je n'ai jamais oublié. Je venais d'apprendre que les arbres fleurissaient. Avant Hawaï, il me semble que je ne voyais pas d'arbres en fleurs. Autrefois, au village, je n'avais vu que le pommier et le lilas. Sur ma rue à Montréal, il n'y avait pas de cerisiers, pas de pruniers.

Depuis, chaque printemps, je surveille la floraison des arbres dans le voisinage. J'ai découvert quelques magnolias. Longtemps, j'avais cru qu'ils ne fleurissaient que dans les immenses plantations du sud des États-Unis; que je ne les verrais que dans des films comme *Autant en emporte le vent*, du roman de l'Américaine Margaret Mitchell.

Hawaï, c'est un pays tropical gorgé de merveilles de la nature. Pour les contempler, faut aller au-delà de la plage de Waikiki.

Les orchidées, quand on les voit sur les tablettes des fleuristes, on n'imagine pas les voir en chair et en os, plutôt en terre et en fleurs, existant vraiment quelque part dans notre monde. J'ai vu l'orchidée qui produit l'essence de vanille.

Une petite gousse verte, qui ressemble à celle du pois vert, contient une minuscule tige brune qui donnera l'essence de vanille. Quand on mange de l'orchidée, il faut payer le prix de la vanille, qui est exorbitant.

Au Sea Life Park, c'est à qui, des baleines ou des dauphins, feront les sauts les plus extravagants. On croirait que les petits poissons venus de toutes les mers du monde ont été dessinés, coloriés, agencés en dentelle et petit point.

Au jardin zoologique, les animaux sont en pleine nature. Comment garder un éléphant dans une cage? Des autruches, des singes, tant d'autres dont je n'ai pas inscrit les noms.

De nombreux oiseaux propres aux iles Hawaï ont complètement disparu; ont disparu, peut-être, les plus exotiques. Akialoa n'a pas été vu dans les forêts d'Oahu ou d'Hawaï depuis le siècle dernier. Cet oiseau au long bec incurvé qui mesure le tiers de la taille de l'oiseau. De ce paradis terrestre, c'est ça la douleur qui m'est restée : la disparition d'oiseaux. Les plus colorés étaient chassés pour leurs plumes servant à couvrir les longs manteaux du roi polynésien Kamehameha. On pratiquait à leur égard une chasse au fusil.

Suite au passage du capitaine Cook, les ornithologistes avaient trouvé soixante-dix sortes d'oiseaux introuvables dans aucune autre partie du monde. Des oiseaux uniques, propres aux iles. De ces soixante-dix différentes sortes d'oiseaux, quarante pour cent n'existent plus. De ceux qui restent, quarante pour cent sont classés rares et en danger. De nombreuses espèces ont été importées pour animer les iles de leur beauté et de leur chant. Nous avons visité un sanctuaire d'oiseaux près du Sea Life Park.

Un après-midi, nous étions vingt-cinq voyageurs sur un énorme catamaran qui voguait toutes voiles déployées vers le large de la baie de Waikiki. À moins d'un mille, nous devons revenir vers le port. Les vagues n'atteignaient pas la hauteur des 20 à 40 pieds qu'elles atteignent sur la côte nord de l'ile d'Oahu, mais déjà c'était menaçant. De l'eau était rejetée dans le navire. Avions-nous des ceintures de sauvetage? Je ne suis pas certaine.

Les parcs où nous avons marché, la luxuriance de la forêt tropicale, l'arboretum de Waimea, la route panoramique le long de la mer jusqu'à Sunset Beach, complétaient le cadre paradisiaque de cet éden au cœur du Pacifique septentrional.

Puis un jour, il fallut mettre un terme aux avant-midi sur la plage, aux bains d'eau salée de la baie de Waikiki et mettre le cap sur Vancouver. Au départ, dans un ciel sans nuages, nous distinguons facilement la huitaine de grandes iles qui forment cet archipel et la dizaine d'iles plus petites qui s'étalent comme un chapelet au centre de l'océan Pacifique.

Nous mettons pied à terre sur la côte ouest de Colombie-Britannique. Nous étions d'humeur à continuer notre bain de nature.

Après une marche dans l'ile Granville et le long des nouvelles maisons de False Creek, le soir, nous soupons au Delta Inn Hotel, près de l'aéroport. Nous avons dansé sur les lumières de la ville, sur *Spanish Eyes*, *Granada*, *You belong to my heart* et autres rythmes nostalgiques à la Frank Sinatra que l'orchestre déroulait ce soir-là. Avant le dessert, j'écris un poème. Vers minuit, Jim a sorti sa carte platine. Le souvenir de cette soirée m'est très cher; à cause de la danse? à cause du poème? à cause de l'état intérieur qui m'a conduite au poème? à cause de la présence de Jim?

L'ARIZONA (1982)

Chaque fois qu'il allait en voyage d'affaires à Phoenix, Jim en revenait avec le gout de vacances quelque part en Arizona.

L'avion de la Pacifique Western Company quitte Vancouver. On nous laisse voir le Grand Canyon directement dans la cabine de pilotage. C'est un cadeau qu'on nous faisait. Rien ne peut remplacer la vue aérienne de ce lieu mythique. Une expérience inoubliable. Trois heures de vol et nous sommes à Phœnix.

Notre première visite fut pour le Jardin Zoologique. Quand dans mon village, l'été, nous voyions pour quelques instants un colibri à gorge rubis, c'était l'évènement. Ici la volière en contient dix-huit à vingt de toutes couleurs. Deux autres volières nous montraient l'immense variété des oiseaux de l'Ouest des États-Unis. Un régal pour les ornithologues en herbe que nous sommes. Les safaris d'Afrique ne sont accessibles qu'à un très petit nombre de personnes. Autrement que dans ce zoo, comment verrions-nous ces merveilles de la terre que sont les lions, les éléphants, les rhinocéros, les gorilles, les léopards, les girafes, les orangs-outans, les jaguars, les tigres et tous ceux qui sont sortis de l'arche de Noé. Visitant les zoos dans toutes les villes où il y en a, je rachète une vie qui passe sans contact avec les animaux.

Si possible, plus spectaculaire que le zoo, fut pour nous le Desert Botanical Garden. Il occupe une portion du désert de Sonoran. Et les plantes qui y poussent sont dans leur habitat naturel. Du gigantesque saguari au plus petit agave, du cactus aux *organ pipe* ou cierges marginés, ce sont des centaines de formes et de couleurs qui naissent de la sécheresse de la terre et des pierres du désert. Ce sont vingt-mille plantes, par une chaleur de 100°F et presque sans eau. Des botanistes viennent ici pour voir environ deux-cents sortes de fleurs en danger de disparaitre dans les déserts du monde, particulièrement dans le sud des États-Unis et dans le nord du Mexique.

Le jardin, ce sont des plantes rondes, ventrues, piquantes, aux bras multiples, des branches droites vers le ciel ou lancées dans toutes les directions, des rondes penchées comme des barils, des chevelues, des formes de poire. Nous étions au printemps; s'ajoutait une flambée de fleurs sauvages. Des champs couverts de coquelicots. « Je peins des fleurs sauvages parce que pour moi, elles représentent joie et liberté », dit cette Américaine Andrea de Kerpeley-Zak. C'est aussi par le contact avec les fleurs sauvages que la peintre américaine Georgia O'Keeffe est venue à la peinture des fleurs. Elle avait passé deux étés dans le canyon de Chelley et dans le grand canyon de l'Arizona. Elle disait que « d'une certaine façon, personne ne voit les fleurs réellement. Elles sont si petites. Nous n'avons pas le temps. Je me suis dit je peindrai ce que je vois. Je vais les peindre grosses et ils seront surpris et ils prendront le temps de les regarder. » C'est l'origine de ses tableaux aux fleurs immenses.

Le lendemain, c'est deux-cents milles de route en suivant l'Apache Trail à l'intérieur de l'État. Route panoramique bordée de précipices et de montagnes. Nous voyons le Roosevelt Dam, le lac, et nous traversons sur le barrage. En revenant, nous visitons le Tonto National Monument. Ruines des maisons indiennes bâties à l'intérieur de cavernes de différentes tailles, le long de ce chemin.

Le lendemain mardi, nous sommes à « House of the Future ». L'œuvre d'un architecte de la Fondation de Frank

Lloyd Wright, à Scottsdale. Une démonstration de toutes les idées en architecture, en technologie, en conservation d'énergie qui seront appliquées en l'an 2000 lors de la construction des maisons.

ARCOSANTI

Aucun souvenir, ni où ni quand j'avais lu sur Paolo Soleri et Arcosanti, mais je voulais absolument visiter cette nouvelle ville, cette communauté probablement issue de la période hippie et Nouvel Âge.

Paolo Soleri était né à Turin en Italie. Il avait obtenu un doctorat en architecture dans son pays. Il est aux États-Unis en 1956. C'est un architecte, un philosophe et un artisan. Il était maintenant connu à travers le monde pour ses innovations en architecture urbaine, pour ses cloches en céramique et en métal et pour ses sculptures. Il est aussi l'auteur de cinq livres.

Cette ville en construction depuis plus de dix ans est située dans le désert du centre de l'Arizona, à 70 milles au nord de Phœnix. Arcosanti expérimente en design urbain, en construction, en nouvelles manières de fonctionner et en approches nouvelles pour l'agencement du territoire des villes. Il propose une fusion de l'archéologie et de l'écologie. Un des principes majeurs qui sous-tend son approche est que « la ville est un instrument nécessaire pour l'évolution de l'esprit humain ». Arcosanti devient un laboratoire, un prototype, un lieu d'étude des composantes d'une nouvelle vie urbaine. Des étudiants en architecture y viennent des différentes universités américaines. Des crédits sont accordés pour leur travail sur le terrain. Lors de notre passage, la ville était encore un vaste chantier sans qu'on puisse distinguer les grandes lignes qui lui donneront son aspect dans le futur. Ah! la beauté et la variété des cloches de métal et des sculptures de Paolo Soleri! De petites merveilles. J'en ai apporté trois en cadeaux.

Au retour, nous faisons un crochet par la ville de Prescott, dans la Prescott National Forest, où nous demeurons éblouis par un décor de montagnes qui s'affaisent, se redressent, passent du vert sombre aux teintes marines, par des rochers qui remontent des précipices et se déclinent en gris et en terre de Sienne brulée, par l'horizon au loin qui s'embrase sous l'ardeur des champs de coquelicots.

Est-ce une spécialité américaine que d'être riche, instruit, de s'intéresser aux arts et de fonder un musée. Ainsi ont fait, encore une fois, deux Américains, M. et Mme Heard, des pionniers en Arizona. Ils ont collectionné l'art et les objets des Indiens du Sud-ouest des États-Unis. C'est un musée d'anthropologie et d'art primitif. L'Arizona est constellé de réserves indiennes. Le territoire de l'Arizona était la propriété de nombreuses tribus, à l'arrivée des colons anglais.

J'aime les Apaches. J'apprends quelques bribes de leur histoire. La plus importante cérémonie des Apaches est la célébration de la puberté des adolescentes. Des centaines de membres de la tribu assistent à ces fêtes et danses qui durent quatre jours. Un temps, les Apaches attaquaient d'autres campements indiens, espagnols, américains. Des campagnes militaires étaient lancées pour en venir à bout. Des primes étaient payées pour des scalps; les captifs gardés comme esclaves. Les pires trahisons ont été commises contre eux. Mais les Apaches refusaient de mourir ou de se rendre. Leur ruse et leur férocité dans leur lutte de guérilla étaient sans pareil. Mais parce que les Indiens n'écrivaient pas les livres d'histoire, les atrocités qu'ils ont commises sont davantage connues que celles commises par leurs ennemis, et ce n'est pas peu dire.

Entre les musées et les jardins botaniques, il y eut aussi les baignades à la piscine chaque jour; la détente au soleil. Au sortir d'un restaurant du centre-ville, un soir, ce fut une étrange impression que de constater que nous étions presque seuls sur les grands espaces qui entourent les gratte-ciels. Est-ce que les gens n'osent pas sortir le soir? Avons-nous ajouté à notre témérité en allant marcher dans la zone résidentielle proche de notre hôtel? Des maisons étaient entourées de murs de six pieds de hauteur. Personne d'autres sur la rue que nous deux.

Un voyage d'une journée à Tucson. Une grande partie de notre temps a été consacrée à l'immense Arizona Sonora Desert Museum. Un musée vivant. Des animaux, des volières immenses, un jardin de cactus, un jardin de sagueros. Quel incroyable jardin! À voir absolument. En après-midi, nous allons à la Mission San Xavier Del Bac, dans la Vallée de Santa Cruz, environ neuf milles au sud de Tucson. Une mission indienne fondée par les Jésuites en 1692. Aujourd'hui, ce village est encore occupé par les descendants des Papagos qui eux avaient supplanté les Indiens Sobaspuri.

En revenant vers Phœnix, nous arrêtons au Casa Grande Ruins National Monument. Un lieu qui a été occupé par les Indiens Hohokam depuis le treizième siècle et quelques siècles plus tard par les Pimas. Les Américains sont-ils plus habiles que nous, plus ouverts à leurs richesses pour avoir ainsi protégé tant de lieux? Des national forests, des canyons, des régions sauvages, des grottes, des routes panoramiques, des sentiers (Navajo Trail), des forêts de sagueros.

Nous avons emmagasiné tant d'images, tant de splendeurs. Il nous semble peu probable d'ajouter à ce bagage lors de notre dernière journée à Phœnix. Mais l'Arizona Mineral Resource Museum nous a ramenés à une réalité : la richesse de cet État minier. De l'or, de l'argent, du molybdène, du plomb, du zinc, du tungstène, de l'uranium, du borique, de la fluorite, de la perlite, des turquoises, des Apache tears, du péridot, de l'améthyste et de l'opale. Du bois pétrifié, d'autres fossiles. Probablement des minerais et des pierres précieuses et semi-précieuses de d'autres endroits du monde. Quel émerveillement. Quel plaisir ! Par la beauté des pierres, il rend hommage à cette terre rocailleuse de l'Arizona. De nos jours, cet État ne cesse d'attirer vacanciers et retraités, particulièrement en hiver. Et je le scomprends.

Vancouver (1982)

Dites-moi, avez-vous déjà fait le voyage dans les iles du détroit de Georgia? Avez-vous remonté la côte de la Colombie-Britannique en bateau jusqu'à Prince-Rupert? Après l'Arizona, c'était le voyage que Jim m'offrait pendant les vacances de juillet.

C'est surement aux ramifications de la faille californienne San Andreas et à son activité volcanique souterraine qu'est due la myriade d'iles taillées le long de la côte de Colombie-Britannique.

À Sturdies Bay, dans l'ile de Galiano, nous descendions du traversier. Levés à l'aube, nous avons quitté la maison à 7 h. Nous nous rendions à Twœwassen où le traversier nous conduisit dans les iles du détroit, entre Vancouver et le sud de l'ile de Vancouver.

Nous roulions à l'intérieur des terres. Une longue marche dans les bois. Nous entendons des chants d'oiseaux, mais impossible de les apercevoir. Profusion de libellules bleues et d'insectes rouille ressemblant aux libellules. Près de nous soudain, peu farouche, qui se laisse admirer, un tétras des savanes. En après-midi, nous sommes au Montague Marine Park : petite baie magnifique, yachts et voiliers. Marche sur la plage, soleil. Nous remarquons un arbre à écorce légère, brun clair; une allure ressemblant à un arbre de Californie. Les feuilles rappellent l'azalée ou le magnolia, brillantes, vert clair.

Le 9 juillet, nous traversons à Salt Spring Island, la plus grande des iles du détroit de Georgia. Nous nous rendons à Mouat Bay. L'ile de Salt Spring, un autre de ces bonheurs. Grand confort à notre motel Arbutus Lodge. Encore la plage que nous arpentons sous le soleil. Nous prenons un repas gourmet au Booth Bay Resort; un restaurant dans une vieille maison anglaise transformée en auberge; la vue porte sur une baie; l'ile de Vancouver au loin. L'arbre si particulier que nous découvrons dans l'ile est un arbutus. Inoubliable, le charme des iles du détroit. Elles forment un des plus beaux et des plus captivants endroits du Canada.

10 JUILLET

Nous prenons un traversier pour Crofton, en route pour Campbell River.

En fin d'après-midi, nous arrivons à Campbell River, à l'Above Tide Motel. Vue grandiose sur Passage Discovery Bay et sur Quadra Island. Plein de bateaux et de voiliers. Campbell River c'était un lieu mythique pendant notre jeunesse. Des voisins avaient quitté la Gaspésie pour travailler dans les scieries de Campbell River ou comme bucheron dans la forêt. Ils n'étaient jamais revenus... Mon frère Albert, au temps de sa jeunesse, avait vécu et travaillé dans cette ville.

Perché sur un arbre, un oiseau de grande taille. C'est lui l'aigle à tête blanche (Bald Eagle) ou pygargue à tête blanche. Nous en verrons plusieurs à mesure que nous irons vers le nord. Il semble avoir l'oreille très fine. Il se retourne carré vers nous et nous regarde. C'est l'emblème des États-Unis d'Amérique.

De mon lit, je vois quatre paquebots qui se croisent dans le passage. Splendide !

Au lever du jour, une brume légère s'étend sur Quadra Island. Elle nous cache les montagnes de la côte qui sont pour la plupart couvertes de neige. L'aigle va et vient. Il se perche très haut devant nous à l'heure du déjeuner.

Nous quittons Campbell River à midi. Un arrêt au belvédère de Seymour Narrows. Le Passage Intérieur devient très étroit. Les courants dangereux pour les navires. Naufrages nombreux.

Nous arrêtons à Robert Lake. Des tables de pique-nique. Une vue superbe. Visite de deux geais de Steller à notre table. Des appels répétés de notre part et des graines de biscuits : un geai s'amène. Magnifique. Il mange. Retour dans l'arbre. Il revient et retourne. Un deuxième arrive. Finalement ils viennent manger tous les deux. Un des deux oiseaux s'écrase et déploie sa queue; l'autre s'éloigne et ne mange plus, tandis que celui à la queue déployée s'empiffre. Est-ce l'effet mâle?

À Port Hardy, au nord de l'ile de Vancouver, nous logeons au Glen Lyon Inn en plein sur le port. Partout l'eau, les bateaux, la forêt touffue, gigantesque. Nous revoyons les aigles en vol au-dessus du port. Ville neuve, riche. Magnifiques maisons.

On peut dire que la présence de l'eau ici en Colombie devient un phénomène. Sa surabondance. Elle est partout. Elle contribue à la grâce et à la beauté des panoramas. Elle multiplie les voies maritimes. La fréquence des points d'eau est telle que c'est presque facile pour chacun d'avoir sa maison au bord de l'eau ou alors d'avoir une vue sur l'eau, avec la multiplication des gratte-ciels de verre comme à Vancouver.

CROISIÈRE

Nous embarquons sur le Queen of the North à Port Hardy en route pour Prince-Rupert. Le navire transporte sept-cent-cinquante passagers. Le voyage durera vingt heures. Nous arrêtons une petite heure au village de Bella Bella où vivent des Indiens Haïda. Un site archéologique est en activité sur l'île. Nous faisons un deuxième arrêt à Ocean Falls mais le beau nom qui m'est resté dans la tête et le cœur, c'est Bella Coola, un village indien où nous arrêtons pour le déchargement de marchandises.

Nous rencontrons une flottille de huit navires de pêche dont certains rentrent au port. Sur notre chemin, à travers le Passage Intérieur, la beauté nous accompagne partout. Des neiges éternelles, des chutes dévalant des pentes abruptes, des iles, des baies, des plages de sables.

Nous avons une cabine confortable sur le navire. Au lever du jour, nous sommes à Prince Rupert.

Nous visitons le musée de la ville consacré à la vie des Indiens. Une section est consacrée à la pêche au saumon. Lu au musée de Prince-Rupert :

« L'attrape-âme : la santé d'une personne dépendrait de l'état de son âme. Si l'âme se perdait pendant qu'elle est séparée de son corps, au cours d'un rêve ou qu'elle était expulsée de son corps par sorcellerie, un guérisseur était engagé pour la retrouver, la capturer dans une attrape et la ramener à son état normal afin d'empêcher la maladie d'envahir le corps vide. »

Indien Tsimshian — Prince-Rupert.

Lors de cette visite, une journaliste de CBC-Radio nous a interviewés Jim et moi, à titre de touristes. Qu'est-ce que nous trouvions de particulier à ce coin de pays et à la côte de Colombie-Britannique? Comme à la petite école, au temps de monsieur l'inspecteur, je ne me suis pas fait tirer l'oreille pour répondre. Mon enthousiasme débordait pour le voyage en bateau, pour la découverte de Prince-Rupert, pour la côte de Colombie-Britannique, pour ses beautés sans bornes, pour le plaisir de la croisière. La terre est trop belle. Faut la découvrir sans cesse. Faut voyager le plus possible. Prince-Rupert, c'est aussi le terminal de la Compagnie de chemin de fer Canadien National qui traverse le Canada depuis Halifax jusque sur la côte ouest. Si je le savais, va! Mon bien-aimé chemin de fer pour lequel mon père a travaillé pendant quarante ans.

Nous voyons beaucoup d'Amérindiens dans cette ville qui est une ville frontière du pays. Nous soupons au restaurant Smile's Sea Food situé sur le port de pêche. Le saumon y est plus que délicieux. Ça ne s'oublie pas. Après le souper, nous passons deux heures à marcher dans les environs du port. Les navires arrivent pour décharger le saumon. On me dit qu'il peut y avoir jusqu'à cinq-cents navires de pêche. C'est un va-et-vient continuel. J'ai parlé avec quelques-uns de ces hommes et de ces Indiens. Nous retournons à l'hôtel (Slumber Lodge Motel) sous la pluie.

Prince-Rupert, c'est la terre des Indiens Tsimpsean et des Indiens Haïda qui y habitaient des siècles avant l'arrivée de l'homme blanc. À la grandeur de la ville sont répartis des totems sculptés dans le bois de cèdre. Ils sont des reproductions de ceux sculptés il y a plus de cent ans. Deux totems sont aussi l'œuvre des Indiens Ninstints.

Tôt le matin, nous retournons au port de pêche. Nous voyons une autre partie pleine de bateaux tout le tour.

Avant d'embarquer, nouvelle entrevue de CBC Radio sur ce que nous pensons de notre voyage, sur ce qui nous a le plus frappé. Cette fois-ci je parle du gigantisme de la pêche et des bateaux vus la veille, des Amérindiens et de leurs totems dans la ville, et de la qualité du saumon et du bonheur d'être venus à Prince-Rupert.

Nous nous embarquons sur le Queen of Prince-Rupert pour le retour.

Je parle à un couple qui vient d'Allemagne. Arrivé au Canada par Edmonton. Eux, ils ont refusé l'entrevue avec C.B.C....

Au moment du départ, il pleut sur Prince-Rupert. La brume recouvre la ville et le sommet des montagnes. Au port, un énorme traversier qui vient de l'Alaska, le Matamuska.

Je reparle avec cet Allemand rencontré le matin. Il a voyagé dans les fjords de Norvège. Il dit que les crêtes des montagnes y sont plus basses qu'ici, les fjords sont plus étroits et les montagnes sont de roc au lieu qu'ici, celles les plus près de nous sont couvertes de sapins et de pins, tandis qu'au loin les montagnes sont de roc et couvertes de neige. Il était stupéfait par la beauté le long des côtes de Colombie-Britannique.

Nous rencontrons le Cunard Princess voguant vers le nord, de même un Royal Viking. Vers le sud, nous précédant, un Columbia, gros paquebot américain qui se dirigeait à Los Angeles.

Nous avons dormi toute la nuit sur le navire. La « grosse mer » nous réveille. De retour à Port Hardy tôt le matin. Le midi, nous pique-niquons à Oyster Bay. En fin d'après-midi, nous sommes à Qualicum Beach, au Crescent Resort Motel, qui surplombe la baie de Qualicum. Longue marche le long du rivage jusque tard en soirée. Le matin, nous déjeunons en face des mangeoires d'oiseaux. Les visiteurs sont un goéland de Behring, deux geais de Steller, un tohi aux yeux rouges, race de l'Ouest, un suzerain à tête rouge et un pinson à tête couronnée; encore un moment inoubliable de notre voyage.

En route pour Tofino sur la côte ouest de l'ile de Vancouver. Nous arrêtons au Little Qualicum Falls Provincial Park. Des chutes encaissées dans des canyons qui dévalent avec fracas, des rochers couverts de lichens, de mousses. Grande variété d'arbres. Nous observons des jaseurs des cèdres et des merles d'Amérique. Le parc est un bonheur où marcher, entendre le vent, les sons de la forêt.

Près de Port Alberni, la route passe au travers du Cathedral Grove Provincial Park. Des pins Douglas ayant cinq-cents à huit-cents ans. Nous marchons dans les sentiers. Je parle avec un groupe de sept Hollandais qui visitent la Colombie. Le lieu est extraordinaire.

La route de Port Alberni, à Tofino, se déroule accolée à des lacs très longs qui s'étendent aux pieds de hautes chaines de montagnes couronnées de neige. La route en lacet contourne les lacs au fond de la vallée.

Enfin, notre route passe au travers du Pacific Rim National Park pour arriver au Pacific Sands Motel. Un appartement de trois pièces et demie, toit cathédrale. Grand confort.

Nous sommes directement sur la plage immense de Long Beach. Une plage de sable fin où viennent sans cesse mourir les vagues de l'océan Pacifique.

SAMEDI 17 JUILLET

Un sentiment indéfinissable d'espace, d'extrême, de gigantisme; vous êtes loin, très loin, mais de quoi? Par ailleurs, vous êtes proche de saisir ce que signifie distance, étendue, solitude, dernières terres.

Notre regard se perd à l'horizon. Dire que ce n'est pas encore la frontière du Canada, puisque là-bas, très loin, au-delà du détroit d'Hecate, au-delà des courants qui s'entrecroisent, montent en fureur et cassent des navires, s'étend l'archipel de la Reine-Charlotte, frontière extrême où je souhaite me rendre un de ces jours.

En fin de journée, nous reprenons le chemin de Vancouver, par le traversier, à Nanaimo pour Horseshoe Bay.

Encore quelques jours de repos et je retournerai à Montréal. Parmi tous les voyages que j'ai faits avec Jim, celui-ci était l'un des plus extraordinaires.

Après l'Okanagan, Galiano, Prince-Rupert
Qualicum, Pacific Rim, voici la rivière des Prairies
un message en forme de poème
pour un été qui a encore forme de vacances
il fait toujours juillet dans ma mémoire
c'était hier, ce sera demain
il est une heure du matin
pas le gout de dormir
seule je suis redevenue infiniment
tu es près tu es présent

tu es loin pourtant
tu es à Vancouver
il est dix heures chez toi
tu dors certainement
cette nuit il n'y aura pas de bruit
tu es loin très loin d'ici
lentement le sommeil s'infiltre en moi
j'abandonne
je m'abandonne au lit
à la nuit
ma mémoire te suit du côté de minuit
ce matin le soleil éclabousse
je m'y baigne de toutes parts
je jouis de la splendeur de juillet
sur le balcon
j'ai le visage dans les géraniums
les bégonias courent le long de la maison

FLORIDE (MIAMI) DU 20 MARS AU 3 AVRIL 83

Rencontre en Floride. J'arrive de Montréal quelques heures avant lui. Jim se rend à Seattle avec sa voiture. Un vol de Seattle l'a conduit à Dallas - Fort Worth où il en a pris un autre pour Miami. Le soleil, la plage, les bains de mer occupent nos avant-midi. On peut donner toutes sortes de noms à ces deux semaines : le bonheur, le grand luxe, une vie de privilèges, le repos absolu.

Dans les sentiers du parc national des Everglades, en passant par le Fairchild Tropical Garden, sur les plages, même le long des rues, nous continuons l'observation des oiseaux. Nous ajoutons à notre collection le bécasseau sanderling, la paruline à couronne rousse, le moqueur chat, la mouette à tête noire, le pluvier kildir, le pic à ventre roux, un anhinga d'Amérique, un oiseau qui ressemble au cormoran. La fauvette parula, le moqueur polyglotte, un pélican, une grue d'Amérique, un geai à gorge blanche.

Une visite au musée des sciences et au monastère espagnol. Ce monastère venait de la province de Ségovie en Espagne. Lors d'une révolution, le monastère fut saisi et vendu pour devenir un entrepôt à grain et une étable. En 1925, William Hearst acheta l'édifice; il fut démonté pierre par pierre et transporté aux U.S.A. Il devait être reconstruit dans sa propriété de St-Simeon en Californie. Pour diverses raisons, les caisses de pierres sont demeurées en entrepôt pendant plus de 25 ans. En 1944, le cloitre est acheté par une église épiscopale de la Floride. Ce cloitre est reconnu comme un chef-d'œuvre d'architecture romane et cistercienne.

Probablement que l'amour des orchidées s'est emparé de moi depuis notre visite au Farnell's Orchid Jungle. Des galeries où sont exposées plus de 8 000 espèces d'orchidées de tous les coins du monde. Les lieux sont attenants à une forêt humide, une portion de jungle subtropicale. C'est une visite inoubliable.

Elles originent des pays tropicaux. Perchées comme des reines, au faite des arbres, dans les collines et les montagnes d'Amérique Centrale et d'Amérique du Sud.

La Cattleyas est appelée la reine des orchidées. Ce serait la plus facile à cultiver pour un débutant. Sa cousine, la Phalaenopsis, qui nous vient principalement des Philippines, d'Indonésie et de l'archipel de Malaisie, serait tout aussi facile pour un jardinier en herbe. Là-bas, elles jouissent d'un climat constamment chaud et humide dans les collines d'Asie du Sud; ce qui nous donne une idée des conditions de leur croissance et de leur conservation dans nos maisons.

Le lendemain, nous visitons le musée et les jardins Vizcaya. Il était riche et célibataire, M. Deering. Vizcaya, c'est un nom basque qu'il a donné à sa villa où il venait passer tous les hivers. Pendant ses nombreux voyages en Europe, il avait collectionné les peintures, les tapisseries, les meubles. À sa mort, l'édifice était prêt pour être classé musée des Arts Décoratifs.

Nous passons une journée entière au zoo de Miami. Ce n'est pas tous les jours que gambadent sous mes yeux une antilope des sables, un tigre blanc du Bengale, un impala, un mouton d'Arménie et des crocodiles du Siam. Dans une immense volière, virevoltent et batifolent des oiseaux multicolores d'Indonésie, de Malaisie et des îles Salomon.

La Gold Coast jusqu'à Palm Beach est d'une beauté! C'est un parc tout le long. Les maisons défilent et nous font rêver. Beauté de la mer verte et agitée. Nous allons à Palm Beach pour y admirer l'étalage du luxe et de la richesse. Sur Worth Avenue, les boutiques de Vancliff et Arpel, Gucci, Valentino, Coco Chanel. Nous visitons la galerie où sont exposées les œuvres du peintre américain David Natkin et de magnifiques poteries dans un studio voisin, œuvres de Ronie, sa femme, qui est aussi peintre.

Notre dernière course sera pour le Bass Museum. Il était né à Vienne, en Autriche, John Bass. Aux États-Unis, à l'âge de 25 ans, il s'était enrichi entre autres dans l'industrie du sucre. C'était un homme de multiples talents. Peintre, photographe, pianiste et compositeur, inventeur, collectionneur.

Voyager à travers le monde, amasser de grandes collections, est une tradition américaine. Créer une grande collection privée pour ensuite la donner à des institutions publiques. Ce que fit John Bass. La grande majorité de ses collections est allée au Musée Bass de Miami.

Au retour de ce voyage, en avril, Jim m'envoie *Big Sur*, de Jack Kirouac. Sachant que j'avais aimé de Kirouac, *Satori in Paris*, il pense que j'aimerai particulièrement les chapitres 6, 7 et 8.

Le voyage de retour en voiture Seattle – Vancouver l'avait fait rêver sur la vie de Jack Kirouac dans les montagnes de la Californie; il aurait aimé marcher dans les lieux et les sentiers où Kirouac s'était aventuré et avait vécu.

J'y suis allée tant de fois à Miami, dix fois, quinze fois, je ne sais plus. Après des années sans revoir la couleur beige et rose des hôtels rococos et baroques de Collin's avenue, je suis prise de nostalgie. Un jour, je bazarderai l'Espagne et l'Italie, je remettrai dans des caisses de bois tous les trésors qu'ils ont tirés de la terre et du ciel et je retournerai à Miami; pour voir comment elle s'habille et se comporte depuis vingt ans, depuis que je l'aurai complètement abandonnée aux hordes de vacanciers venus du nord.

Vancouver – État de Washington (1983)

Même après Miami, il y avait encore de la place pour des vacances dans la splendeur de juillet et encore des inconnues dans l'ouest du Canada.

Sur les immenses terrains de l'Université de Colombie-Britannique, au milieu des nombreux pavillons, le Rose Garden, trois-cent-cinquante espèces de roses qui nous laissent songeurs et incrédules devant le mystère de leur perpétuelle beauté.

Des Japonais sont venus guider l'aménagement du Tanobe Garden, un jardin japonais fait pour le repos et le recueillement.

Les couchers de soleil sont une spécialité de Vancouver. En fin de journée, des habitants de la ville s'assoient en rangs dispersés sur les pentes des terrains qui bordent la baie des Anglais; d'autres, tout aussi nombreux, admirent les formes changeantes des nuages, les roses et les turquoises qui barrent le ciel, de leurs appartements de verre.

Chaque soir, du haut du dix-neuvième étage, chez Jim, nous participons à ce cérémonial de la tombée du jour.

Après les jardins botaniques à Richmond, nous filons vers Bellingham dans l'État de Washington. De là, par Chuckanut Drive, 30 kilomètres le long de la côte avec des vues superbes sur le Rosario Strait, Saanish Bay et les iles au-delà des côtes. Nous arrêtons pour un clam showder à l'Oyster Creek Inn, restaurant entièrement vitré au-dessus d'un ruisseau encaissé dans la forêt. J'écrivais sur le napperon de papier.

Quoi dire
Quoi faire
Toute la beauté du monde est devant moi
Comment étreindre l'univers
Nous sommes faits pour sa splendeur
Tant de magnificences si diverses, si infinies
Impossible d'épuiser la beauté de la terre
Tout entière
Dans l'écorce de l'arbre
Dans le ruisseau qui coule
Dans la forme des nuages
Dans la mousse au pied des Rocheuses

Une pointe vers le sud-est jusqu'à Burlington et, de là, la vallée de la Skagit River.

Y a-t-il une province au Canada où il y a autant de parcs qu'en Colombie-Britannique? On y dénombre plus de trois-cents parcs provinciaux.

Retour dans le salon chez Jim. Les roses rouges, jaunes et roses sont sur la table de la salle à manger. Elles m'ont été offertes pour signaler l'anniversaire de notre rencontre. Pendant le repas, nous écoutons la Symphonie Fantastique de Berlioz. Un animateur à la radio disait que « les derniers romantiques tels Litz et Berlioz nous ont laissé la capacité de rêver, ils nous ont appris à rêver ». À la lumière des lampions, nous avons écouté de la musique jusqu'à minuit.

TORONTO (1983)

Nous étions montées dans le train pour Toronto à la gare centrale de Montréal. Dans la Ville-Reine, nous logions à l'hôtel Royal-York tout près de la gare. Rose-Marie et moi, nous allions visiter l'exposition : « À la recherche d'Alexandre » présentée au Royal Ontario Museum, de mars à juillet 1983.

Quand ayant parcouru les neuf premières salles sur la vie et le temps d'Alexandre le Grand, nous sommes arrivées à celles qui exposaient des objets en or, je me suis retirée vers l'arrière du groupe, traversée par l'émotion, ébranlée par ce que je voyais; je devais me ressaisir pour en quelque sorte absorber, comprendre la merveille qui s'étalait sous mes yeux.

Deux salles concluaient de façon magistrale et spectaculaire cette exposition en présentant les trouvailles des tombes royales de Vergina en Grèce. Il semble que la ville actuelle de Vergina est construite sur l'emplacement de la cité ancienne d'Aigai, capitale du royaume macédonien. Les fouilles d'un tumulus avaient révélé une tombe qui avait échappé au pillage. Une chambre funéraire intacte. Un coffret de 22 kilos d'or massif contenant les ossements incinérés d'un homme d'âge moyen et une couronne de feuilles et de glands de chêne, en or, à l'intérieur du coffret. Sur le dessus, une étoile, emblème des rois macédoniens. L'archéologue grec Andronicos avait découvert la tombe de Philippe II de Macédoine. Pendant quarante ans, cet archéologue avait persisté dans ses recherches à Vergina. En 1977, il déterra cette tombe enfouie depuis 2300 ans.

À écrire ces mots, à prononcer les noms, l'émotion vécue alors refait surface en moi. Philippe, c'était le père d'Alexandre le Grand. Un autre coffret en or dans lequel un tissu lui-même brodé d'or contenait les ossements d'une femme. Probablement Olympias, épouse de Philippe II. J'ai tout regardé, tout scruté; les visages d'Alexandre et de Philippe sculptés sur de petites pièces d'ivoire trouvées dans les tombes.

Fallait voir le vert des vases et cratères au bronze patiné par les ans, l'éclat intact des bijoux d'or somptueux, celui, terni, des médailles et pièces de monnaie, le poli des coupes d'argent, les ocres des petites figurines, le coloris de l'ivoire...

Les autres objets montrés ici ont été découverts par hasard : des ouvriers travaillaient à élargir un chemin, quand leurs pioches et leurs pelles se sont cognées à la pierre de quatre tombes du deuxième siècle avant J.-C.

On dit que certains bustes d'Alexandre témoignent de l'influence de Lysippos, le seul sculpteur qui avait le droit de produire des statues d'Alexandre le Grand; ces bustes proviennent du Musée de Pella, sa capitale.

Une exposition qui m'a beaucoup émue. Les œuvres présentées venaient en grande partie du Musée de Thessalonique. En voyage organisé, personne ne nous parle de la Macédoine. On ne voit aucune de ces sculptures dans les musées d'Athènes.

À la recherche d'Alexandre, un jour, j'irai sur la piste des rois disparus me mirer dans les reflets d'or des tombes de Vergina et de Dervina dans le nord de la Macédoine.

INDONÉSIE (JUILLET – AOUT 1983)

Les tractations ont finalement abouti. La compagnie où Jim travaille à Vancouver a finalement obtenu un contrat à Jakarta, en Indonésie. Jim sera de l'équipe qui partira le 15 aout pour deux ans, jusqu'au 5 novembre 1985.

Avec lui, avant son départ, j'avais passé dix jours dans sa ville.

Et il est parti.

Nous avons échangé de nombreuses lettres. Il a téléphoné quelques fois de l'ile de Java. Moi-même, je l'ai appelé à sa maison à Jakarta. Je suis restée seule pendant deux ans.

En aout 84, Jim vient d'Indonésie me visiter à Montréal pendant deux semaines. Le jour de son arrivée, ses valises encore dans l'entrée, je l'entrainais sur le balcon pour lui montrer l'abondance et la beauté de mes fleurs. Le téléphone sonne, je rentre répondre. C'était ma belle-sœur Henriette m'annonçant le décès de mon frère Philippe.

Ce fut un temps tiraillé entre tristesse et joie, entre visites au salon mortuaire et voyage en Gaspésie où mon frère a été enterré dans son village natal de Maria. Peu de temps accordé à Jim. Le 20 aout, il quittait pour l'Angleterre, pour visiter sa famille, avant de retourner en Indonésie.

J'avais fait un rêve merveilleux. Je l'avais entretenu jour et nuit pendant des mois comme le feu des vestales qui ne devait pas s'éteindre. Jim ajoutait des noms qui entretenaient la

flamme : Jakarta, Hongkong, Singapour, Bali, Borobudur;
des mots comme visa, passeport, carte d'embarquement, réservation, transport, Cathy Pacific, Canadian International,
dollars américains. « Don't worry too much about not having
come to Indonesia, Thérèse. » Ça ne vaut pas la peine d'utiliser des dollars, spécialement à Jakarta, à moins que tu en sois
proche comme les Japonais et les Australiens. La flamme a
vacillé, mon rêve s'est éteint. Est-ce un rendez-vous manqué?
Je n'ai pas fait le voyage d'Indonésie.

Jamais je n'ai cherché à guérir d'Expo 67. Je ne ratais aucune des grandes expositions annuelles qui la prolongeaient.
Vous souvenez-vous? Vous avez dû y aller... attirés par la nu-
dité, par les corps enlacés; par la chair vibrante, par « La naissance de Vénus », par « La jeunesse de Bacchus », par « Le
ravissement de Psyché », C'était l'exposition des œuvres de
William Bouguereau au Musée des Beaux-arts de Montréal
en 1984.

Elles avaient été présentées au Petit-Palais à Paris. C'était
près de cent-cinquante œuvres : peintures, études, dessins
accrochés aux cimaises du musée. La rétrospective présentait
l'ensemble de son œuvre.

Bouguereau avait connu la gloire. Un long silence avait
suivi. Cette exposition contribuait à le sortir de l'oubli.

Ramsès allait succéder à William Bouguereau dans le
cœur et l'admiration des Montréalais. Le grand pharaon
Ramsès II et son temps brilleraient pendant quatre mois au
Palais de la Civilisation. Pour moi, elle fut célébrissime cette
exposition. Mon intérêt et mon plaisir de découvrir encore
des pans de la civilisation égyptienne avaient été aiguisés par
ma visite de trois jours au British Museum de Londres en
1977. Tous les objets présentés venaient du Musée égyptien

du Caire. C'était exceptionnel que des objets d'une telle valeur quittent ce musée pour être présentés ailleurs dans le monde.

Ici, notre œil ne serait plus capté par le jaune de chrome, le bleu de cobalt, le vermillon de Chine, le terre de Sienne brulé, l'indigo, toutes couleurs faisant partie des recettes secrètes de Bouguereau.

Les pigments rares sont ici devenus albâtre, calcaire, bronze, bois, terre cuite, or et lapis-lazuli, argent, pâte de verre, et papyrus.

Une statue du dieu Horus qui veille sur Ramsès enfant, un buste de la mère de Ramsès II, une statue de May, un des plus grands architectes de Ramsès II. Il était chef des travaux pour tous les monuments de la capitale de Ramsès. Un scribe; le scribe Ramsès Nakht; il porte un babouin sur la tête. Des dalles teintes provenant d'un palais de Ramsès; elles donnent une idée des lignes et des tonalités utilisées pour le décor des palais royaux. Une paire de bracelets en or et lapis-lazuli; une illustration de l'orfèvrerie du temps du Grand roi. Un buste de la fille ainée de Ramsès et de Néfertari, une reconstitution photographique du caveau de Néfertari. Le succès de cette exposition avait dépassé toutes les espérances.

Jim était revenu d'Indonésie au début de novembre 1985. Il habitait Vancouver, rue Harwood. Il m'a invitée chez lui pour le jour de l'An 86. Montée dans l'Empress of Fidji, de Canadian Pacific, court arrêt à Toronto. Nous célébrons la nouvelle année dans un restaurant hongrois. Danse, musique tzigane : les violons arrachaient les clients à leurs chaises.

Nous avons joué au tennis sur table. À fréquenter la piscine, j'ai appris à flottter, la peur enfin vaincue. Le voyage de Californie avait été rêvé, planifié pendant ce congé du jour de l'An.

XIV
L'ouest de l'Amérique comme un aimant

AU PAYS DE L'EXTRAVAGANCE ORDINAIRE (1986)

Ce sera notre quatrième voyage en Californie.

À Montréal, je monte dans l'Empress of Cape Breton. À Toronto, c'est la course pour savoir si je dois réclamer mes bagages; finalement, ce n'est pas nécessaire même si je change d'avion. Le Boeing 747 de C.P.A Empress of West n'est pas tout à fait plein. Un voyage confortable. Plein de revues américaines et de revues japonaises traduites en anglais; des revues chinoises. Trois langues sont utilisées au micro. Le français, l'anglais et le chinois. Cet avion fait le voyage jusqu'à Hongkong.

Jim est à l'aéroport à Vancouver. Nous quittons pour Los Angeles par un autre vol de C.P.A.

Un ciel sans nuages. Nous reconnaissons les monts St-Helens et le mont Chester. Ces montagnes ressemblent au mont Fuji. Les sommets sont enneigés. Des vallées, des plaines, des chaines de montagnes qui passent du gris au brun au blond desséché.

Après cette quatrième fois en Californie, je me demande encore comment il se fait que nous n'y sommes pas retournés plus souvent.

La Californie, c'est le tendre rêve du soleil perpétuel, du climat chaud et frais, des plages sans fin, de la végétation luxuriante, variée, souvent tropicale; c'est l'immensité de la ville de Los Angeles, la profusion en nœuds enchevêtrés des freeway, expressway, autoroutes; c'est la richesse et la prospérité, nées du choc des idées, des énergies, de l'imaginaire, des mélanges des cultures, de l'entretien du mythe américain de la réussite; c'est le rêve américain affiché en technicolor pour tous les citoyens et tous les visiteurs. C'est l'éden de la Genèse transformé en paradis terrestre pour les temps modernes.

À l'aéroport, les gens sont détendus, souriants. L'air est léger, doux. La richesse, ça leur va. Explique-t-elle une partie de ce commerce agréable entre les gens? La bienveillance, la courtoisie peuvent naitre et croitre dans le terreau des biens matériels abondants...

Los Angeles, ville immense, étendue, sans fin. Wiltshire boulevard avec ses gratte-ciels semble s'étendre sur des milles et des milles.

Le service partout est excellent; tout roule sur des billes bien huilées. Faut dire que c'est Jim qui avait versé l'huile de la facilité en planifications et réservations. Au déjeuner, grande discussion. Jim dit : il faut regarder les choses, les évènements, même les impôts... avec « cold blood attitude ». Il dit que j'ai mis dans toute ma vie beaucoup d'émotions; ce sont en maintes circonstances les émotions qui m'ont guidée. Je ne sais pas quoi dire, ni quoi faire. C'est plus tard dans ma vie, beaucoup plus tard, que je recourrai à mon réservoir d'émotions pour cerner les évènements majeurs qui auront marqué mon existence et les traduire en écriture...

Nous quittons Los Angeles en voiture pour San Diego. En chemin, nous arrêtons au South Coast Botanic Garden. Plus de 600 espèces de camélias dans un champ qui en contient cent-mille. Une autre immense section couverte de toutes les variétés américaines de roses. Nous voyons encore des colibris, un geai bleu de Steller et une pie-grièche grise. Dans cette Californie du sud, il y a une perle, c'est la ville de San Diego. Nous découvrirons une autre Californie. Il fait toujours beau dans cette ville. Les météorologistes américains pensent que cette région jouit du plus beau climat des États-Unis. La ville se déploie autour d'une baie gigantesque qui abrite la marine de guerre américaine. Les plages, c'est cent kilomètres le long du plus bel océan du monde.

Nous filons vers San Diego sur Pacific Coast Highway. Ensuite sur le San Diego Freeway. Une grande partie de cette route est commerciale, avec une forêt de tableaux publicitaires. Puis enfin succèdent la beauté des collines, les maisons en cascades accrochées à la montagne, les plages sans fin.

La Jolla

Nous logeons à La Jolla Palms Inn. La Jolla (ce quartier de la ville) c'est la richesse extrême des habitants. Des rues qui montent, descendent, tournent. Des villas perchées dans la luxuriance des lauriers roses, des bougainvilliers, des palmiers, des orangers. Surabondance. Vues sur l'océan, vues sur les collines. C'est un des endroits les plus cossus des États-Unis.

Longue marche sur la plage. À midi, nous mangeons dans la cour intérieure de notre motel. Après le repas, nous retournons marcher, cette fois le long des rues de La Jolla. Dans ce climat méditerranéen, aux rivages fabuleux, aux jardins en cascades, au ciel bleu égal à lui-même, aucune trace de la civilisation de la méditerranée. Pas de vie à l'extérieur, pas de terrasses de cafés, pas de places publiques fréquentées par des gens qui échangent, qui communiquent entre eux, qui marchent, qui se regardent. Chacun ne sort de sa villa que pour monter dans sa voiture.

Au Sea World, dans Mission Bay Park, toute la journée. Ce parc bâti sur une ile artificielle, sertie d'une impressionnante marina; c'est le port d'attache des plaisanciers de La Jolla. Les animaux sont en spectacle; la baleine « shannu », les loutres et les dauphins qui se mesurent à « Shannu ». Sept différentes espèces de pingouins marabout, le pingouin empereur de la terre d'Adélie en Antarctique oriental, le macareux et d'autres encore. Plusieurs centaines dans un environnement de froid et de glace. Des goélands, d'autres gros oiseaux que nous ne connaissons pas; tout le terrain qui est immense et comme un jardin botanique; des fleurs variées à gauche et à droite, des arbustes, des arbres; tel un dessert offert, le colibri qui volète autour des fuchsias.

En avril, ce n'était plus le temps d'une excursion d'observation du passage des baleines grises. C'est de décembre à février que douze à treize-mille baleines passent à moins d'un kilomètre de la côte de San Diego. En janvier, on peut en voir jusqu'à 200 par jour. Elles descendent du détroit de Behring pour s'arrêter dans les eaux chaudes de la baie de Baja et donner naissance à leurs baleineaux.

Des syllabes, des sons dans ma tête qui me chavirent dans tant d'endroits du monde. La somptuosité, le mystère des mots qui cachent, qui dévoilent, qui nous promettent d'accéder à la connaissance. Scripps, Scripps Institute, de ces mots que je m'étais bien gardée d'oublier.

À La Jolla, au nord de San Diego, à proximité de la prestigieuse université de Californie à San Diego, c'est le Scripps Institute of Oceanography. Dominant les falaises et les plages, cet institut de recherche, considéré comme La Mecque en matière de recherche océanographique, étudie la vie marine depuis sa fondation, il y a un siècle. Nous visitons le musée et l'aquarium. Dans l'aquarium, toutes sortes d'espèces rares de poissons; toutes les sortes de requins, tous les poissons tropicaux, tous les coquillages des océans; quelles tendres merveilles.

Herbert Marcuse arpentait les allées et frondaisons du campus de l'Université de Californie à San Diego. C'est en ces lieux que sont nées ses théories philosophiques. Son essai le plus percutant est surement *L'homme unidimensionnel*. Un essai sur l'idéologie de la société industrielle avancée. Trois-cents pages de texte difficile. Je transcris une partie de sa préface parfaitement actuelle en l'an 2000 : « Sur un tel fondement, la productivité devient destruction, destruction que ce système pratique « vers l'extérieur » à l'échelle de la planète. À la destruction démesurée du Vietnam, de l'homme et de la nourriture, correspondent le gaspillage à profit des matières premières, des matériaux et des forces de travail, l'empoisonnement également à profit, de l'atmosphère et de l'eau dans la métropole riche du capitalisme... la brutalité métropolitaine : dans la grossièreté sur les autoroutes et sur les stades, dans la violence du mot et de l'image, dans l'impudence de la politique, dans le mauvais traitement impuni, et même dans l'assassinat impuni. » Le langage de 1960 parfaitement clair de nos jours. Texte plus facile, j'avais aussi lu *Éros et Civilisation* de Marcuse.

En après-midi, nous allons au Torrey Pines State Reserve. L'environnement fragile d'une ile où croît le pin le plus rare du monde (pinus torreyana). Il y a quelques milliers d'années, cet arbre couvrait une large partie de la Californie du Sud. On ne le retrouve maintenant au naturel qu'ici et dans l'ile de Santa Rosa au nord-ouest de l'État. Nous montons à Soledad Park où nous avons une vue à 360° de la région; au loin, la ligne des gratte-ciels de San Diego et Mission Bay. Au musée de Torrey Pines, nous avons vu trois nids du plus petit des colibris, l'anna-chimy.

SALK INSTITUTE

Nous ne sommes pas entrés mais nous l'avons examiné de près. Une espèce de lieu sacré que l'on aborde avec discrétion. Plus encore avec vénération, comme si nous montions à l'autel de Zeus.

Entre La Jolla et Del Mar, avant les bois de Torrey Pines, c'est le Salk Institute for Biological Studies. Jonas Salk, c'est le vaccin antipoliomyélite. Ici, ce sont les prix Nobel à la douzaine, la tête chercheuse en biologie d'avant-garde. Les vrais chercheurs dans toutes sortes de domaines. C'est ici que travaillent Watson et Crick depuis 1973. Francis Crick à qui nous devons avec Jim Watson le découverte de la structure tridimensionnelle de l'acide désoxyribonucléique (ADN) et qui imaginent en même temps le mécanisme qui régit la réplication de l'ADN. C'était là le fondement de la biologie moléculaire. Francis Crick travaille ensuite sur le déchiffrage du code génétique. Le code sera connu en 1966. Il a étudié aussi la biologie du développement. Quand il entre au Salk Institute, c'est pour participer à des recherches en neurobiologie. Watson et Crick avaient obtenu le prix Nobel en 1962.

Le lendemain, nous passons la journée à la piscine et de longues marches le long de l'océan à La Jolla. Le repas du soir dans un restaurant français réputé : l'Auberge.

Nous sommes au musée Maritime pour voir le « Star of India » et le « Berkeley ». Ce dernier voilier, à trois mâts, entièrement en fer. Il a contribué au sauvetage de milliers de personnes à San Francisco lors du tremblement de terre en

1906. Il transportait sans arrêt des gens de l'autre côté de la baie, à Oakland.

LE ZOO DE SAN DIEGO (28 AVRIL)

Ah! le grand jour que ce lundi 28 avril. Le zoo de San Diego. Le plus grand du monde. Le plus beau du monde. Le plus riche du monde. Le plus célèbre du monde. Peuplé de 3 400 animaux; en 2005, ce sera 4500 animaux de toutes races, situé dans l'immense Balboa Park. Juste à me redire ces mots, « Le zoo de San Diego », je suis émue à la pensée de cette merveille. Nous avons fait le circuit en petit train. Nous avons aussi marché et nous avons adoré. Notre émerveillement est à son comble devant tous ces animaux. La volière haute de cent mètres et longue de deux-cents abrite un nombre incroyable d'oiseaux qui chantent, volent, piaillent, venant de tous les tropiques. Des oiseaux de toute beauté qui marchent près de nous; des oiseaux-mouches dont encore le petit anna et l'émerald.

Le colibri anna doit son nom à Anna, duchesse de Rivoli et épouse d'un prince français. Ce colibri, le plus petit de tous, se nourrirait, à part le nectar, d'araignées et d'insectes; autre particularité, il chante, soit au perchoir, soit en vol. Un pur plaisir. Des arbres entièrement fleuris rouges; d'autres entièrement fleuris mauves. Une forêt d'eucalyptus a été créée pour les koalas venus d'Australie. Les ours polaires vivent dans des enclos frigorifiés. Ce zoo exceptionnel est aussi remarquable parce qu'il s'attache au respect du milieu naturel des animaux et il travaille à la protection des espèces animales en voie de disparition.

Dans son livre *La guerre du faux*, l'écrivain italien Umberto Ecco consacre un chapitre entier à ce jardin zoologique qu'il qualifie de « sanctuaire du faux ». Il en fait une destination privilégiée dans son voyage à travers « l'hyperréalité californienne ».

Au soir de ce jour mémorable, nous soupons au restaurant Anthony's Grotto. Nous avons vue sur le port. Les navires de guerre emplissent la rade.

Le lendemain mardi, nous étions encore dans Balboa Park où abondent fleurs, jardins, musées. Nous sommes au jardin botanique. Plein de fougères hautes de près de 75 pieds, des orchidées de toutes sortes. La bâtisse est ouverte sur l'extérieur, bâtie comme avec des lattes. Un décor pour tous les musées environnants. La nourriture est excellente dans le café du jardin où il y a plus de douze sculptures. Un long coup d'œil à la Tempers Gallery, où sont accrochées des œuvres de peintres américains contemporains. Le jardin de roses, des roses de toutes sortes et couleurs; deux à trois différentes couleurs de roses sur la même branche; le jardin des cactus en fleurs. Beauté, beauté !

Le soir, nous sommes dans le San Diego Oldtown. Là où les premiers Espagnols s'installèrent. On y trouve encore des édifices d'architecture espagnole du dix-huitième siècle. Bazaar del Mundo est un véritable jardin, des arbres fleuris partout; nous prenons des consommations et des apéritifs dehors dans un jardin chauffé. Température magnifique.

Comme si je ne devais plus jamais revoir de zoos de ma vie, je ne voulais pas en rater un seul pendant cette visite à San Diego. À 32 milles de la ville, nous visitons le Wild Animal Park. Premièrement la volière, lieu de résidence de centaines d'oiseaux d'Afrique seulement. Ils sont inoubliables. Celui avec le dessous des ailes rouges, le petit oiseau jaune et les colibris. Dans les champs et collines, ce sont des animaux d'Afrique aussi. Des spectacles sont donnés par les oiseaux :

des pigeons de différentes couleurs qui font des culbutes en vol sur des airs de musique, le condor qui descend de très haut jusqu'au jeune homme qui lui fait des signes, le golden eagle, l'aigle royal, qui se pose dans ses mains, la colombe rose d'Australie qui en vol est venue prendre l'argent et le retourner, enfin le spectacle des éléphants. Des fleurs partout le long des trajets. Les bougainvilliers mauve profond et rouge vif; les magnolias sur des arbres de 50 pieds de hauteur.

Notre voyage achève. Le 1er mai, nous visitons le Museum of Contemporary Art of La Jolla. J'y ai vu, entre autres, un tableau composé de morceaux de tissus agencés et collés — il me restera en mémoire. J'en réussirai quelques-uns quinze ans plus tard.

Ma passion pour l'histoire me pousse au Junipero Serra Museum. Le Père Junipero, Espagnol, fonda la Mission San Diego. Le musée rappelle la vie des Indiens de cette région de même que la vie des explorateurs européens et mexicains; une courte visite à la Mission Basilica, l'église du Père Junipero.

Le mont Palomar était sur ma liste de lieux que nous souhaitions visiter. Il aurait fallu sacrifier un ou deux musées et lui consacrer une journée. En 1986, c'était encore le plus grand télescope du monde au sommet du mont Palomar. À cause de la distance, le parc du désert d'Arizona - Barrego fut aussi sacrifié.

Finalement, il a fallu prendre le San Diego Freeway vers le nord. Pas un mot durant ce voyage. Jim est concentré sur une conduite automobile sans faille, sans changement de voie, à vitesse constante, sans le moindre geste pour énerver les conducteurs américains. Ce fut un succès. En fin de journée, nous étions au Holiday Inn de l'aéroport international de Los Angeles.

À Vancouver, le 2 mai, c'était l'ouverture de 1986 World Exposition qui durerait jusqu'à la mi-octobre. Une exposition pleine de couleurs, du verre partout. Plus de 80 pavillons déployés tout le long des eaux de False Creek. J'ai visité les pavillons de la Malaisie, de la Côte d'Ivoire, du Sénégal, de Hongkong, de l'Indonésie, de Singapour, des Philippines, de la Thaïlande, de Brunei, du Sri Lanka, du Pakistan et du Québec.

Tous les deux, Jim et moi, avons été grippés. J'ai raccourci mon temps à Vancouver que je quittais le 7 mai.

EXPOSITION « LA CHINE PARMI NOUS » (1986)

Un feu d'artifice, un ballet gigantesque où les plus précieux trésors et œuvres d'art du monde continuaient leur ronde dans notre Palais et nos musées. Personne ne consentait à faire le deuil de l'ivresse artistique de l'Expo 67. Nous avions gouté à l'élixir de la beauté par les arts. Notre soif jamais apaisée.

Pendant cinq mois, au Palais de la Civilisation, « Chine, Trésors et Splendeurs ». Sculptures et objets qui n'ont jamais été présentés ailleurs au Canada et dont près de la moitié n'a jamais quitté la Chine. L'étalage de cent-cinquante sculptures, vases, tableaux, peinture, meubles, vêtements, soieries, reflétait la civilisation chinoise pour les différentes périodes d'environ sept-mille ans allant du néolithique à la dynastie des Qing (1644-1911).

Pour la première fois, on voyait en chair et en os, plutôt en terre cuite, un des milliers de guerriers découverts dans une fosse à Xian; ils étaient du temps de l'empereur des Qin. De nombreux chevaux, des personnages; puis le linceul de Jade, découvert en 1968, dans la tombe d'une princesse qui avait été l'épouse d'un frère de l'empereur Wu (140-87 avant J.-C.).

Au milieu de tous ces objets précieux, il y avait une petite merveille. Une maison de terre cuite trouvée dans une tombe et qui datait de la dynastie des Han occidentaux (206 avant J.-C.). C'est le plan typique des maisons chinoises traditionnelles. Au moment de la découverte, la maison était encore « habitée », un porc de terre cuite occupait la porcherie; près de lui des poulets; un foyer dans la maison, des récipients en bronze.

« De tout l'héritage chinois antique, celui des Han est peut-être le plus universellement connu et apprécié. Somptuosité des matières, simplicité des formes, tendresse pour la vie quotidienne y répondent à une recherche sans fin de la vérité au-delà des apparences, quête spirituelle conduite à travers les arcanes de la magie ou les lumières d'un spiritualisme de plus en plus éthéré ».

Le Waterton Glacier International Peace Park
Edmonton (juillet 1987)

Jim me parle de son père. Nous sommes sur le balcon de son appartement à Edmonton. Son père dirigeait un orchestre. Il jouait du violon, de la viola, du saxophone, de la clarinette et de la mandoline. Il a enseigné la musique to the Band Boys. Il était membre de la Royal Navy School of Music où il dirigeait 50 musiciens. Il jouait aussi dans un quatuor à cordes. Il a gagné sa vie en étant chef d'orchestre. Des voyages avec la Royal Navy jusqu'en mer de Chine, lors d'une guerre qui a opposé l'Angleterre à la Chine. En d'autres temps, il était surtout en mer méditerranée; longtemps à Gibraltar et à Malte.

Jim a étudié le violon; en a joué un peu. A-t-il des regrets de ne pas en avoir fait une carrière? Un travail extrêmement exigeant pendant toute la vie que d'être violoniste! Aujourd'hui pas, ou peu de concertos pour violon ne lui échappe à la radio, à la télé, sur disque, dans les salles de concerts. Un éternel amoureux du violon; il penche quelquefois du côté du violoncelle.

Jim sert le café sur le balcon; un lieu suffisamment vaste pour y tenir une fête pour dix à douze personnes.

Il prend grand soin de son gardénia tout en verdure brillante, prêt à produire une seule fleur. Les arbres montent à la hauteur du 5ᵉ étage où nous habitons. Je lis *Out on a Limb* par Shirley MacLaine (375 pages). Je l'ai beaucoup aimé. Je le relirais, mais je n'arrive pas à le retrouver.

Le 8, c'est le départ pour Waterton Glacier International Peace Park. Dans le ciel, c'est comme un champignon atomique; une masse grise, ronde de laquelle descendent des lignes droites et c'est la pluie torrentielle. Le soleil revient. La route au milieu des immenses champs de colza. Ce jaune colza au milieu du vert. Toutes ces nuances de vert comme une peinture.

Nous traversons la Red Deer River et graduellement nous entrons dans les badlands. Ce sont des territoires érodés en ravins par le ruissellement des pluies. Une immensité à perte de vue; des fermes tout aussi immenses. Les bâtiments de ferme sont très éloignés les uns des autres et nous révèlent la taille des propriétés. Pas une mauvaise herbe dans les champs. Une prairie sans fin. Des collines légères. Graduellement, plus nous approchons du sud, plus les champs deviennent plats comme si quelqu'un les avait égalisés avec un couteau; et ce phénomène est toujours à perte de vue. Je suis touchée devant ce phénomène de la prairie que je découvre. C'est un véritable évènement. Je ne verrai plus les provinces de l'Ouest de la même façon ni le Canada de la même manière. Ces terres qui se succèdent ça devient une symphonie.

À la radio, l'orchestre de Philadelphie jouait le concerto pour violon de Stravinsky pendant que nous roulions sans cesse au milieu des champs de colza. Voyage de six heures d'Edmonton à Brooks. Nous buvons du thé vert de Chine. Pas un bruit. Sommeil profond.

Le matin du 9 juillet, nous nous rendons au parc provincial des Dinosaures. Un tour de ce « champ » de dinosaures en autobus. Le lieu a été classé au Patrimoine mondial de l'Unesco. Une source presque intarissable de dinosaures.

Joseph B. Tyrell, qui a trouvé les premiers restes de dinosaures en 1884, était américain. Les Américains étaient dans ce parc et prenaient des squelettes de dinosaures depuis le dernier quart du dix-neuvième siècle. Des dinosaures venant de ce parc ont été envoyés ou « vendus » dans de très nombreux pays du monde et dans de très importants musées, dont le British Museum. Ce n'est qu'en 1966 (près d'un siècle après la découverte des fossiles) que la province de l'Alberta s'est intéressée à ce parc, y a établi des contrôles et a commencé à créer ses propres musées.

Question de culture? Question d'argent? Il y avait longtemps que les Américains avaient de l'argent et pouvaient se consacrer aux arts, à la recherche. Nous avons discuté de cette question avec des Américains rencontrés dans le parc.

Pour moi, la question n'est pas élucidée. Un siècle après leur arrivée, ils avaient retourné toutes les pierres dans leur pays d'Amérique et continueraient ailleurs dans le monde sur cette lancée.

De notre part, ici au pays, était-ce l'ignorance pure et simple? Mystère. Comment il se fait qu'ils ont pu prendre et transporter des dinosaures pendant cent ans sans que personne ne pose de questions et ne s'en aperçoive? Pourquoi, au Québec, n'avons-nous pas organisé un musée de dinosaures à cette époque?

Le vendredi, nous abordons au Waterton Glacier International Peace Park. Un parc soutenu, organisé par les deux pays, le Canada et les États-Unis. C'est un des plus beaux parcs du monde, peut-être le plus beau du Canada.

Le premier parc créé dans le monde a été le Yellowstone aux USA en 1872. Ensuite, ce fut le parc Royal en Australie. Quelques années plus tard, le parc Banff dans l'Ouest canadien. Le parc national des lacs Waterton avait été créé en 1895. C'est en 1932 que les deux pays se sont unis pour en faire le Parc international de Waterton - Glacier de la Paix. Il a été désigné réserve par l'UNESCO. Mais c'est quoi cette merveille. C'est l'entrée dans le parc, c'est le lac Cameron dans les montagnes, ce sont les chutes Cameron, c'est la route panoramique, ce sont des sentiers le long du lac, ce sont l'élan, le chevreuil, le castor, la wapiti et le cerf; ce sont les libellules bleues et grises, c'est le petit oiseau que l'on surprend en voulant regarder des fleurs, ce sont les fleurs sauvages qui poussent de tous côtés, c'est la prairie dans le parc, unique au Canada, qui constitue une des rares prairies protégées en Amérique du Nord.

Chic et cher le logement au Bay Shore Inn sur le lac Waterton. Vous dire la beauté, c'est difficile; faut voir le lac de même que tous les paysages qui l'entourent. Une pensée qui me vient devant ce lac. Nous ne serons jamais devant un parfait « connu ». Si les voiles se lèvent, il y aura encore et encore d'autres voiles; comme les savants croyaient que l'atome était la fin, la limite, le plus loin du plus petit, ils découvrent qu'il n'y a pas de fin au plus petit.

En après-midi, promenade en bateau sur le lac Waterton : les rochers et les montagnes ne cessent d'ajouter leurs ombres et leurs couleurs aux rayons obliques du soleil. Des baies qui se multiplient et se transforment comme dans un kaléidoscope. Nous faisons une promenade en forêt dans la crainte constante des ours. C'est l'habitat de l'ours noir et des grizzlis.

Le lendemain, nous roulons dans la partie américaine du parc national du glacier. Une merveille du monde. Des fleurs sauvages sans fin couvrent les abords du chemin et le peu de pente qu'il y au pied des montagnes. Le parc compte plus de 600 espèces de fleurs sauvages. C'est encore deux chèvres avec deux petits à qui elles apprennent à traverser le chemin à la Logan Pass. C'est un crapaud, un mulot, des écureuils de l'ouest, un wapiti, un ours noir, des papillons, des oiseaux.

À la Logan Pass à plus de 6 000 pieds, c'est le chemin le plus spectaculaire, le plus grandiose avec des chutes, des montagnes, des pics et 50 glaciers. Nous admirons le glacier Jackson. Et nous descendons le chemin des montagnes, 6 000 pieds plus bas, jusque dans la plaine de l'État du Montana.

En fin de journée, quand nous remontons les routes du parc, nous arrêtons souper à St-Mary, encore dans la section américaine du parc. Nous sommes dans la réserve des Indiens Blackfoot.

Le dimanche, en route pour Drumheller en passant par Fort McLoed et Calgary.

De Calgary, nous prenons une grande autoroute, la Deerfoottrail, jusqu'à Drumheller. C'est au fond d'un cratère des badlands que cette ville est bâtie. Paysage complètement plat. Nous pouvons voir à 20 km. Nous visitons le Tyrell Museum of Paleontology. La paléontologie étudie des spécimens d'animaux ou d'autres organismes fossilisés qui vivaient sur notre terre longtemps avant l'apparition de l'Homme. Là, à Tyrell, ce sont les dinosaures. On en a trouvé des centaines. C'est leur pays. Un musée exceptionnel.

Lundi, de retour à Edmonton, le grand repos : la piscine, le coiffeur. J'offre des gloxinias et des chrysanthèmes à Jim.

Je continue la lecture de Shirley MacLaine : « look into yourself, explore yourself, you are the universe. Know yourself; have the courage to look and it will set you free. »

Je me procurerai les concertos pour violon de Vivaldi, de Lalo, et la symphonie n° 84 de Haydn, musique entendue ici.

Avant le repas du soir, nous marchons encore dans le grand parc urbain le long de la rivière Saskatchewan.

Me venait la réflexion suivante : une sorte d'ivresse s'est emparée des hommes qui sont venus ici, dans l'Ouest; ils ont retourné toutes les pierres... ils se sont emparés de la terre à pleines mains, à pleins bras, ils ont coupé tous les arbres pour cultiver des plaines entières!... Ce ne serait pas exact... j'ai lu au musée provincial que les Indiens « Plains » déjà brulaient la prairie à l'arrivée des Européens...

Il y aurait encore un autre voyage en Alberta. Puis après, Jim irait en Indonésie. Le centre de notre monde se déplacerait vers Vancouver pendant que je lorgnerais vers l'Europe.

EXPOSITION « TRÉSORS DE BULGARIE » (1987)

L'exposition était gigantesque; un journal parlait de plus de mille objets en or, en bronze et en argent. C'était « l'Or des cavaliers Thraces : trésors de Bulgarie ». Une autre de ces expositions qui dureraient tout l'été 1987 au Palais de la Civilisation. La Thrace au troisième siècle de notre ère sous l'empereur romain Dioclétien correspondait alors aux territoires occupés aujourd'hui par la Bulgarie, le nord est de la Grèce et la partie européenne de la Turquie.

Près de trente musées de Bulgarie ont participé à cette exposition d'objets de toutes sortes qui témoignent de l'originalité des peuples de l'antiquité Thrace. « Les origines de la civilisation thrace remontent au VIe millénaire avant Jésus-Christ ».

Exposition offerte pour la première fois en Amérique. Des bracelets, des urnes, des sculptures; des richesses plus anciennes que les pyramides d'Égypte. « Le Thrace ne se raconte dans aucune écriture. Il faut attendre l'an mille avant notre ère, plus précisément Homère et L'Iliade, pour entendre parler du Thrace une première fois. C'est ensuite le silence, jusqu'aux découvertes faites au cours des trente dernières années.

EXPOSITION « LES AZTÈQUES » (1988)

Du Mexique, je n'avais connu que les plages d'Acapulco. Aujourd'hui, je marchais entre les platebandes de géraniums et les bégonias de l'ile Notre-Dame pour me rendre au Musée de la Civilisation à la rencontre des Aztèques. Nous étions à l'été 1988. L'exposition « Les Aztèques — trésors du Mexique ancien » rendait compte du degré de raffinement atteint par les diverses cultures de ce pays et particulièrement par les Aztèques.

Montréal était la seule ville en Amérique à avoir l'honneur de présenter cette exposition d'envergure internationale. Une des expositions les plus importantes jamais réalisées sur les Aztèques et qui a demandé plus de cinq années de préparation.

Des modèles de maisons, des vases, des statuettes, des plaques, des masques, des colliers. Ils utilisaient la terre cuite, de nombreuses œuvres en pierre, du marbre, du basalte, du granit, de la pierre volcanique, du cuivre, de la pierre jaune.

Nous traversions huit siècles d'histoire de l'une des plus puissantes civilisations d'Amérique.

L'HEURE ALLAIT SONNER (NOVEMBRE 1988)

Ma sœur Lyne organisa une fête avec des amies pour célébrer mes années à l'hôpital. Dans la carte qu'elle m'offrit, un extrait d'un livre au sujet de Colette, l'écrivain : « Colette m'apprit encore à répudier tout ce qui sonne creux, aussi bien les radios que les discours, tout ce qui est superficiel, indigeste ou hâtif; les mets cuits trop vite, les digestions abrégées en faveur d'une promenade, les stupides excès sportifs; elle m'apprit, elle si naturellement vigoureuse, à économiser la vigueur, elle qui se dit paresseuse, à subordonner le plaisir au travail. »

Des années avant l'heure de la retraite, je rêvais au temps : en avoir davantage; s'appartenir, vivre plus lentement, travailler moins; j'avais obtenu congé trois jours par semaine.

Trois jours pour vivre
me sentir
doucement aller venir
exister
sentir mon corps
être bien
regarder le vent
toucher l'eau
faire un feu de bois
aller chez Tina
écouter des personnes
regarder à côté
regarder dehors
toucher des objets
faire quelque chose avec mes mains
faire des choses de rien
écrire des lettres
penser à Jim
être inutile
être sans raison
allumer une chandelle
laver la vaisselle
chercher la sérénité
prier
chanter des chansons
fredonner
jouer de l'harmonica
marcher
visiter des centenaires
cueillir des fleurs sauvages
être infiniment

Il y avait eu de nombreux voyages mais aussi beaucoup de travail. Le travail avait assez duré, peut-être trop. L'heure allait sonner en novembre 1988.

Nous préparons le café. Je l'invite dans mon bureau. Je lui annonce que le cardiologue me donne deux mois de repos. Cette femme détentrice d'une maitrise, compétente, articulée, occupait le poste de monitrice et travaillait avec moi au programme de formation en soins infirmiers. Je sentais que je ne reviendrais pas au travail, que la carrière d'infirmière était terminée. Nous l'avons compris toutes les deux. Pour moi, émotion devant la fin d'une partie de ma vie que j'avais adorée.

La directrice m'écrit « J'accuse réception de votre lettre dans laquelle vous m'informez que vous quittez définitivement votre poste actuel. Je tiens à vous souligner que c'est avec regret que je reçois cet avis, compte tenu de l'excellent travail que vous avez toujours produit au sein de notre direction. Sachez que j'ai toujours apprécié votre présence dans l'équipe des soins infirmiers et vous avez sans cesse su vous garder à la fine pointe de l'information, de l'évolution actuelle dans les soins infirmiers et dans la société. »

Lucie, que j'avais initiée au travail de réceptionniste au bureau des soins infirmiers, m'avait conservé son amitié. Dans une lettre de remerciements qu'elle m'adressait, elle écrivait: « Vous acceptez que je vous confie ma façon de vous voir? Votre détermination, votre sourire, votre distinction me rappelle Grace Kelly dont vous avez... la grâce. » Lucie avait dû être contaminée... par la secrétaire, qui m'appelait la comtesse...

Comment allais-je pouvoir vivre loin des compagnes, des échanges, des bienheureuses pauses-cafés. Je m'inquiétais. Je m'ennuierais probablement à 10 h chaque avant-midi d'être seule pour mon café. Cependant, il n'en fut rien. Je ne me suis jamais ennuyée. Je revoyais mes compagnes assez fréquemment.

Une extrême fatigue. Le bonheur d'être dans mon lit; des mois avant que je retrouve mes forces.

Ce temps du travail est bel et bien terminé pour moi. J'ai adoré mon travail. J'ai adoré ce milieu du nursing; et cet hôpital où s'est déroulée ma carrière.

Combien précieux deviennent tous ces instants de vie qui me restent entre les mains. Je suis toute entière à la curiosité de cet avenir, le sentiment d'être délivrée désormais des obligations strictes du travail, toute à la joie de savoir que chaque jour maintenant sera neuf.

La richesse m'entoure; des parcs, la rivière des Prairies, une ville fascinante, une possibilité inouïe de faire de nouveaux apprentissages, des amies, un ami, des membres de ma famille, de nouvelles personnes à connaitre.

Agir et me développer. Tout comme si je devais vivre jusqu'à 100 ans! Au moment d'écrire, j'ai le gout de courir voir Han Suyin dans ses livres pour écrire comme elle, peut-être? Ou Doris Lessing dans *Le carnet d'Or*, ou Philippe Solers dans *Femmes*, je les envie. J'aurais voulu signer ces livres.

Bonheur soudain de plier la couverture de laine, de continuer le ménage, de ranger la maison, de sortir la poubelle à la rue.

La retraite ressemblerait aux vacances perpétuelles. Étant remise de ma fatigue, Jim a pu me visiter en mai 89 et de nouveau en octobre de la même année. C'était ainsi depuis notre rencontre : les voyages chez l'un et chez l'autre avaient lieu deux à trois fois par année.

En avril 90, sa compagnie l'envoie encore en Indonésie pour un contrat de deux ans. Lors de son premier séjour, il avait travaillé aux plans d'une centrale au charbon. Cette fois-ci, la centrale sortirait de terre.

Mais avant, il est passé me voir à Montréal; il a ensuite visité sa famille en Angleterre. Au retour, nouvel arrêt chez moi avant de quitter pour Edmonton. À la fin d'avril, il était à Jakarta.

En 1991, il arrivait pour ses vacances de trois semaines chez moi. Quand il a quitté, le 11 aout, il passait encore par Londres pour visiter les siens. En 92, il était de retour à Vancouver. La retraite n'était plus très loin. Pendant ses années d'Indonésie, j'ai fait le voyage en Égypte; je suis retournée à Paris et, surtout, ce furent trois semaines inoubliables à Rome et dans les environs.

XV
Le Nil, roi des fleuves

La pyramide à six degrés du roi Djoser à Saqqarah. Une reproduction de cette pyramide en quatrième de couverture du livre de Jacques-Henri Pirenne : *Panorama de l'Histoire universelle*. Il l'a confrontée avec, sur la 1ère de couverture, à l'édifice des Nations Unies à New York. Cette pyramide serait la plus ancienne construction, le plus ancien édifice de notre monde. À cette lecture, j'avais ajouté : *Histoire universelle* de Carl Grunberg. Et les dieux de l'Égypte ancienne ont composé le reste de l'enchantement. Osiris, Khnoum, Amon, Horus, Isis, Ptah, Sekhmet. Des mots, des sons qui m'ont en quelque sorte ensorcelée. Il me fallait voir l'Égypte.

J'étais retournée des milliers d'années en arrière, aussi loin que les deux premières dynasties, traversant l'Ancien empire, le Moyen empire jusqu'au Nouvel empire environ 1 500 à 1 000 ans avant J.-C.

Comme lors du voyage en Grèce, par les forces conjuguées de l'histoire et ma capacité à me transporter deux-mille ans en arrière, ainsi j'aborderais aux rives du Nil presque dans un état second.

Les forces irakiennes avaient envahi le Koweït. Le président Bush jurait que les armées alliées chasseraient les Irakiens de ce territoire. La guerre était menaçante. Nous avons dû annuler la visite projetée en Jordanie et nous restreindre à l'Égypte. La Jordanie a une frontière avec l'Irak. Je me suis jointe à un groupe. Un vol de Mirabel par un 747 de KLM.

Quatre-cents passagers. Nous étions au deuxième étage. Un équivalent de la première classe. Super confortable. Plein d'espace. Beauté et propreté partout. Nous ne ressentons aucune secousse, aucun craquement. C'est l'envolée la plus majestueuse que je n'ai jamais faite.

DIMANCHE, 14 OCTOBRE

Après six heures de vol, nous sommes à Schiphol, l'aéroport ultramoderne d'Amsterdam. Des foules qui se croisent; des départs constamment annoncés pour tous les endroits du monde : Taipei, Karachi, Singapore, Denpasar, Los Angeles, Londres, Montréal.

Une portion de la salle d'attente me semble aménagée pour permettre le repos : des bancs larges et à l'écart de la foule, je m'y couche de 10 h à midi.

En route pour Le Caire, nous survolons Francfort, Zagreb, Athènes. L'agent de bord parle néerlandais, anglais, arabe. Après plus de quatre heures de vol, nous sommes dans la mégapole de quatorze millions d'habitants, Le Caire.

Le premier choc, c'est la foule; des gens qui vont et viennent dans un espace urbain conçu pour beaucoup moins de monde. Nous roulons entre des voitures de luxe et des ânes ou des bœufs attelés à des charrettes.

La veille de notre arrivée, le président de l'Assemblée avait été assassiné dans l'hôtel où nous logions : le Semiramis Intercontinental. Des hommes en armes montaient la garde à quelques pas de nos chambres.

« Qui veut identifier Le Caire d'aujourd'hui est semblable au héros du film d'Antonioni alignant sur les murs des visages de femmes en papier glacé.

Aucune image ne parvient à elle seule à mettre en scène un espace où s'accumulent les contraires, une cité qui, chaque fois qu'on croit la saisir, échappe, chaque fois qu'on croit la comprendre, déroute, chaque fois qu'on croit la reconnaitre, surgit ailleurs et autre : l'urbaine est aussi rurale, l'orientale est aussi occidentale, l'arabe est aussi africaine, la splendide est aussi violente, la puritaine est aussi sensuelle, l'humour subvertit la tragédie, l'émeute dément la résignation. Le Caire : mille et une villes.

Le Caire d'aujourd'hui provoque des réactions extrêmes. Pas de tiédeur possible envers cette cité sans mesure. L'adoption est totale ou elle ne l'est pas. On prend la ville à bras le corps ou on la fuit.

L'alternative se pose au visiteur de passage. Conquis, il consentira à partager l'ivresse du Caire, à plonger dans son effervescence, à y perdre ses repères. Ou bien il la réduira aux quelques mosquées « à voir absolument » et s'en ira rejoindre en hâte les pharaons hiératiques. »

Lundi matin, très tôt, nous quittons Le Caire par Egypt Air pour Louxor. Avant toute visite de la ville, nous installons nos bagages dans le navire de croisière Lady Diana; c'est de là que nous partirons.

Pendant cinq jours, nous remonterons le Nil.

Thèbes! Le plus beau mot dans toutes les langues avait dit Champollion, le célèbre égyptologue qui déchiffra les hiéroglyphes. « Le nom d'une chose évoquée est la chose nommée. Le seul fait de prononcer le nom d'une chose signifie la créer. » Louxor repose sur les vestiges de l'ancienne Thèbes.

LOUXOR

Deux-mille ans avant J.-C., Louxor supplantait Memphis comme capitale de l'Égypte. Il en fut ainsi jusqu'en 750 avant J.-C. Était-ce Hérodote ou Homère qui avait qualifié Thèbes de « la ville au cent portes » à cause de ses portails monumentaux et de ses hauts édifices. Le poète grec parle de « deux-cents guerriers montés sur des chevaux et sur des chars qui pouvaient passer de front sous chaque porte». La plus grande splendeur de Louxor fut atteinte au temps de la dix-huitième à la vingtième dynastie. C'était le temps d'Aménophis III et de Ramsès II.

Vestiges grandioses, colonnes gigantesques à chapiteaux papyformes, salle hypostyle de trente-deux colonnes, pylônes gravés d'hiéroglyphes ornant les portails successifs des temples, obélisques symbolisant le soleil. C'était le temple de Louxor.

Il y a trois-mille ans, le temple de Louxor et le temple de Karnak étaient réunis par la Voie Royale, l'allée des sphinx d'une longueur de trois kilomètres. Par la voie sacrée, nous voici à Karnak. Le plus magnifique lieu de culte jamais construit. Il comprend plusieurs temples uniques dans leur genre dont celui du dieu Amon et son épouse, la déesse Mout. Nous passons par l'allée des sphinx à tête de bélier. Nous croisons le premier pylône, accédons à la grande cour; à gauche un temple de Ramsès III; vestiges de la grande salle hypostyle de 134 colonnes, un obélisque de Thoutmosis Ier et l'obélisque de Hatshepsout. Cet alignement de mots et de noms ne traduisait pas l'étendue du site, la splendeur de l'ensemble.

Quelle émotion ressentie devant ces lieux qui révélaient la grandeur des pharaons des milliers d'années avant notre ère ! J'étais au pays du rêve et de l'histoire, aux sources magiques du songe, de la démesure et de la réalité.

Ici, les pharaons avaient créé une civilisation qui par ses idées et ses travaux d'architecture continuaient après des dizaines de siècles à attirer les foules de tous les pays. Les premières notes du programme « son et lumière » dans la majesté de Karnak rappellent à la vie la splendeur éternelle de ce passé à mesure que la foule avance dans les dédales du temple. La narratrice, la musique et la lumière recréent, dramatisent l'histoire de Karnak et de la ville florissante qui l'avait vu naitre. Karnak, c'est un résumé de la civilisation que les maitres de l'Égypte avaient développée à Thèbes. Pendant deux-mille ans, de la 11e dynastie à Ptolémée III, au troisième siècle avant J.-C., chaque pharaon essayait de dépasser son prédécesseur en ajoutant à la magnificence des sculptures, obélisques, portes et temples.

Des artisans concevaient des portes avec de l'or, du marbre, de l'argent. De l'or ornait les façades des édifices. Des jardins somptueux couvraient les terrains à l'entour des temples, c'était des oasis pour les rois et les prêtres d'Amon. Ils adoraient Amon, le dieu invisible « qui avait créé le monde par sa pensée et avait fait de l'Égypte la première terre à émerger des océans. »

À la fin de la soirée, nous passons par le lac Sacré où nous apparait la ligne des temples et des obélisques sous la lune d'automne.

Les antiquités égyptiennes découvertes lors des fouilles à Louxor et dans les régions voisines sont au musée de la ville. Nous le visitons. Des centaines d'objets incluant de la poterie, des bijoux et des papyrus venant d'aussi loin que la période prédynastique, soit 3 200 ans avant J.-C. jusqu'au quatorzième siècle de notre ère. La plus extraordinaire réalisation de ce musée, c'est le mur où sont rassemblés les blocs de grès peints et sculptés venant du grand temple du pharaon révolutionnaire Akhenaton bâti au quatorzième siècle avant J.-C., à Karnak. Ses successeurs se sont vengés, ont détruit le temple, ont dispersé les pierres parce que ce pharaon croyait à l'existence d'un seul dieu et le manifestait. Les archéologues ont retrouvé des milliers de blocs et ont réussi à reconstituer le casse-tête.

Un archéologue qualifie de « pillage du Nil » les collections amassées par le Louvre, le British Museum et le New York's Metropolitan, qui dépassent celles de ce musée.

Près du musée est le Chicago House. C'est le seul centre de recherche permanent opéré par les Américains en Égypte. Leur travail consiste principalement dans l'enregistrement des inscriptions des reliefs et de l'architecture des grands monuments de l'Égypte. À cette école, on dit que les monuments sont condamnés. Dans 75 à 100 ans, ils seront disparus. La nécessité de construire des habitations et l'explosion de la population (un million de nouveaux bébés en Égypte chaque dix mois) sont parmi les forces qui menacent les antiquités.

Sur la route venant de l'aéroport de Louxor, je me disais que les choses étaient comme il y a trois-mille ans : des ânes, des charrettes, des chèvres, peu ou pas de chevaux, de petites fermes, des maisons très basses, en briques, percées souvent d'une seule fenêtre; le style des maisons, le style des temples et les cours en pierre me semblaient identiques; les gens assis près des portes, tout près de la rue; les paysans semblent très pauvres. Assises sur le talus, des femmes habillées de noir présentent à la vente chacune une casserole de légumes. Non, cette image ne disparaitra pas de ma mémoire; après des années, elle m'émeut tout autant. Les quelques femmes qu'on voit dans la ville sont elles aussi couvertes de noir de la tête aux pieds. Les hommes portent la djellaba, la tête enrubannée par le burnous. Ils sont très beaux.

Nous traversons sur la rive ouest du Nil. Les deux statues gigantesques nommées « colosses de Memnon » sont les seuls vestiges du temple funéraire d'Aménophis III. Elles flanquaient jadis l'entrée de ce temple monumental. Nous visitons le temple de Médinet-Habou. C'est le temple de Ramsès III, le pharaon reconnu comme celui qui a arrêté l'invasion des peuples de la mer. Le temple de Médinet-Habou est, du point de vue stylistique, l'un des plus parfaits édifices que l'art égyptien nous a laissés. Ce temple est une merveille. C'est le plus grand ensemble après Karnak.

Nous descendons au tombeau de Ramsès III. Surtout, nous avons admiré les couleurs parfaitement conservées du tombeau de Sennedjem. C'était un fonctionnaire à l'époque de la dix-neuvième dynastie. Le mobilier de son tombeau est au Musée du Caire.

Seulement prononcer les mots vallée des rois, vallée des reines, c'est bouleversant. Les principaux tombeaux sont ceux de Toutankhamon, Seti 1er, Aménophis II, Ramsès III, Ramsès IV. Le tombeau de Néfertari, épouse de Ramsès II, était fermé pour restauration. Dans la vallée des reines, on a retrouvé près de quatre-vingts tombes, mais extrêmement endommagées. La tombe de la reine Thiti conserve de belles peintures dans des teintes de rose.

Le temple de Deir El-Bahari avait été commandé par la reine Hatshepsout comme lieu funéraire pour elle et son père. Un temple à trois étages bâti au pied d'un mur de rochers dans la vallée. Un temple majestueux à trois terrasses et à trois colonnades placé en quelque sorte comme une perle aux pieds de cette chaine de rochers. Son premier ministre et architecte favori, Senenmout, avait, au quinzième siècle avant J.-C., créé une structure en parfaite harmonie avec le paysage et le terrain, et ce, longtemps avant que Frank Lloyd Wright, architecte américain du vingtième siècle, mette beaucoup d'emphase sur la nécessité d'harmoniser la structure et le bâti avec le terrain.

C'était une vision incroyable dans la rue, tant d'enfants sur des ânes. Ils allaient, je suppose, soit à l'école, soit aux champs.

La croisière nous amène à Edfou. Ce temple consacré aux dieux Horus et Hathos serait le mieux conservé de toute l'Égypte et celui ayant les plus importantes dimensions après Medinet Habou et Karnak.

J'écris ce jour-là : les Égyptiens, dans leur conception de dieu, avaient en quelque sorte annoncé le christianisme. Akhenaton, considéré comme un pharaon hérétique, avait proposé une révolution religieuse en professant l'existence d'un seul dieu.

C'est peut-être leur croyance à une vie éternelle et à la résurrection qui ont poussé les Égyptiens si loin dans leur art. Nos sociétés agnostiques et sans Dieu de la fin du vingtième siècle ne feront-elles que des objets utilitaires et ennuyants?

En après-midi, la croisière continue; les petits villages tout le long du fleuve. Des chaines de montagnes de chaque côté. Avec ses vestiges impressionnants et ses modes de vie rudimentaires, la vallée du Nil transporte le voyageur à une autre époque, lui laissant une profonde impression de dépaysement.

« Colonnes d'un temple millénaire se détachant dans un ciel bleu, berges vertes où paradent des troupeaux de chameaux, montagnes dorées se dressant aux limites du désert, petits ha-

meaux parsemés de maisons recouvertes d'un crépi de terre, îles mystérieuses où des fellahs font la sieste au pied d'un palmier alors que leurs femmes font la lessive au bord du fleuve, quais envahis par des enfants qui saluent le passage du bateau, voilà quelques-unes des images que l'on conserve de cette croisière. »

Pour nous rendre à notre navire, nous traversions quelque fois cinq à six navires alignés les uns à côté des autres et qui formaient un pont. De même au temps de Xerxès, roi de Perse, c'était la manière d'établir un pont pour faire passer ses soldats par le détroit des Dardanelles. Les Romains maintiendront cette technique des ponts de bateaux alignés permettant le passage des légions d'une rive à l'autre.

La merveille continue ! Quel plaisir de s'asseoir sur le pont, de se rafraîchir au vent léger, d'admirer, de lire, de prendre un verre.

Le bateau s'arrête à Esna. Souper oriental, photos, musique, danse. Je suis sur le pont au passage du barrage d'Esna. Le matin, au lever du soleil, nous nous rendons à pied depuis le débarcadère voir ce temple. Cette ville dans l'Antiquité avait été la capitale d'une province de la Haute Égypte. Un temple bien conservé.

Dans leurs belles robes, les gens ont une allure fière, altière, un beau port de la tête et du corps. Les Égyptiens ont des traits réguliers. Moins beaux sont les Nubiens. Eux qui sont de l'extrême sud de l'Égypte et de la partie nord du Soudan. Les femmes sont entièrement vêtues de noir; immense panier sur la tête.

À 17 h, visite du temple de Kom-Ombo. Énorme, gigantesque. Une partie du temple était consacrée à Sobek, dieu de la fertilité, et l'autre partie à Horus le Grand, un dieu guerrier.

En fin de soirée, nous sommes à Assouan. Une foule grouillante dans le souk. L'incroyable variété des épices pleines d'odeurs et de parfums continue à entretenir l'atmosphère de rêve dans laquelle nous sommes plongés.

Là, les nombreuses carrières permettaient qu'on en tire les blocs de pierre pour les temples mais aussi les obélisques sculptés d'une seule pièce dans le granit. L'obélisque inachevé que nous visitons est monumental. Nous voyons en quelque sorte la source de ce travail gigantesque accompli par les anciens sculpteurs. Une longueur de 41 mètres. Il aurait été érigé par la reine Hatshepsout. Des fissures sont apparues dans le granit. Ils ont dû abandonner le travail. Cet obélisque témoigne de leur savoir-faire et des efforts à multiplier pour exécuter ces œuvres. Je me prends la tête à deux mains en songeant combien les Égyptiens des époques lointaines étaient extraordinaires.

Malgré qu'il possédât un fac-similé de la pierre de Rosette, Champollion, égyptologue français qui étudiait les écritures égyptiennes, n'avait pas encore réussi leur déchiffrement. « C'est le texte d'un obélisque trouvé à Philae qui lui a permis de découvrir la correspondance des signes dans les trois groupes d'écriture de la fameuse pierre. Sa découverte du système graphique complexe auquel correspondent les hiéroglyphes rendait possible le déchiffrement ultérieur indispensable à la connaissance de la langue et à l'établissement d'un vocabulaire et d'une grammaire. »

C'était cette merveille qu'elle nous avait racontée, la guide, tout en marchant vers les temples de Philae. Du milieu des rochers granitiques de l'ile sacrée, domaine de la déesse Isis, les temples de Philae avaient été transportés sur l'ile d'Agilika pour les sauver des eaux du Haut-Barrage d'Assouan. Aucune visite de temple ne m'avait autant émue et bouleversée que celle des temples de Philae. Ce même jour, la longue marche dans l'ile Kitchener, près de l'ile Éléphantine, un jardin botanique, sanctuaire naturel de la flore tropicale de la Basse Égypte. Repos et détente. J'aurais aimé y marcher une journée entière.

Nous traversons le Nil par la route au-dessus de l'ancien barrage près de la première cataracte. Nous voyons le lac Nasser et le Haut-Barrage d'Assouan.

Les crues du Nil, chaque année, inondaient de grandes superficies de terre agricole. Il semble que par cette construction, la surface cultivable a été augmentée d'un tiers.

Nous revenons à l'hôtel pour y prendre le thé à la mode britannique. Après le repas du soir, une longue marche de deux heures dans la ville.

Elle y avait écrit *Croisière sur le Nil*. Comme un temple, une splendeur : l'hôtel Pullman Old Cataract, d'un grand chic, où Agatha Christie passait des hivers à écrire. Après y avoir fait quelques pas de danse, y avoir jeté des coups d'œil d'envie sur ceux qui pouvaient se payer ce luxe, nous retournons à notre hôtel.

VENDREDI 19 OCTOBRE

C'est un jour mémorable. À dix heures le matin, par avion d'Egypt Air, nous allons à Abou Simbel. Difficile à décrire. Faut voir. Le Grand Temple, édifié en Nubie par Ramsès II constitue un des vestiges les plus beaux et les plus complets qu'a laissés ce pharaon. Même si Ramsès recherchait constamment sa propre gloire, il a fait construire à côté de son chef-d'œuvre un temple beaucoup plus petit dédié à sa femme Néfertari. Elle fut la seule épouse de pharaon en Égypte à être représentée sur la façade d'un temple.

C'est là, dans le temple de Ramsès, qu'a lieu chaque année le « miracle du soleil ». Deux fois par an, le 21 mars et le 21 septembre, à une heure précise qui serait 5 h 58, un rayon de soleil traverse les 65 mètres qui séparent l'entrée du temple du sanctuaire. Et la lumière du soleil brille sur l'épaule gauche d'Amon-Rê et de Ramsès II. Voilà des savants, des scientifiques, des mathématiciens, voilà les anciens Égyptiens qui étaient capables des calculs nécessaires à l'orientation du temple pour y diriger les rayons du soleil. Un mur entier du temple décrit la bataille de Kadesh. Là où Ramsès II sortit victorieux d'une bataille contre les Syriens. À Abou Simbel, la frontière du Soudan n'est qu'à 30 km (20 milles).

Au loin dans la plaine, le marché de chameaux où, chaque vendredi, les Soudanais viennent vendre leurs précieuses marchandises aux fermiers égyptiens. Une vraie vision ! Une autre image gravée pour toujours dans ma mémoire.

Retour à Assouan. Nous logeons à l'hôtel Oberoi sur l'île Éléphantine. Souper sur le bateau tout en faisant le tour de cette île.

SAMEDI, 20 OCTOBRE

Le thermomètre marque 38°C à 10 h. Nous faisons une promenade en felouque sur le fleuve. Le musée d'Assouan, que nous visitons, renferme une importante collection d'antiquités gréco-romaines qui ont été découvertes au cours des fouilles dans la région. Nous voyons le célèbre nilomètre décrit par Strabon, ce géographe grec qui avait voyagé dans tout l'empire romain et en Égypte. Le nilomètre enregistrait, en langue grecque, démotique et arabe, la hauteur des crues du Nil. Nous terminons la journée par la visite d'un village nubien. Très grande pauvreté.

Le lendemain dimanche, nous quittons Assouan par Egypt Air pour Louxor et Le Caire. La vue des étendues de sable et de désert m'a marquée à jamais. Je me jurais de ne jamais gaspiller d'eau, même pas une goutte.

En quittant l'aéroport en autobus, par Héliopolis, nous passons par le chemin du désert. Nous avons traversé Le Caire du nord au sud. Une circulation dense à l'extrême. En route, nous arrêtons au tombeau et au monument du président Sadate et à l'estrade où il a été assassiné. Plus loin, une mosquée de style ottoman entièrement en albâtre. Faut voir l'immense étendue des tombeaux qui ressemblent à des maisons, d'ailleurs. Nous passons par le Vieux Caire, par Guizèh, et nous filons sur la route des Pyramides pour nous rendre à Alexandrie à 180 km du Caire.

ALEXANDRIE

Nous logeons au Ramada Renaissance d'Alexandrie situé sur La Corniche, le long de la Méditerranée. Je remarque des édifices en mauvais état, délabrés. Il y a trente kilomètres d'édifices de quinze à vingt étages le long de la Corniche.

Alexandrie, « la fiancée de la Méditerranée ». La ville qui n'a cessé d'ensorceler ses visiteurs depuis l'époque des Ptolémée. Ville du poète grec Cavafy, du poète et romancier Laurence Durell. Alexandrie sert de cadre à ses quatre principaux romans, *Justine*, *Balthazar*, *Mountolive* et *Cléo*, qui forment une seule œuvre : Le Quatuor d'Alexandrie. C'est aussi une ville chérie par le romancier égyptien Naguib Mahfouz.

Le lendemain à 9 h, nous commençons par la visite de La Corniche; nous nous rendons à la Citadelle, passons dans le plus vieux quartier de la ville, la partie la plus pauvre, la moins bien entretenue; un grand marché dans la rue, des marchandises sèches, des fruits, de la nourriture enveloppée dans du vieux papier d'écolier; des foules, des foules, sans cesse des foules. Du monde partout, dans toutes les rues, des gens qui se croisent en tous sens. Autant on voit des gens balayer des rues, autant on voit de nombreuses rues pas très propres. Il y a des chèvres, des oies, des poulets dans la ville. Nous ne sommes pas passés par les rues de ses élégantes villas.

Quelle visite intéressante que celle des catacombes romaines. Ce sont les plus grands tombeaux de l'ère romaine à Alexandrie. Mariant les deux arts pharaonique et romain, ils se composent de trois étages creusés dans le roc à une profondeur de 100 pieds. Ils remontent au début du premier siècle après Jésus-Christ.

Visite du musée gréco-romain d'Alexandrie. Il constitue, après les trois grands musées du Caire, le maillon qui manquait dans l'évocation complète de la vie en Égypte aux différentes époques de leur histoire. Une salle de statuaires gréco-romaines. Une salle de Tanagra (statuettes de terre cuite originaires du village de Tanagra, en Grèce, au quatrième siècle avant J.-C.). Des bijoux, de l'orfèvrerie, un cabinet de monnaies anciennes. Nous descendons les escaliers qui nous mènent à l'amphithéâtre romain; vestige unique en son genre en Égypte.

Mardi durant l'avant-midi, nous marchons dans la ville, dans les petites rues, les grandes rues, la rue du marché. Nous passons par la rue du monument au soldat inconnu, les boutiques, les étalages de fruits, les petits commerces. Nous quittons Alexandrie en après-midi pour retourner au Caire. Malgré tout, je n'ai rien vu, rien su, rien dit d'Alexandrie. Si lointaine, si précieuse, croulant sous l'histoire.

« Alexandrie va jouer à la fin du second siècle et au début du troisième un rôle important dans l'histoire de l'Église. Alexandrie sera le pôle de la culture chrétienne, comme Rome est le pôle doctrinal. C'est à Alexandrie que le christianisme assure l'héritage de la rhétorique et de la philosophie antiques et que s'élabore aussi cet hellénisme chrétien qui sera le miracle de l'histoire humaine » (Nouvelle Histoire de l'Église).

La nouvelle bibliothèque d'Alexandrie n'était pas encore construite.

Aujourd'hui, inaugurée en 2003, le bâtiment est situé à l'emplacement même de l'antique bibliothèque fondée en 288 avant notre ère, sous Ptolémée 1er. Il projetait conserver en ce lieu tout le savoir de l'humanité avec 700 000 mille rouleaux de papyrus. Quand les navires abordaient au port d'Alexandrie chargés de rouleaux venant de Grèce, d'Anatolie, de Perse, d'Arménie, les gardiens, nombreux, protégeaient les cargaisons comme aujourd'hui on ferait pour les lingots d'or.

LE CAIRE

Nous passons par la route verte du Delta. Des cultures florissantes. Des lavandières le long du Nil. Du linge partout étendu sur les balcons. Dans les campagnes, les hommes portent la djellaba. Plein d'hommes assis sur le toit des wagons du train de marchandises qui file vers Alexandrie.

Au Caire, nous logeons encore au Sémiramis. Des Koweïtiens qui ont fui la guerre de Saddam y sont nombreux.

C'est la journée aux Pyramides de Guizèh et du Sphinx. Nous étions devant une des sept merveilles du monde antique. La grande pyramide érigée par le roi Kheops vers 2650 avant J.-C., la deuxième érigée par son fils, le roi Khephren. La troisième élevée pour Mykérinos. La suprématie des Égyptiens en architecture à cette époque tient du prodige. Nous pénétrons dans la pyramide de Kheops : nous visitons le temple de Khephren. Nous avons une vue extraordinaire du Sphinx le soir, à la cérémonie son et lumière. Le narrateur termine par une expression de croyance à l'immortalité. Les anciens Égyptiens croyaient que l'âme allait (ils faisaient tout en ce sens) un jour, après la mort, rentrer dans son corps et se présenter devant son juge. Ils croyaient à la résurrection du corps et de l'âme.

Les Égyptiens plaçaient dans les tombes des « maisons de l'âme », modèles réduits en terre cuite, reproduisant avec une extrême minutie la demeure du défunt.

Grande soirée : souper au restaurant Mena House de l'hôtel Oberoi – spectacles de danse folklorique. À la suite, danse sociale. Un grand orchestre nous entraine sur la piste au son de la lambada. Impossible de résister à cette musique latinobrésilienne. Les notes m'ont traversé l'âme pour toujours. Quelques soirées plus tard, à Sham-el Sherk, c'est un prêtre de notre groupe que j'entrainais à danser avec moi dès les premières notes de la lambada, sous le soleil couchant, au restaurant extérieur où nous mangions au bord de la mer Rouge. J'ai tourné, tourné; je n'ai pas oublié. Quelques années plus tard, à l'hôtel Carlton International de Sorrento, quand le petit orchestre entonnait la lambada, c'est une personne du groupe que j'entrainais encore à danser avec moi.

Vouloir tout visiter, les pyramides, le sphinx, les mastabas, les tombeaux, Memphis, la pyramide de Djoser, le site de Saqqarah, le Serapeum, c'est comme vouloir tout connaitre de Venise et ses dizaines de musées, ses centaines d'églises, ses hôtels, ses canaux. Vous serez dépassé, débordé, envouté. Vous voudrez retourner.

Aujourd'hui, après des années, je reverrais l'Égypte pour de multiples raisons. Entre autres, pour les barques solaires dont je ne connaissais pas l'existence. L'une d'elles est exposée dans un musée spécial au sud de la pyramide de Kheops. En bois de cèdre, elle a été retrouvée avec tout son équipement, les rames, les cordes, les loges. Au musée du Caire, je me serais arrachée quelques cheveux. Extrême richesse de ses collections réparties dans une centaine de salles. Trop peu de temps. Je fais la visite avec le groupe. Par la suite, j'ai annulé la visite au musée Copte, à l'église Abuserga, à une mosquée, au bazar pour une deuxième visite au musée du Caire.

J'y ai vu le trésor de Toutankhamon. C'est mille-sept-cents objets. Que devait être le trésor de Ramsès II? Inimaginable ! Le sarcophage contenait la momie en or massif de 143 kg, le masque funéraire est en or. J'ai vu un objet en bois orné de ce qui semble de la fourrure et placé dans sa tombe et qui signifiait la croyance à la résurrection. Vive émotion.

Dans le trésor de Toutankhamon, on voit des jeux de dames, d'autres jeux, des peintures, des poignées, des fermetures de porte, des gants, des sandales, un voile impeccable après 3 500 ans; un tissu parfait, des graines variées, des gerbes de fleurs (feuillages), des lits, un lit pliant en trois parties, des boites à chapeaux (perruques), des chariots.

Nous sommes à Memphis. De cette ville, il ne reste pratiquement que des ruines. Les Arabes l'ont détruite et remplacée par Le Caire. Elle était la capitale de l'Ancien Empire. Elle a eu un rôle politique et économique important jusqu'à la fondation d'Alexandrie. Nous voyons une statue colossale de Ramsès II couché sur le dos; aussi un très beau sphinx sculpté dans un unique bloc d'albâtre.

CE LIEU ANTIQUE

Nous visitons l'extérieur de la pyramide à degrés de Djoser, celle dont l'image sur la couverture du livre de Jacques Pirenne m'avait hantée depuis des années. Elle est située au centre de la nécropole de Saqqarah, la plus grande de toute l'Égypte. Nous marchons dans l'immense enceinte funéraire de la pyramide. Nous entrons dans le complexe de Djoser par la colonnade d'entrée (40 colonnes). Nous visitons un mastaba (lieu funéraire pour les nobles) de sept pièces; le nombre et la finesse des dessins, les couleurs encore vives, surtout du rouge; des salles de grande beauté.

En soirée, longue marche dans le cœur de la ville; des foules, de beaux jeunes hommes très nombreux qui se tiennent par le bras. Est-ce une apparition : une femme entièrement couverte de noir, juste une petite fente dans le tissu pour les yeux; elle marche au bras de son mari.

AU PIED DU SINAÏ (27 OCTOBRE)

Moïse, le buisson ardent, le mont Sinaï, les Tables de la Loi, les dix commandements, la montagne de l'Horeb, le retour d'Égypte, c'est ici, c'est la Bible sous nos yeux. Lever très tôt. Par Air Sinaï, nous étions venus au monastère Sainte-Catherine. C'est l'empereur Justinien au sixième siècle qui a ordonné la construction d'un monastère – forteresse entourée d'un haut mur. Nous visitons l'église et un lieu étrange, l'ossuaire; les crânes et ossements des moines qui s'y sont succédés au travers des siècles.

La bibliothèque du monastère de Sainte-Catherine n'est dépassée que par celle du Vatican quant au nombre et à la valeur des manuscrits qu'elle contient, soit trois-mille. La bibliothèque possède le Codex Syriacus du cinquième siècle. Un temps, elle possédait le Codex Sinaïcus présentement au British Museum. On y trouve aussi une collection de deux-mille icônes.

Les maisons du village de Sainte-Catherine sont posées par petites touches dans un décor de montagnes impressionnant. À environ un kilomètre du monastère, il y a des chalets en pierre. Le président François Mitterrand est déjà allé s'y reposer. Sadate et Begin s'y sont rencontrés en 1978 pour préparer le sommet historique de Camp David.

LES RIVES DE LA MER ROUGE

Nous quittons Sainte-Catherine par autobus pour Sharm-El-Scheik. C'est deux-cents kilomètres de paysages grandioses, dans une vallée entourée de montagnes roses, jaunâtres, ocres, rouges, blondes, brunes. La beauté et la grandeur du paysage sont une expérience inoubliable. Arrivée à Sharm-El-Scheik à 16 h. Une baie sur la mer Rouge et aux confins du golfe d'Arabie. Nos chambres sont de petits pavillons à l'hôtel Hilton.

Dimanche, journée à Sharm-El-Scheik. Soleil, chaleur, baie et plage magnifiques. Longues marches, repos dans la chambre pour me remettre de la grippe et d'une indisposition gastro-intestinale. Souper et soirée orientale. Danse au son de la lambada.

Lundi, 29 octobre. Départ de Sharm-El-Scheik à 7 h 30 par la route le long de la mer Rouge. Nous traversons le canal de Suez par un tunnel près de la ville de Suez. Au Caire à 14 h 30. Achats. Soirée d'adieu à l'hôtel Ramsès Hilton.

Mardi, le 30 octobre, lever à 3 h. Départ du Caire par KLM. Arrivée à Istanbul en Turquie. Arrêt d'une heure, vue magnifique de la baie de Marmara. Voyons des dizaines de bateaux qui ont traversé le Bosphore. Vue parfaite de la ville d'Istanbul; Sainte-Sophie, la mosquée bleue et une autre mosquée. Nous quittons Istanbul pour Amsterdam. Arrivée à Schiphol. Attente, repos. Arrivée à Mirabel en fin d'après-midi.

Entendu à l'émission *L'héritage occidental en art* : « Les Grecs auraient, ont emprunté à l'Égypte. Ils y ont découvert une méthode de travail, entre autres en sculpture. En Égypte, les artistes divisaient un bloc dense à sculpter en 22 parties par schéma sur feuille de papier; on a trouvé de véritables croquis égyptiens; on faisait un quadrillage du bloc de marbre; un sphinx a été trouvé avec son quadrillage, de même un lion avec quadrillage; les Égyptiens ne font rien au hasard en sculpture; leur méthode a été admirée par Platon; les Grecs ont emprunté cette méthode. Le miracle grec c'est que ceux-ci sont arrivés à la représentation du mouvement en sculpture. »

VI
Sur les grands boulevards

Un air de Paris (1991)

Vingt-cinq ans, c'est beaucoup trop long avant de retourner à Paris! Proche de la négligence. J'y serai du dimanche 19 mai au lundi 3 juin 1991. Je logerai au Grand Hôtel des Balcons, rue Casimir-De Lavigne. Visite de la cabine de pilotage de l'avion 767 – l'appareil était sur pilotage automatique... Jusqu'à mi-Atlantique, les ordres de contrôleurs venaient de Gander. Ensuite, Shannon en Irlande prend la relève.

Je me régale dans les magazines offerts dans la cabine.

Lu dans le magazine *Time* qu'à compter de juin, les intérieurs, les jardins, les parcs de deux-cents petits châteaux dans le nord-ouest de la France seront ouverts aux visiteurs qui désirent un changement avec ceux de la vallée de la Loire.

Témérité avec mes gros bagages. De Charles-de-Gaulle à la gare de l'Est, j'ai fait le trajet par autobus (impatience de quelques clients), mes bagages encombrent l'allée. De là, par taxi jusqu'à mon hôtel. Ma chambre est petite, tassée, très ordinaire, mais j'ai obtenu un changement pour une meilleure chambre. En après-midi, c'est le repos au jardin du Luxembourg. Longue conversation avec un couple de Parisiens.

Ce parc est peut-être un emblème de Paris. C'est là que Sempé, un illustrateur pour Paris-Match, a trempé sa plume et nous livre en quelques lignes l'allure du parc. Je dirais par ses chaises : trois chaises adossées à un arbre, deux penchées sur une balustrade, quelques-unes croches à gauche, une re-

315

dressée vers la droite; en un instant, je reconnais le jardin du Luxembourg par ses chaises au dossier arrondi, soudainement laissées en plan.

CLUNY (21 MAI)

Presque la journée entière au musée des Thermes et de l'Hôtel de Cluny. Le musée occupe deux bâtiments : le premier abrite les vestiges romains des thermes de Lutèce et le second, l'hôtel de Cluny que s'était fait construire un des abbés de la célèbre abbaye de Cluny, en Bourgogne.

Ce lieu était le pied-à-terre à Paris des abbés de l'abbaye de Cluny. Statues, retables, tapisseries, sculptures du Moyen Âge.

Cluny avait été à l'origine de la fondation de plus de mille monastères.

L'abbatiale romane à Cluny, c'était le plus vaste monument de l'occident médiéval. Cela m'est incompréhensible que cet ensemble ait été presque entièrement démoli au début du dix-neuvième siècle.

L'hôtel de Cluny serait un des rares et des plus précieux édifices civils du Moyen Âge que Paris ait conservé. C'est devenu un musée national du Moyen Âge. Ce que j'y ai vu de plus spectaculaire, ce sont les six tentures de la Dame à la Licorne. Elles sont suspendues dans une rotonde qui a été construite spécialement pour les exposer à l'admiration du public. Sur chacune des tapisseries, une même jeune femme entourée de fleurs et d'animaux représente les cinq sens, et sur la sixième, c'est la place laissée au désir.

Des écoliers avec leurs professeurs sont eux aussi assis au pied des tentures et prennent des notes. Ils dessinent sur La Dame à la Licorne. Un petit garçon vient dire à sa maitresse (les mains dans le dos), « Qu'est-ce qu'on fait quand tout est gâché? » Il tenait sa feuille froissée comme une balle de golf.

Dans la salle III, des tissus et des broderies. Dans une autre salle, une collection d'ivoires. Des vitraux du douzième et du treizième siècle. La chapelle de l'hôtel de Cluny est remarquable par son architecture. On qualifie cette chapelle de chef-d'œuvre de l'art flamboyant.

À la sortie du musée, courte visite à la Sorbonne; l'entrée est majestueuse, imposante. Je passe par le petit parc et la place Painlevé en face de cette université. Je rappelle à deux dames que je rencontre les magnifiques paroles inscrites sur le socle de la statue à Michel de Montaigne. Malheur à moi, je ne les ai pas transcrites. Elles étaient probablement tirées de son livre *Les Essais*, que j'ai juste commencé à lire.

Malgré la chambre étroite, j'aimais l'hôtel où je logeais. Chaque matin, le petit déjeuner était servi dans une salle du rez-de-chaussée; nous déjeunons à de grandes tables que nous partageons avec les autres pensionnaires. C'était une occasion de rencontres et d'échanges avec des étrangers. Ce matin, je déjeune avec trois Australiens. Deux d'entre eux sont d'origine hongroise et le troisième, d'origine allemande.

Je prends un verre de vin à la terrasse d'un café. Une dame voisine m'adresse la parole; elle m'avait vue à Cluny. C'est une grammairienne en littérature. Elle a déjà visité Québec et Montréal. Elle connait l'auteure de *Pélagie-la-Charrette*, Antonine Maillet, qui a déjà eu le prix Goncourt.

C'était un dimanche soir, je crois. Je suis allée m'attabler au restaurant Le Procope, numéro 13, rue de l'Ancienne Comédie. C'était tolérable de manger avec Voltaire, J.-J. Rousseau, Beaumarchais; la présence dans ce café devenait douteuse et dangereuse en y accompagnant Robespierre, si complètement relié à La Terreur, avec Danton lui-même un instigateur de celle-ci et Marat responsable de massacres. Au dessert, les propos s'apaisaient avec Alfred de Musset, Georges Sand, Verlaine, Bonaparte. Tous, en leur temps, avaient fréquenté ce café. *Le Procope*, fondé par un Sicilien depuis 1686.

Comme si je n'avais jamais vu Paris, j'ai redécouvert la ville chavirée par l'émotion devant sa beauté. Montée dans l'autobus à étages, les écouteurs sur les oreilles, qui donnent des commentaires dans la langue de notre choix, nous sommes allés de rue de Rivoli à place de la Concorde, au Louvre, à la place des Vosges, des Champs-Élysées à l'Arc de Triomphe, du palais de Chaillot à la place Vendôme; ainsi défilait une ville ambre, rosée, dorée, à l'architecture flamboyante sous le soleil. Quand je retournerai à Paris, je referai cet éternel circuit que fait chaque touriste du monde entier qui découvre la capitale.

Descendue à la station d'Orsay, je traverse la Seine par le pont Solferino pour me rendre au Louvre. La visite commence par les antiquités égyptiennes et coptes. Aujourd'hui, j'ajouterais les civilisations mésopotamiennes. Toute la section du Louvre médiéval est gardée pour un autre voyage. Je prends un peu de repos à la cafétéria de la Pyramide du Louvre; une journée extrêmement fatigante. Une dame parisienne, sa nièce, sa belle-fille et sa petite-fille s'assoient avec moi. La dame a visité Vancouver et semble avoir quelque idée du Canada. Sa nièce est une Anglaise d'Angleterre.

Visite au musée d'Orsay. Ma foi, d'Orsay ressemble à Versailles. Dorures, miroirs, peintures au plafond, plafonniers extraordinaires. J'y ai vu des Gauguin, des Monet, des Renoir, des Pisaro, des Seurat, des Rodin, des Maillol.

Au retour, à la terrasse du Rostand, je converse avec Madeleine Scali; une femme peintre, professeur, qui a présenté des expositions; elle me montre les photos de ses peintures. Une Française juive née à Oran et qui vit en France depuis une trentaine d'années.

Au restaurant Le Petit Prince, rue Monsieur le Prince, une découverte : la tarte Tatin. Les gens à côté de moi aussi la choisissaient. Je converse avec deux jeunes filles et un couple de Suisses-Allemands.

Au musée National d'Art Moderne du centre Georges-Pompidou, encore un défilé de beautés et de chefs-d'œuvre. Je glane des idées : papier gouaché, marouflé, découpé, sur toile, collé sur papier, peinture à la colle et papier brun collé sur toile. Tôle découpée et peinte.

Je converse avec des enfants des écoles en visite à ce musée.

GOMBROWICZ

Je visite une deuxième exposition, celle consacrée à Witold Gombrowicz, un écrivain polonais qui a vécu à Paris. J'ai noté ceci « Au soir de la vie, je refuserais, il me semble, de paraitre en Europe sans la beauté que donne l'amour... l'amour est dignité. Voilà ce qui m'apparaissait à mon âge. Plus grande est notre débandade biologique, plus on a besoin de la passion d'un feu brulant. »

Son feu brulant, il l'avait connu auprès de Rita Labrosse, une Québécoise qui séjournait à l'abbaye de Royaumont pour écrire sa thèse de doctorat. Elle est devenue sa compagne, puis son épouse.

Rita Labrosse a parlé de lui : « Il était fondamental pour lui que l'individu ne se laisse asserve d'aucune façon. Il y a en lui un créateur essayiste, un romancier, un dramaturge et un penseur à la Montaigne, qui passe en revue les grandes idées qui ont marqué le vingtième siècle. Comme Montaigne, il a fait de son mal de vivre un questionnement sur la culture, en périphérie de tous les courants. »

DES LARMES À LA CONCIERGERIE

Une journée dans l'ile de la Cité. Faut voir la beauté du Palais de Justice à l'intérieur; l'immensité des salles et corridors. Un petit restaurant est installé là où au Temps de la Terreur, se tenaient les condamnés; près de deux-mille sont sortis par là pour monter dans les charrettes et se rendre à la guillotine, aujourd'hui Place de la Concorde. Le Palais de Justice est le siège de la Cour de Cassation, le plus haut tribunal de France (comme la Cour suprême au Canada). J'ai mangé à côté d'un avocat de la cour. Une conversation captivante. Pour son propre plaisir, il est aussi entomologiste. Il participe aux congrès en histoire naturelle dans le monde. Il est aussi chercheur. Outre le français, il parle l'anglais, l'espagnol, l'allemand. Nous avons parlé de langues.

Tête baissée, j'ai pleuré en marchant vers les lieux où la reine Marie-Antoinette a vécu ses derniers jours avant de monter à l'échafaud. Même en écrivant ces lignes, j'ai le cœur brisé à revivre ma visite à la Conciergerie et les souvenirs tragiques qu'elle ranime. J'avançais sous les voutes vers le cachot de la Reine.

Avant la Conciergerie, Marie-Antoinette avait été emmenée au Temple avec ses enfants. Le dauphin lui avait été retiré peu après l'exécution du roi. Aurait-il été assassiné, comme les enfants d'Édouard IV à la Tour de Londres, afin d'empêcher tout retour de la royauté?

Une prison dont elle ne pouvait s'échapper. Une minuscule fenêtre fermée par des barreaux de fer. Une pièce humide où il règne un froid glacial.

Un lit étroit, une chaise et une table pour la toilette. Seul un paravent la séparait des gendarmes qui la surveillaient jour et nuit; tout à côté, la chapelle expiatoire, où on voit le crucifix de Marie-Antoinette. Après 73 jours au cachot, le matin du 16 octobre 1793, la reine monta dans la charrette qui la conduisit à la guillotine, place de la Révolution, aujourd'hui Place de la Concorde. Le roi Louis XVI, son mari, y avait été guillotiné en janvier 1793.

Le dauphin avait été confié à la garde du cordonnier Simon jusqu'en janvier 1794... l'année suivante, il est enterré secrètement... Il y a cinq ans, des tests génétiques effectués sur des fragments du cœur conservé de l'enfant ont confirmé l'identité de Louis XVII.

La Conciergerie, un lieu immense : trois salles gothiques élevées au quatorzième siècle. Je les arpente en rêve, en songe, en inquiétude, en nostalgie. La France peut-elle jamais se pardonner d'avoir conduit à l'échafaud son roi et sa reine. Pourquoi une telle tragédie?

Lors d'un prochain voyage à Paris, j'irai pleurer et prier sur leurs tombeaux. Sont-ils dans la basilique Saint-Denis, comme ceux d'autres rois et reines de France?

LA SAINTE CHAPELLE

Le guide me parle de cette merveille de l'art gothique. L'éblouissement de ses vitraux est une des grandes émotions esthétiques que Paris réserve à ses visiteurs. La Sainte Chapelle est un véritable écrin bâti pour y mettre les reliques de la

Couronne d'épines. Les vitraux sont une splendeur. Le plafond est bleu avec des fleurs de lys. Le bleu me rappelait la couleur des plafonds dans les temples égyptiens, là où les fleurs de lys étaient remplacées par des étoiles peintes.

Visite à Notre-Dame de Paris. Fondée au douzième siècle par l'évêque Maurice de Sully. Je reste sidérée même si je l'ai déjà vue et admirée. Les vitraux, les rosaces, les colonnes subdivisées en longues bandes comme les plis d'un tissu. J'allume un cierge. Je prie. Une plaque sur une colonne rappelle le souvenir du million d'hommes de l'empire britannique morts lors de la première Grande Guerre et qui reposent presque tous sur le sol de France. Deux couronnes aux couleurs de l'Angleterre gisent au pied de la colonne.

Je visite le Trésor de Notre-Dame : ostensoirs, calices, patènes donnés par des papes dont Jean XXIII, le pape du Concile. La Couronne d'épines est là et non plus à la Sainte Chapelle. Des chasubles et d'autres ornements.

Lever tardif. Fatigue et manque de sommeil. Finalement, je trouve toujours du temps pour les cafés. Une table libre au café-terrasse Saint-Germain. Je converse avec deux Allemandes de Stuttgart.

Visite à l'hôtel Lamoignon dans le quartier du Marais. C'est la bibliothèque consacrée à l'histoire de Paris. La salle de lecture est d'une beauté à couper le souffle. C'est une de la douzaine de bibliothèques thématiques de la ville. Arrêt dans le square Georges-Caïn. Je marche dans le quartier avant d'arriver à l'hôtel Salé consacré Musée Picasso, endroit où fleurit son génie.

Après le café du matin pris à la terrasse du Rostand, je quitte par le RER pour Saint-Germain-en-Laye à 84 km de Paris. Cette hantise de remonter toujours plus loin pour arriver aux origines de l'humanité, allait trouver réponse. Je cherche mes ancêtres les plus lointains. Dans le château royal de Saint-Germain-en-Laye a été créé le Musée des Antiquités Nationales. Là, des collections d'archéologie qui retracent sur plus d'un million d'années la vie des hommes, des origines jusqu'au Moyen Âge. Cette visite était le but principal de mon voyage à Paris. Déception terrible. À l'arrivée au musée, j'apprends que les salles de la préhistoire sont fermées. Je pleure de désespoir. Il y avait une grève dans certains services publics. Le personnel manquait. Me plaignant à une responsable, elle dit « vous pouvez visiter la section de l'époque gallo-romaine ». Je réponds que je ne suis pas venue pour les Gaulois... Ce sont les objets d'un million d'années qu'il me faut. Je ne retourne pas à Montréal sans les voir.

Le musée est riche d'un grand nombre d'objets exceptionnels et de chefs-d'œuvre à la suite de découvertes archéologiques du dix-neuvième et du vingtième siècle. Ce musée dispose de la collection préhistorique la plus riche au monde. C'est le musée le plus important dans le monde pour l'étude du Quaternaire, c'est-à-dire l'ère qui recouvre les trois derniers millions d'années.

Par ces objets, on assiste à l'apparition des premiers hommes. « Le musée des antiquités nationales au Château de Saint-Germain-en-Laye retrace l'épopée de l'Homme à travers des milliers d'objets exposés et mis en lumière dans le château où vécurent François 1er, Henri IV, Louis XIII et où naquit Louis XIV. »

Je me console en me disant que coute que coute je reviendrai. Et je consens à franchir la porte de la section gallo-romaine... Tout près du cadrage de l'entrée, une carte montrant l'étendue de l'empire romain au temps de l'empereur Trajan. J'engage la conversation avec un couple d'Espagnols. Je leur demande à quoi selon eux, selon leurs connaissances, est due la chute de l'empire romain. Le monsieur me dit, après une réflexion empreinte de gravité, que c'était dû à une question de discipline... un frisson me recouvre... quand je réalise nos manques de discipline en général... Il ajoute que le christianisme avec ses idées de pardon, de charité, a contribué à la chute de l'empire... Aujourd'hui, l'abbé Pierre qui peine à Paris pour garder en France cent-mille réfugiés du Maghreb!!!

Plus tard, je lirai que des auteurs anciens tels Sénèque, Soluste, Caton ont dénoncé à l'envi le développement de l'appétit de jouissance comme une des causes majeures du déclin de la Rome républicaine.

Quant à l'empire, je lisais ceci sous la plume de Cornelius Castoriadis « Vos ancêtres les Germains sont entrés dans l'Empire romain comme dans du beurre. Ce n'est pas la technologie romaine qui les en a empêchés. Il a manqué quoi à l'empire romain? Cet attachement à un projet historique qui fait que les gens sont décidés à défendre à tout prix leur société, ce qui en soi, dissuade l'attaquant. »...

Et ce fut la révélation et la grâce. Je découvrais à la fois l'existence des Gaules, l'existence et l'importance de l'empire romain, l'imbrication des rapports entre les deux. Je fus littéralement subjuguée et séduite par cette histoire. Depuis ce jour, j'ai lu en entier un dictionnaire de la civilisation romaine et l'histoire de l'Antiquité romaine, des origines à la chute de l'Empire. J'ai ajouté Histoire romaine, six-cents pages tassées des Presses universitaires de France. Ce n'est absolument rien devant l'extrême richesse et la variété des villes antiques, des aqueducs, des thermes, de la statuaire, des murs des villes, des routes, des amphithéâtres, des pays qu'ils ont envahis et colonisés, les céramiques, l'histoire des légions, des villas, des forums, des temples, l'épigraphie. Dans ce musée, il y a une maquette et une description exacte de la victoire décisive de César à Alésia (en France d'aujourd'hui) s'emparant des Gaules après un siège de deux mois où il avait vaincu Vercingétorix. L'émotion et la curiosité suscitées en moi n'allaient pas s'éteindre. Tout ce qui touche à l'histoire de l'empire romain, depuis les pièces de céramique et de monnaie jusqu'à la découverte de tombeaux et de villes, me garde en état d'éveil et d'intérêt. Disposer de davantage de temps et d'énergie, je parcourrais l'empire, je marcherais sur les traces des Légions romaines.

Dans la section de l'époque gallo-romaine, une mosaïque de Saint-Romain-en-Gal. Mesurant quinze pieds par vingt, elle représente les saisons. C'était le plancher d'une riche villa. Ces mosaïques sont découvertes par photos aériennes lors des pluies dans les champs des agriculteurs. Là où un carré de pluie demeure en surface, c'est le plancher d'une villa. Dans la section d'archéologie comparée entre les diverses parties du monde à de mêmes époques, les objets qui correspondent à ces époques se ressemblent beaucoup.

Dans ce musée, j'ai vu une reproduction exacte de la salle des bovidés des grottes de Lascaux. On dit de Lascaux que c'est l'ensemble monumental le plus riche, le plus complexe et le mieux daté du Paléolithique supérieur. Ce qui veut dire trente-mille ans avant notre ère. Je marchais tranquillement vers la préhistoire. Elle viendrait.

Avant de quitter Saint-Germain-en-Laye, je visite la chapelle du château. C'est là, dans ce château, qu'est né le comte de Frontenac, gouverneur de la Nouvelle-France. Il avait fait ériger le fort Cataracoui aujourd'hui devenu la ville de Kingston en Ontario. Cette province a fait apposer une plaque sur le mur du château.

Je mange dans une brasserie tout près et je retourne à Paris. C'est dans ce restaurant que j'ai entendu un Kyrie sur une musique jazzée, chanté par neuf jeunes garçons. Moment inoubliable, d'une très grande beauté. La ville de Saint-Germain-en-Laye est superbe. Les boutiques sont des bijoux. Les rues sont en pierre. Le château est éblouissant.

Le samedi 1er juin, je retournais au musée pour la section Préhistoire. Les salles visitées furent celles de la Préhistoire, de l'Âge du bronze, et celle du Paléolithique. Dans la section Archéologie comparée, je prends quelques notes. Le paléolithique inférieur ancien, soit 1 700 000 à 1 500 000 ans. Le squelette de Lucy, trouvé dans les régions des Afar en Éthiopie, est daté de trois millions d'années. Les premiers outils de pierre auraient été trouvés en Afrique orientale, qui serait le berceau de l'humanité. Un jour en 2003, on apprend que la découverte de crânes en Éthiopie indique que l'Homo sapiens a 160 000 ans.

La vallée du Jourdain recelait des galets taillés d'environ trois-cent-mille ans. Trouvés dans des grottes du mont Carmel, des humains inhumés en position repliée, datés d'environ 45 mille ans avant J.-C. Présence de caractères d'homo sapiens dix-mille ans avant l'apparition de l'homme moderne dans les autres régions de l'ancien monde.

Au septième millénaire avant notre ère, l'existence de villes telles Jéricho et Castal (Huyük) est attestée. Des habitats permanents apparaissent sur les pentes du Zagros au Kurdistan dès le neuvième millénaire avant notre ère (Tépé, Assiat, Dareh). Le Proche-Orient est une des régions où l'on situe la plus ancienne apparition d'homo sapiens, soit l'homme moderne, entre huit-mille et cinquante-mille ans. À Troie, sous les ruines de la colline d'Hissarlik (Anatolie), les recherches de C. W. Beegen (1938-1968) ont montré l'existence de neuf grandes villes superposées dont les deux dernières sont grecque et romaine. Les sept premières appartiennent à l'âge du bronze et sont formées de dix-sept niveaux du bronze ancien.

J'ai vu une pierre de Touche (une variété de jaspe noir qui sert à éprouver l'or et l'argent) en phtanite, une des plus anciennes pierres de Touche connues en Europe. Encore utilisées de nos jours pour les essais d'or, elles permettaient aux orfèvres protohistoriques d'évaluer la qualité et le degré de pureté de l'or par l'observation des traces laissées à la surface de la pierre par l'abrasion légère d'un objet ou d'un lingot de métal précieux.

Quelle merveille que de voir reconstituée la tombe princière de Vix en Côte-d'Or. Une sépulture découverte sous un tumulus datant du premier âge de fer. C'était une princesse celte. La roue enveloppée de tissu restitue les couches successives dont la plupart des éléments du char avaient été recouverts. Les tissus les plus fins étaient en contact avec le métal. Trois-cents sortes de tissu ont été identifiées. Sous le tumulus a aussi été trouvé une couronne en or, une coupe en or, des perles, de l'ambre, une épée. Le char a été reconstitué de l'âge du fer.

En France, on trouve des tombes à chars. Les squelettes sont déposés sur des tablettes, et les roues des chars occupent le reste de l'espace. Dans les tombes féminines, on trouvait aussi de petits vases, des épingles à ressort, des colliers et des bracelets. Dans les masculines, des épées nombreuses et très longues, des chars et des roues.

La Gaule a été bouleversée par les transformations politiques et sociales dues en partie à la conquête de la Narbonnaise par les Romains et aux invasions germaniques.

Je sortis du musée de Saint-Germain-en-Laye marquée à jamais par le désir de connaitre les civilisations anciennes, particulièrement l'empire romain, et de visiter les lieux où elles ont évolué.

Je marche rue de l'Ancienne-Comédie, rue Mazarine, je passe à côté de l'Institut de France. La célèbre coupole m'indique que c'est l'Académie française (locaux de cinq académies). Je traverse le pont des Arts. Arrêt pour un café et je me rends au Louvre pour visiter les Antiquités étrusques, grecques, romaines. Nouvelle déception : les Antiquités orientales sont fermées; manque de personnel à cause de la grève.

Les locaux du Louvre sont sensationnels! Quelle beauté de château, quelle splendeur. Les planchers en marbre; les plafonds décorés; mêmes les tuyaux pour égoutter les toits sont sculptés. Je revois la Victoire de Samothrace et la Vénus de Milo. Vue au Louvre, une porte de tombeau de la fin du quatrième siècle avant J.-C. venant de la nécropole de Vergina (Macédoine).

3 JUIN

Sur l'avion qui me ramenait à Montréal, j'étais assise à côté d'un jeune Magrhebin. Son compagnon avait un siège devant nous. Nous avons eu de longues conversations sur l'immigration venant des pays arabes.

Plus tard, je lisais dans un quotidien que James Buchanan, lauréat du prix Nobel d'économie en 1986 affirmait, après le 11 septembre 2001, que les pays de l'Ouest sont désormais trop vulnérables pour demeurer ouverts à tout le monde sur cette planète. Ils devront appliquer certaines politiques discriminatoires dans les domaines de l'immigration, du tourisme, des programmes pour étudiants étrangers. M. Buchanan est un professeur américain, titulaire de douze doctorats honorifiques, auteur d'une quarantaine de livres et d'innombrables publications universitaires. Les actes terroristes l'ont convaincu que l'Ouest est différent et très vulnérable.

XVII
Comme un pèlerinage

50 000 LIRES DANS LE CREUX DE LA MAIN

Ce que j'avais appris de l'empire romain lors du voyage à Paris avait été suffisant pour aiguiser ma curiosité à jamais. J'avais compris que, bien davantage que Paris, c'était Rome qui me livrerait l'Antiquité; Rome avec ses richesses insoupçonnées et, par la suite, l'Italie se montrerait inépuisable.

Il était 9 h à Montréal ce dimanche matin; 15 h à Rome. Les sœurs doivent être en récréation; je pourrais les rejoindre. Le téléphone sonne au monastère des Sœurs de la Résurrection. Encore une minute et sœur Mary Edward me répond. Une amie religieuse à Laval m'avait recommandé ce couvent où les laïcs pouvaient trouver chambre et pension. Sr Mary, une Américaine, supérieure du couvent, m'annonce qu'il n'y a pas une seule chambre libre. Elle suggère de m'adresser aux Suore Orsoline de la Domus Aurelia, ce que j'ai fait. J'ai obtenu là une chambre pour toute la durée de mon séjour. La Domus Aurelia, un petit hôtel tenu par des religieuses au 218, de la Via Aurelia. Un arrêt d'autobus en face de l'hôtel.

Un 767 de Canadien International plein d'Italiens de Toronto et de Montréal mais où malgré tout, j'avais disposé de trois sièges, l'équivalent d'un lit. Le matin, conversation intéressante avec des Italiens de Salerne qui avaient visité ma ville et l'avaient trouvée agréable.

Descendue à Leonardo Da Vinci avec ma seule réservation de chambre et mon plan de dix pages pour arpenter Rome dans tous les sens. Un taxi s'approche; je demande le prix; il écrit 50 000 lires sur la paume de sa main... et il me conduit à la Domus Aurelia.

Pas une heure de plus à attendre pour se retrouver en pleine histoire. La Via Aurélia remonte au temps de la République. La chronique de l'histoire romane indique la construction de cette route vers 240 avant Jésus-Christ et la place dans la colonne des faits culturels et religieux importants de l'époque. Elle longeait la côte et reliait Rome à Pise.

Une chambre au 4e étage avec salle de bain; le lit un peu étroit, beaucoup trop étroit à mon gout ! Le hall d'entrée est à la fois salle de télé, petit comptoir-lunch et mezzanine avec chaises et tables de restaurant. Cette entrée d'hôtel s'avérera un endroit agréable de rencontres tous les soirs, et de séances de télévision de la Raïuno.

J'étais à Rome pour trois semaines.

Deux mois dans la chaleur de ma cuisine, deux mois à rêver de ce voyage. Cerveteri. Premier lieu inscrit sur une liste de dix pages. Villa Giulia. Tombeaux de la Banditaccia. Thermes de Trajan, à Civitavecchia. Ruines de Civita Castellana, Ansedonia, Volterra, Pompéi.

Forum romain, musée Grégoriano etrusco. Musée du Vatican. Église Santa Maria d'Aracoli. Musée historique de la basilique Saint-Pierre. Piazza del Popolo, Via del Corso. Musée Borghèse. Musée Pigorini. J'ajoutais sans cesse, incapable de contrôler mon désir de tout voir.

Parcourue de frissons à entendre tant de sons de la langue italienne. Il suffisait d'un nom de lieu, du nom d'une ville de ce pays pour me jeter sur la route de ce voyage, qui était peut-être comme un pèlerinage aux sources.

À la manière de Goethe, Keats, Stendhal qui, au dix-neuvième siècle, avaient fait ce qui était appelé alors le pèlerinage d'Italie. Keats, un poète anglais, est décédé à Rome.

Stendhal, qui avait vécu dans cette ville, avait été très marqué par l'Italie, de même que Goethe.

Un premier contact avec les Étrusques avait été les statuettes longilignes de personnages féminins et masculins au musée international des Beaux-arts à Expo 67, à Montréal. Étrurie, civilisation étrusque, début de l'âge du fer, sept-cents à cinq-cents ans avant Jésus-Christ. C'est un peuple aux origines mystérieuses. Leur langue est inconnue. Les bouts de texte qui nous sont parvenus demeurent indéchiffrables.

Au lever du jour le 30 mars, j'étais aux musées du Vatican. Le premier musée visité fut l'Etrusco Gregoriano. Mon premier vrai contact avec le monde étrusque. Dans la salle des sarcophages, une stèle funéraire portant un texte « bilingue » répété sur ses deux faces en latin et en gaulois (l'alphabet gaulois était dérivé de l'étrusque). Parmi les objets les plus précieux, il y a un petit vase, un encrier portant un alphabet gravé autour de sa base et un syllabaire (un livre élémentaire pour apprendre à lire aux enfants) gravé en spirale sur ses côtés.

Une reproduction en coupe d'un tombeau du septième siècle avant J.-C. qu'on peut visiter à Cerveteri. Les objets trouvés sont exposés dans la vitrine. Un chariot avec un lit dessus, d'immenses urnes pour l'eau ou le vin, une collection de bijoux, une fibule en or, de la vaisselle, les restes en bronze d'un trône, des sarcophages, des vases. Des urnes funéraires en forme de maison. Une impressionnante salle de candélabres. Certains mesurent jusqu'à un mètre et demi. Ils datent du cinquième siècle.

Je passe à la chapelle Sixtine; il faut se taire et la regarder.

Michel-Ange avait soixante ans quand il a réalisé son chef-d'œuvre : Le Jugement dernier. Soudain, comme si le mur s'ouvrait devant moi, apparait la scène du dernier jour. Ça me plait de savoir que parmi les nombreuses sources de sa composition, en plus de l'écriture sainte et des Visions d'Ézéchiel, il y eut le Dies Irac et les écrits de Dante. Le Dies Irae a inspiré des parties de la Symphonie fantastique de Berlioz et d'autres musiques telles chez Gustave Mahler.

MARDI

Je commence la journée par le Musée égyptien. Au Musée du Caire, je n'avais pas vu une momie mise à nu; bandelettes enlevées, cheveux teints au henné (jaune roux), un œil fermé avec du coton (par où on avait sorti le cerveau), les mains, les pieds, la tête sont noirs : le tissu des bandelettes est tissé très fin. Cette vitrine où reposent les momies abrite aussi un ensemble de cercueils peints datés de la 21e dynastie, soit mille ans avant J.-C. Une autre vitrine contenant une collection de statuettes qui faisaient partie du mobilier funéraire et étaient chargées d'accomplir des travaux pour le défunt dans l'au-delà.

Au Musée Chiaramonti, c'est presque mille sculptures antiques de toutes sortes. Ces statues sont les portraits de ce temps-là. Défilent les bustes des empereurs, des philosophes, les statues des dieux. Cette profusion se continue dans le Musée du Bracio Nuovo. La magnifique statue d'Auguste armé de cuirasse, la main levée parlant à ses soldats. Elle avait été trouvée dans la villa de Livie (femme d'Auguste) sur la Via Flaminia au dix-neuvième siècle. Une statue de Titus, une tête de Jules César, une statue de Démosthène, orateur grec. Pour toutes les Julie de notre monde, une statue de Julie, fille de l'empereur Titus.

Du belvédère, j'arrive au cabinet d'Apollon. C'est une sculpture romaine en marbre réalisée à l'époque impériale. L'original grec était en bronze et se trouvait sur l'agora d'Athènes vers 330 avant J.-C. Apollon, c'est le plus grec de tous les dieux. Il incarne la beauté mâle et l'excellence morale.

Dans la salle à croix grecque, je vois le sarcophage en porphyre de sainte Hélène, mère de Constantin. De même le sarcophage en porphyre de leur fille Constance. Je n'ai fait que passer par le Musée des cartes géographiques.

Basilique Saint-Pierre

En après-midi du 31 mars, c'est la visite de la nécropole pré-constantienne et la basilique souterraine de la Porte Maggiore. J'avais dans mes notes qu'il fallait quelques jours à l'avance obtenir une permission de la surintendance archéologique pour visiter ce lieu. Néanmoins, je me présente à une porte de côté de la basilique Saint-Pierre les mains vides. Une Française, professeur d'archéologie à Rome, s'apprêtait à diriger une visite avec un groupe d'étudiantes de latin venus de Toulouse. J'ai obtenu un billet et on m'a placée avec ce groupe pour la visite. Tout chez cette femme fut inoubliable : la qualité du langage, le son de sa voix, l'immense érudition, sa capacité à situer les lieux et les évènements dans les siècles passés, la perfection du déroulement de la visite, les apprentissages faits avec elle, je dirais les grâces reçues.

Lors des travaux sous la basilique pour la tombe de Pie XI, les travailleurs sont arrivés sur les traces d'une nécropole romaine. Le pape Pie XII a permis les fouilles qui ont mis à jour des rangées de sépultures. Les tombeaux visités étaient comme des maisons avec un mobilier funéraire, des mausolées païens énormes, décorés de fresques et de mosaïques avec des urnes pour les cendres; des tombeaux sculptés. Ces sortes de tombeaux venaient de leur croyance qu'après la mort, c'était pour toujours un endroit où, comme sur la terre, ils chercheraient à être bien; en quelque sorte, c'était ça leur ciel pour l'éternité.

Avec la venue du Christ, les chrétiens avaient entendu ses paroles : « vous ressusciterez d'entre les morts ». Nous n'avions plus besoin de ces mausolées pour y vivre, plus besoin de petites statues pour y faire le travail, plus besoin que les parents apportent nourriture et vin pour les défunts.

Les tombeaux peuvent être datés du deuxième siècle jusqu'à la construction de la basilique de Constantin; des tombes ont été repérées du premier siècle.

Voici au plus creux sous la basilique, au milieu d'échafaudages, dans un endroit presque inatteignable, l'existence d'un petit édicule (sorte de petit temple), un petit monument soutenu par deux colonnes. Le petit édicule protégé et embelli s'élevait bien en vue au centre du chœur de la basilique de Constantin. Lors des fouilles permises par Pie XII, on trouva dans un mur secret de ce lieu les ossements d'un homme de l'âge de saint Pierre à sa mort. C'était le monument élevé au deuxième siècle sur l'emplacement de la sépulture de saint Pierre. C'était à côté du cirque de Caligula et Néron où il avait probablement subi le martyre. Ce lieu était connu des premiers chrétiens et du temps de Constantin.

Par suite d'un problème dont je ne me souviens pas, un ouvrier a mis ces ossements dans une boite et quand quelqu'un (les archéologues?) se sont informés, il est allé les chercher. Des règles en archéologie n'avaient pas été respectées. Les archéologues ont conseillé au pape Paul VI de ne pas les déclarer comme étant de saint Pierre... Mais c'était saint Pierre. Sur cet édicule ont été construits successivement trois autels : un autel au sixième siècle par Grégoire 1er; un autel par Calixte au douzième siècle; le dernier par Clément VIII au seizième siècle. Ce dernier est l'autel actuel dit de la « Confession ». Tous ces autels sont en ligne droite avec le petit édicule.

Les paroles de la guide traçant le chemin dans les dédales souterrains de la basilique tiraient les voiles sur ce lieu mystérieux vers lequel nous descendions.

Je fus saisie d'émotion. La description et la visite des lieux sont inoubliables. Habitée de ferveur, l'esprit en éveil, la conscience élargie à un monde plus vaste dans le temps et dans l'espace. J'ai cru à saint Pierre. J'ai cru à l'Église Catholique. J'ai ressenti un immense bonheur et une grande fierté d'être de cette Église. J'y serai pour toujours. Je venais de vivre l'évènement majeur de ce voyage.

Villa Giulia

Mercredi le 1er avril, je suis au Museo Nazionale di Villa Giulia. Cet autre musée de la civilisation étrusque est dans un palais du seizième siècle situé dans un jardin d'une grande beauté donnant sur la Piazzolla Giulia.

Sans relâche, depuis le matin jusqu'à 14 h, j'ai regardé, admiré des sculptures, des éléments d'architecture, des bronzes, des statuettes, des armes, des terracottas, des bijoux, des vases, des reliefs venant des murs des tombes. J'y ai vu la reconstitution complète d'une tombe de Cerveteri; le sarcophage des Mariés : une femme assise et allongée dans les bras d'un homme aussi allongé. Tous les deux avec un léger sourire. Des bébés en terre cuite, de la taille d'un bébé naissant, complètement emmaillotés, comme hier, chez nos grands-mères; un modèle qui a traversé les siècles. On y voit les reproductions des fresques de Tarquinia. La célèbre cité antique où les Étrusques s'étaient établis et d'où ils dominaient toute l'Étrurie. C'est plus de six-cents tombes qui ont été découvertes sous terre, dans une nécropole qui couvre cinq kilomètres par un kilomètre de large. Les fresques trouvées sur les murs des tombes ont été reproduites pour le musée de la Villa Giulia : des animaux de la forêt, des léopards y sont représentés, des scènes de danse et de banquet; une tombe illustre des scènes érotiques, une autre avec des scènes de chasse et de pêche. Des fresques des tombes de Cerveteri et d'autres cités étrusques sont aussi à ce musée.

Les tablettes de Pyrgi sont à Giulia. Trois tablettes écrites sur trois feuilles d'or, portant encore sur les côtés les trous pour les clous permettant de les poser au mur. Elles ont été trouvées dans le sanctuaire d'un temple à Pyrgi. Les célèbres feuilles d'or portent des inscriptions.

Pyrgi, c'était le port de mer desservant la ville de Cerveteri. Des fouilles récentes ont mis au jour les restes du sanctuaire. Quand les tablettes ont été découvertes, les experts linguistes ont cru découvrir un texte bilingue. Une tablette est rédigée en phénicien et les deux autres en étrusque. La langue étrusque est écrite en caractères grecs, mais les mots restent mystérieux. Personne n'a jamais pu établir de rapport précis entre la langue étrusque et toute autre langue.

« La splendide villa du 16ᵉ siècle, siège du musée, nous montre les collections d'antiquités qui sont parmi les plus hauts témoignages de deux civilisations, grecque et étrusque, à l'origine de l'histoire du monde occidental. »

À la sortie du musée, bonheur de m'asseoir sur la piazza. Mes pieds ont semblé guérir.

Soirée de repos dans la salle de télévision. Un prêtre franco-américain et un petit groupe d'Américains se parlent de leur assistance à la messe du Saint-Père le matin même.

Elle protestait cette dame flamande à l'hôtel qui refusait de me parler en français à cause du comportement « discriminatoire » des Wallons pour le flamand, en Belgique. Nous échangions en anglais; elle ne savait rien du latin!

L'empereur Titus avait décidé cent jours de fête à l'occasion de son inauguration; je monte jusqu'au troisième pallier du colisée. On imagine la joie et la fierté des cinquante-mille spectateurs qu'il contenait. Chaque secteur était réservé à une catégorie sociale; le premier était réservé à l'empereur et aux vestales. Au dernier étage prenaient place les gens du peuple et les femmes.

En sortant du colisée, c'est l'Arc de triomphe de Constantin. Il avait été érigé pour célébrer la victoire de Pont Milvius qui marqua le triomphe de Constantin sur Maxence. Une véritable beauté. J'aurais dû prendre en note le texte latin sculpté au sommet du monument.

Presque à chaque matin, je suis levée à 6 h. Aujourd'hui, le vendredi 3 avril, je quitte la Domus Aurelia à 8 h pour me rendre au métro EUR-Fermi d'où je descends pour le musée della Civilta Romana, sur la piazza Giovanni Agnelli. Tout ici illustre l'ancienne civilisation romaine. On voit le style des premières habitations par les urnes funéraires auxquelles les

Étrusques donnaient la forme de leurs maisons; nombreux modèles des maisons de Ostia Antica, de Pompéi, de villas romaines. Une salle dédiée à Jules César; un immense tableau sur la région d'Alésia en Gaule, où étaient disposés la cavalerie, l'infanterie, le campement de César, les formes du terrain, les armes utilisées.

Une immense carte du Limes illustrant des murs construits, des zones de fortification, bordant certaines frontières dépourvues de défenses naturelles; le limes, c'est la ligne qui sépare l'empire romain de tous ces peuples qui cognent aux frontières et que les Romains considèrent barbares. Une salle pour l'empereur Claude : l'arbre généalogique des empereurs de la dynastie Julio-Claudienne. Dans cette dynastie, les noms des cinq empereurs de Rome qui comptent parmi les plus célèbres de l'Antiquité : Auguste, Tibère, Caligula, Claude et Néron. Une salle pour les empereurs Trajan et Vespasien.

Peut-être le plus fantastique de ce musée est la salle où est exposée la maquette de la ville de Rome au temps de l'empereur Constantin. C'est d'une beauté et d'un intérêt extrême. De nombreux groupes d'élèves visitent ce musée.

Plusieurs jeunes filles se détachent de leur groupe et viennent me parler en français; leurs questions : pourquoi je suis ici; qu'est-ce que je pense du musée, de la visite dans Rome, de mes activités dans la vie.

Samedi, le 4 avril. La journée d'hier avait été rude. Très fatiguée pendant la nuit. Je dois prendre une nitro. Je me repose jusqu'à 8 h 30.

Aujourd'hui, la visite du Panthéon. Très vive émotion pour cette splendeur et le sens que les Romains et l'empereur Hadrien donnaient à ce lieu. Dédicace du temple à tous les dieux. Cette visite fut pour moi un évènement comparable à la découverte du petit édicule sous la basilique constantinienne.

En sortant du temple, je passe par la piazza Colonna où est érigée la colonne de Marc-Aurèle. La place est animée. Quelle belle journée! Le soleil brille; la chaleur nous enveloppe.

C'est plein de piazzas; toutes plus belles les unes que les autres. Il y a foule sur toutes les rues. Les édifices colorent la ville de rosâtre, jaune ocre, rouille, orangé, citron. Je prends le repas de midi à la place de la Rotonda.

Retour à la piazza Navona, une place érigée sur les lieux du stade de Domitien. L'animation de la ville m'enchante. J'aime la ville de Rome. Je pourrais y vivre. L'histoire de l'empire romain m'intéresse au plus haut point. Visite à l'église de Santa Maria sopra Minerva (Sainte-Marie sur Minerve) érigée au huitième siècle sur les ruines d'un temple autrefois dédié à Minerve.

DIMANCHE 5 AVRIL

Je quitte l'hôtel pour la messe à 10 h 30 à San Paolo Fuori le Mura, c'est la basilique de Saint-Paul-Hors-les-Murs. Un cloitre avant d'entrer dans la basilique. La splendeur du lieu vous étreint dès le premier pas dans cette église.

Quatre-vingts colonnes monolithiques à l'intérieur de cette basilique à cinq nefs. L'intérieur est saisissant de grandeur. En entrant, ce qui m'a bouleversée c'est la puissance, la force de l'idée qui a amené des humains au travers des siècles à traduire cette même idée, en marbre, en colonnes, en lignes architecturales, en unité de l'ensemble, en force tranquille, en un lieu de certitude dans sa majesté. Pour élever de tels monuments, il fallait la foi, la force d'un esprit, la tradition; plus encore, il fallait que cette idée du christianisme ait empoigné les hommes, qu'elle ait maintenu sa trajectoire au travers des siècles, qu'ils aient été séduits à tout jamais par les paroles du Christ et les épitres de saint Paul.

En quelque sorte, je voyais là, dans cette église, la traduction, l'expression de la puissance du christianisme. Fallait que saint Paul ait été un pilier du christianisme pour conduire à tant de grandeur. J'ai prié et j'ai chanté en italien avec le petit livre déposé dans le banc.

LES MURS AURÉLIENS

Je visite une partie des fouilles de la nécropole avoisinante : sépolcro ostrenise; par la via Ostiense, je me rends à la porte San Paolo. Cette dernière est du temps des Romains, bâtie dans les murs auréliens qui ont quarante pieds de hauteur et jusqu'à douze pieds de profondeur à certains endroits. Les murs auréliens, une véritable merveille. Il n'y a que ça dans Rome, des merveilles. Près de la porte San Paolo, la pyramide de Caius Cestius, petit-fils d'Auguste.

J'ai posé mes mains sur les murs. Je les ai contemplés de bas en haut.

En 271, des guerriers germaniques envahissent le nord de l'Italie et battent l'armée impériale; finalement, ils ont été repoussés. L'empereur Aurélien comprend qu'il faut entourer la ville d'une muraille pour la protéger de nouvelles incursions. C'était la fin de trois siècles durant lesquels Rome n'avait été protégée que par la puissance des légions.

La fatigue commence à se faire sentir. Je ne quitte l'hôtel qu'à 11 h pour me rendre aux catacombes de San Sebastiano. Ces catacombes sont la mémoire des apôtres Pierre et Paul qui y ont été inhumés de façon transitoire. Ces catacombes sont quatre étages de tombes, de petites chapelles, de tombeaux décorés de fresques et de peintures.

Dans Rome, je cherche à revivre le temps de l'époque antique; voilà que j'y suis sur cette route qui date de trois siècles avant notre ère. Je marche sur la Via Apia Antica. C'est un des lieux que j'ai le plus aimés; de chaque côté des tombeaux spectaculaires, dont celui particulièrement imposant de Cecilia Metella. Les sons mélodieux de son nom demeurent une musique à mon oreille. Femme ayant un côté hors du commun à découvrir. La tombe de Cecilia Metella est le monument le plus universellement connu de la voie Apienne.

Aujourd'hui, ce tombeau est devenu un musée que je n'ai pas encore visité. J'ai marché sur cette route; c'est un des endroits les plus touchants dans Rome. On avance aujourd'hui dans un passé de 2300 ans. La Via Apia Antica, c'était 750 km depuis Rome jusqu'à Capone et Brindisi. Elle demeure la plus célèbre voie d'Italie.

Les automobiles y circulent. J'avançais avec quelque appréhension. Maintenant, je prendrais des renseignements sur les dangers d'y marcher, pour une femme seule.

La Porta San Sebastiano réputée être la plus spectaculaire des portes de la ville éternelle. Admirable et émouvante.

Je rentre à l'hôtel en milieu d'après-midi. Assise dans le hall avec le capuccino des bonnes sœurs, un numéro du journal La Republica que j'arrive à lire... plutôt à comprendre par bouts, mon livre d'italien pour le voyage à la main. Je rencontre la dame et la fille de l'ambassadeur du Honduras à Londres. Aujourd'hui, elle a été attaquée par des romanichels près du Colisée et des forums romains. Elle n'était pas avisée de cette possibilité.

PROPOS ITALIENS

Après le souper, je redescends promptement dans la grande salle. La chaine italienne Rai uno s'apprête à nous donner les résultats des élections qui ont eu lieu aujourd'hui, le 6 avril, en Italie.

Ce soir-là, j'ai conversé avec un membre du gouvernement italien délégué à la Communauté européenne à Bruxelles.

J'écris rapidement des notes sur les propos qu'il me tient :

— La société dormait pendant vingt ans... « Difficultés entre le Nord et le Sud. »

— Mentalité de razzia (prendre sans donner).

— Les Italiens ne savent plus travailler; manque de connaissances; stagnation des mentalités.

— L'Italie fait du commerce avec le tiers-monde; nous avons des services de tiers-monde.

— Les communistes et les catholiques étaient contre la qualité du travail et des services...

— Cinq régions en Italie où les lois civiles ne sont pas appliquées.

— Dans les bureaux de poste, tout est en marbre mais la poste prend un mois.

— Fonction publique pléthorique, des milliers de personnes en trop, pas nécessaires; cela avait été fait pour aider le sud.

Chaque soir, je retrouvais dans le hall des clients de l'hôtel qui venaient de divers pays d'Europe, Belgique, Allemagne, Danemark, pour s'informer de nos journées dans Rome, pour discuter des nouvelles. Souvent, la seule femme au milieu de ces gens d'affaires qui étaient parfois américains, français ou anglais. Je me sentais aussi privilégiée et courtisée qu'à Londres quand le soir, revenant de mes courses dans la ville, je prenais place dans la rotonde au milieu des hommes pensionnaires du Regent Palace.

LES FORUMS

Les forums, c'était le creux et le cœur, c'était le lieu; j'étais tourmentée, dans un état second, j'errais; la difficulté de saisir l'ensemble, de recréer, imaginer ce qu'il avait été. J'ai l'impression d'y avoir passé des jours tant j'ai tourné, monté, descendu, regardé, cherché à comprendre. J'étais sur le Palatin. Là où Rome a commencé. Là où vingt siècles d'histoire défilent en forums, arc de triomphe, temple, basilique, statues, portique, palais, maison de Livie, forums impériaux qui avaient été construits par César, Auguste, Trajan, Nerva, Vespasien. Ces forums qu'il nous faut imaginer par trois colonnes, par les marches d'un escalier, par un mur, par les pavements d'une rue, par un piédestal de marbre.

J'aime l'empereur Trajan. Il avait porté l'empire à sa plus grande expansion. Sur les murs extérieurs de la basilique de Maxence sont gravées les cartes des pays conquis jusqu'au dernier, la Dacie (la Roumanie actuelle). Pour immortaliser ce dernier exploit et honorer l'empereur Trajan, une colonne sculptée fut érigée près du forum. C'est cent-quatorze tableaux sculptés dans le marbre avec un soin extrême qui approche de la broderie. Un monument parfaitement conservé jusqu'à nos jours.

Les mots mêmes de « Basilique de Maxence » comme tant d'autres mots résonnaient comme une ouverture musicale. Est-ce que je me serais rendue voir les ruines de cette basilique n'eut été l'envoutement des sons?

La basilique de Maxence avait été un édifice grandiose qui comprenait trois nefs. Je me souviens du plafond à caissons. Commencée par l'empereur Maxence, elle avait été achevée par Constantin. Il n'y avait pas que les cartes de l'empire sur ses murs mais des écrits latins que j'aurais dû noter. Je suis restée une grosse heure à admirer, à regarder, cherchant à percer le mur du temps, à essayer de saisir dans l'air, dans le vent, dans les poussières du sol, une journée de la splendeur de Maxence.

L'empereur Vespasien avait tenté pendant des années de s'emparer de la Palestine. C'est son fils Titus, alors général, qui a réussi en trois ans de bataille à provoquer la chute de Jérusalem, à détruire le temple et à apporter de nombreux trésors, dont le chandelier à sept branches enfoui sous un édifice du forum.

À l'occasion des guerres, les trésors de toutes sortes, les biens les plus précieux des pays vaincus sont emportés par le vainqueur. Et ce processus doit durer depuis des milliers d'années. C'est dit en toutes lettres dans de nombreuses batailles décrites dans la Bible.

Plus près de nous, le Parlement russe a déclaré « propriétés russes » toutes les œuvres d'art saisies par l'armée rouge entre 1940 et 1945. Ce fabuleux trésor de guerre compte trois-cent-mille œuvres d'art. Il comprend le « Trésor de Priam » exhumé en 1873 sur le site présumé de la ville de Troie; deux millions de livres rares et trois kilomètres d'archives. Une bonne partie de ces œuvres d'art apportées d'Allemagne en Russie avait été volée par les nazis en France, en Autriche, en Hongrie, en Bulgarie.

Titus fut le seul avec Jules César à avoir été autorisé à marcher dans le forum, sur la Via Sacra, avec son armée, après cette victoire.

Des palais des empereurs, aujourd'hui il ne reste que la brique, mais faut savoir qu'ils étaient recouverts de marbre. Assaillie par le passé, bouleversée par tant d'évènements et de lieux, épuisée, je quitte les forums. Repos. Repas du midi avec un monsieur belge de la ville d'Anvers qui est à Rome pour affaires.

Près de la Piazza del Popolo, je suis aux thermes de Dioclétien. Ces thermes, les plus grandes de la Rome antique, où trois-mille personnes à la fois pouvaient entrer dans les bains. Tout à côté, l'église de Santa Maria degli Angeli e dei Martiri où j'assiste à la messe. Des chrétiens de partout dans le monde assistent à la messe et communient. Subsiste une immense partie des thermes qui sont en processus de rénovation. Défense d'y accéder. Un gardien à la porte à qui je donne un pourboire me laisse entrer et me donne même des renseignements.

Le gardien m'a fait entrer dans une portion du musée qui expose le processus d'excavation des tombes et des objets anciens dans les thermes de Dioclétien qui sont gigantesques. Une femme, PHD en archéologie, guidait deux étudiants.

Après l'autobus, un bout de chemin en métro et je suis à la gare Termini où je prends un train pour la ville antique d'Ostia Antica (Ostie) à 24 km de Rome. Elle doit son nom au mot latin « ostium » qui veut dire embouchure. C'était le port de Rome à l'embouchure du Tibre. Cette ville avait connu une grande splendeur étant le point d'arrivée de toutes les marchandises destinées à Rome.

Quelle grande merveille, quel intense plaisir pour moi de pouvoir marcher sur le decumanus maximus (rue) et sur celle qui le croise, le cardo maximus (rue); et admirer ce qui reste des entrepôts, des thermes, des sanctuaires, des habitations luxueuses, la maison de Diane, un immeuble de rapport à plusieurs étages, toutes bâties en briques. Des lieux de réunion, des places pour les commerces. Le forum où se déroule la vie politique. Je me disais que si les édifices avaient eu leurs toits, Ostia Antica nous apparaitrait comme une ville d'aujourd'hui en Italie.

Je m'assois dans le théâtre construit au temps d'Auguste. L'orchestre forme un demi-cercle parfait. Derrière le théâtre, c'est la place des corporations; autrefois, il y avait ici soixante-dix bureaux de représentation commerciale des villes de l'empire. Les mosaïques du sol indiquent le genre de commerce et le lieu de provenance des commerçants. Je note Cagliari en Sardaigne.

J'allais dans les petites rues à l'arrière des rues principales. À l'arrière des thermes du forum, je découvre un ensemble de latrines publiques si bien conservées, si modernes, qu'on les croirait fabriquées la semaine dernière. Il y en avait bien trente-quatre en un demi-cercle.

Épuisée d'avoir tant marché, regardé, imaginé, revécu, je quittais la ville antique pour Rome en début d'après-midi. Une immense satisfaction d'y être allée.

CERVETERI

Malgré ma fatigue, je me lève quand même pour aller à Cerveteri à 45 km de Rome. J'ai pris le métro à la station Lepante puis le bus. Cerveteri, c'est le mot magique qui m'avait conduite en Italie. Pourquoi cette cité? Pour la nécropole étrusque de la Banditaccia. Une ville de tombes et de tumulus au nombre de plus de soixante-dix, dont plusieurs monumentaux, tous parfaitement ronds et conservés; des rangées de tombeaux carrés ou rectangulaires; une longue rue principale, des rues parallèles, des rues secondaires, une vraie ville.

Cerveteri n'est pas seulement le site archéologique le plus célèbre et le plus riche de la province de Rome, c'est aussi un village pittoresque à plus de 80 mètres au-dessus du niveau de la mer, sur un éperon rocheux. Au septième et au sixième siècle avant J.-C., c'était l'une des principales villes d'Étrurie et un des centres les plus peuplés et les plus riches du monde méditerranéen.

Quand je suis descendue de l'autobus sur la Piazza Santa Maria à Cerveteri, je suis entrée dans un petit restaurant. Plein de jeunes hommes buvant leur café assis en cercle autour des tables. Le bruit des conversations baisse d'un cran à l'arrivée de l'étrangère que je suis. Que vient-elle faire sur les hauteurs de Cerveteri? Qui se serait mis dans la tête de visiter la nécropole sans être membre d'un groupe, petit ou grand? Mon ignorance de la configuration des lieux n'avait d'égale que ma détermination de les visiter. Je commande un café. Sans qu'un doute n'effleure mon esprit, je demande un taxi pour la nécropole. On me répond qu'il n'y a pas de taxi... Je réfléchis un moment; je demande quel est le chemin pour me rendre en marchant. On m'indique dans quelle direction je dois aller.

Je commence à descendre les dizaines de mètres qui séparent ce pic rocheux de la plaine qui s'étend en bas. Je tourne vers la droite. Je m'engage sur le chemin qui devrait me conduire à la Banditaccia. C'est deux kilomètres au nord de la ville. Après un quart de kilomètre à grimper des collines, je trouve mon entreprise hasardeuse et difficile. Je retourne à la ville me disant qu'en cherchant davantage, je devrais trouver quelqu'un pour m'y reconduire; ça ne devait pas être impossible. Ce fut impossible. Je n'ai trouvé aucun transport.

Je décide d'essayer de nouveau de m'y rendre (en moi-même, je suis certaine de persévérer).

Je redescends de nouveau dans la plaine. À ma droite, le long du chemin, une bergerie cachée par les broussailles le long de la clôture. J'entends les bêlements des moutons et les cris des bergers. Je continue. Je grimpe toujours. Je suis rendue plus loin que lors du premier essai. J'arrive à un carrefour. Au même moment, un homme en camion passe et s'arrête. Je lui demande laquelle de ces routes me conduira à la nécropole. Il m'indique à droite là où lui-même continue sa route. Après encore des pentes et des collines, voilà qu'à quelques centaines de mètres en avant de moi, le camion de tout à l'heure est arrêté sur la route. Je m'arrête. Je me demande pourquoi il est là. À l'entour, pas de jardins, pas d'arbres, par de blé à couper, par de maisons, pas de bergeries; aucun animal. Je flaire le danger... Tombeau pour tombeau, je pourrais me retrouver dans le mien si je persiste davantage à voir ceux de la montagne. Je redescends.

Je me calme et j'entre au musée de Cerveteri sur la Piazza Santa Maria. Peu de visiteurs. Après une demi-heure, un couple arrive. Ce sont des Américains. Je converse avec eux. Ils étaient allés à la célèbre nécropole. Ils me disent « Ne manquez pas ça! » Je me ressaisis et je dis en moi-même : c'est décidé, coute que coute, je vais y aller. Je sors du musée. À l'instant où je mets le pied dehors, un autobus déversait un groupe d'étudiants sur la Piazza. C'était des étudiants du secondaire italiens de Bologne avec deux professeurs. Je vais immédiatement à l'autobus. Je demande à la responsable s'ils vont à la nécropole et si elle voudrait m'amener en autobus. Elle acquiesce. L'une parle anglais, l'autre français, et le chauffeur parle anglais. Tous refusent quelque paiement que ce soit de ma part.

Longue conversation avec eux sur l'état de l'Italie. Ils me disent qu'il y a des propositions pour fractionner l'Italie en trois pays, trois régions. Le nord, le centre et le sud. Tous sont inquiets. Les étudiants veulent savoir si j'étudie la civilisation romaine. Est-ce que je veux apprendre l'italien ou le latin. Comment j'en suis venue à m'intéresser aux Étrusques?

Quand ils ont été découverts, certains tombeaux contenaient jusqu'à 125 objets. D'autres 150. Les fresques, orfèvrerie, céramique révèlent une civilisation opulente.

Je l'ai vue, la ville des tombeaux étrusques. J'ai entendu la guide. Je comprenais en grande partie ce qu'elle disait. J'ai fait la visite avec eux. J'ai réussi mon projet grâce à eux.

J'avais bien dit à la responsable de ne pas me reconduire sur les hauteurs de Cerveteri. Rien n'y fit. J'ai été reconduite sur la Piazza Santa Maria sans que personne accepte un sou.

Je leur suis extrêmement reconnaissante et très émue par leur amabilité.

Je repris l'autobus pour Rome ne réalisant pas encore mon inconscience, mon audace, ma témérité d'avoir pensé aller seule à la Banditaccia.

SAMEDI 11 AVRIL

Mes deux villes antiques m'avaient complètement épuisée. Déjeuner tardif. Je me rends à l'immense marché en plein air de la piazza Vittorio Emmanuel. J'achète légumes, fruits et fleurs. Repos et lectures à ma chambre.

Je prends le repas du midi avec un professeur italien à la retraite. Il est venu travailler à Rome, de Milan, pour trois mois. Il raconte plein de choses sur la situation en Italie à la suite des récentes élections.

Je n'avais pas compris que les Italiens votaient pour la Démocratie chrétienne parce qu'ils avaient peur du communisme. Ils ont maintenu Andreotti en poste depuis la guerre. Avec la chute de l'empire soviétique, ils n'ont plus cette peur. Ils ont pu changer leurs votes.

Jusqu'à maintenant, les postes sont obtenus par favoritisme; ce serait une des raisons de la piètre qualité des services publics. Ils se disaient qu'en Angleterre, deux jours après les élections, les ministres étaient nommés; en Italie, ce sera quatre mois.

En après-midi, je visite le mausolée de l'empereur Hadrien aujourd'hui nommé château Saints-Anges, devenu un musée.

La stèle sur ses cendres est:

« Animula vagula, blandula,
    Petite âme caressante et vagabonde

Hospes comesque corporis,

    Hôtesse et compagne de mon corps

Quoe nunc abibis in loca

    Qui maintenant partira,

Pallidula, rigida, nudula,

    En ces lieux livides et rigides

Nec, ut soles, dabis iocos... »

    Et qui ne plaisantera plus

Comme à l'habitude...

P. Aelius Hadriannus, Imp.

un poème que l'empereur a composé sur son lit de mort.

La taille, le vide du lieu vous saisissent. Les siècles s'y sont accumulés et demeurent intangibles. Depuis que j'avais lu *Mémoire d'Hadrien*, de Yourcenar, c'est presqu'un culte que j'avais développé pour tout ce qui concerne cet empereur.

Le premier poste d'Hadrien avait été tribun (exerçait le commandement) à la 2e légion. L'histoire des légions romaines est fascinante. Le pouvoir et la puissance des légions, c'est, en bonne partie, le pouvoir et la puissance de Rome. J'ai lu L'Armée romaine, par Yan Le Bohec.

15 AVRIL – VISITE DU MUSÉE NAZIONALE ROMANE, PIAZZA DEL CINQUECENTO PRÈS DE LA PIAZZA REPUBLICA.

On y voit le discobole en marbre de Mirone qui est une copie d'une statue grecque de 450 ans avant J.-C. un absolu de l'art. Les stèles sont nombreuses et d'une perfection achevée; les robes des femmes sculptées dans le marbre semblent en soie; à tout instant elles vont voler au vent tant leur souplesse est affirmée.

Le latin serait nécessaire pour lire les stèles, mais j'en comprends quelques-unes à cause de ma longue fréquentation des prières en latin.

Le quartier des Palais du Latran avait été donné à l'Église par l'empereur Constantin. La basilique de Saint-Jean de Latran a été construite au début du quatrième siècle. Au cours des ans, elle a été endommagée puis réparée, redécorée, embellie. C'est une autre splendeur qui me chavire par sa beauté : une basilique très vaste : cinq nefs; un sol somptueux fait de mosaïques. J'ai probablement visité autant d'églises que de musées.

Mercredi 15 avril. Trois palais qui sont des musées entourent la place du Capitole. La place elle-même a été dessinée par Michel-Ange. La statue équestre de Marc-Aurèle au centre de la place. Je visite deux musées. Les statues de Dioscures, le tireur d'épine, le Galate mourant, la Vénus du Capitole, la mosaïque des colombes provenant de la villa d'Hadrien à Tivoli. La Vénus du Capitole, c'est le génie humain; c'est le mystère devant tant de perfection.

J'ai passé la journée du jeudi dans le quartier du Trastevere qui est le plus pittoresque, le plus populaire de Rome; une espèce de Soho. S'y déroule une vie de bohème, comme à Londres.

Aujourd'hui, c'est le Vendredi saint. En avant-midi, j'ai prié à l'église croate San Girolano. Ensuite, j'ai fait le tour complet du mausolée de l'empereur Auguste. Il est aussi immense que celui d'Hadrien. Il compte au moins trois enceintes; je crois que ce sont six entrées majestueuses (escaliers qui descendent et entourent ce monument.) La stèle funéraire du mausolée, écrite en latin, dit que, entre autres, y sont enterrés l'empereur Auguste, son épouse Livia, sa sœur, son gendre, les empereurs Nerva, Tibère, Claude, Agrippine. La pierre brune qui le compose aujourd'hui était à l'époque recouverte de marbre blanc étincelant. Je ne pouvais pas le visiter. Faut une permission. Dans une portion ouverte, je voyais un autel au fond sous des arches. Autrefois, le mausolée d'Auguste avait tout d'un tumulus étrusque immense, rond, recouvert de verdure et d'arbres. À côté du mausolée, un autre monument : l'Ara Pacis. C'est le sénat qui a décidé d'élever l'autel de la paix, aujourd'hui sous un abri. Dehors, sur un des murs de ce monument (100' X 10'), il y a des écritures en latin qui disent plein de choses sur l'empereur, le sénat, les conseils, les dates, les évènements du temps. Il commémorait le retour sain et sauf d'Auguste, d'Espagne et des Gaules.

Le pèlerinage d'Italie était achevé. Fallait payer soeur Elvira, faire les valises et me rendre à Leonardo da Vinci pour le vol d'Al Italia à Montréal. Après trois semaines de courses incessantes, je quittais la Ville Éternelle.

La ligne mélodique de ce concert de trois semaines avait été en sourdine les sons continus des rencontres. Quand je rentrais vers 16 h, c'était la détente dans le hall et le capuccino ou le café latté; je regardais un journal italien. Après le souper, la plupart du temps pris à ma chambre, je descendais pour la soirée à la télévision pour les nouvelles italiennes et être avec les clients de l'hôtel. Pendant deux semaines, chaque soir, je rencontrais Efim Dodona et son compagnon. Deux Albanais professeurs à l'Université de Tirana (Albanie). Ils étaient en voyage d'études à Rome pour deux semaines. Ils parlaient albanais, italien, russe et français. Efim avait étudié à Moscou, Beijing, et en Bulgarie. Ils avaient dû être d'authentiques communistes, purs et durs. Son compagnon, à ma connaissance, n'a pas ouvert la bouche une seule fois; n'a manifesté aucune émotion; se levait, s'en allait, revenait quand Efim bougeait.

Efim était paléontologue. Il me parlait de roches magnétiques, de volcans, de granit qui est une roche magnétique qu'on trouve en Sardaigne et en Italie du Nord. Il écrivit ceci dans mon journal au sujet de la pierre à l'entrée de l'hôtel : « Rosso ammonitico Veronese Ammonoideo – jurassique de 180 millions d'années.

Il ajouta quelques mots en albanais; cette langue a le même alphabet que nous.

Deti Adriatu « eslte », i Cuscur Ne jemi shgiptare
Shgiperia « eslte » vendi : shgiponjove.

Un jour, quelque part dans le monde, je trouverai un consulat albanais où on me fera la traduction... peut-être y avait-il un mot d'amour... je crois deviner par les sons que « Ne jemi shgiptare » signifie « ne m'oubliez pas ». Je ne l'ai jamais oublié.

Le plus intense moment d'intimité atteint pendant ces deux semaines fut à ma demande le déblocage de ma fenêtre de chambre qu'ils ont fait prestement; ils sont sortis tous les deux tout aussi prestement... l'un ne pouvait pas venir sans l'autre... deux bras auraient été suffisants...

Je lui avais parlé du musée de paléontologie de Miguasha en Gaspésie. La Gaspésie était sous l'Équateur; un milieu tropical au temps du Dévonien supérieur, il y a 378 millions d'années. Une côte de huit kilomètres criblée d'empreintes d'animaux, d'insectes, de plantes et de poissons inscrites dans la pierre.

Depuis 1842, les plus grands spécialistes, des paléontologues et géologues venus du monde entier, étudiaient, classaient les spécimens qu'ils dégageaient. Plus encore, pour ne pas dire pire encore, ce furent seize-mille fossiles emportés dans les grands musées d'histoire naturelle du monde. Deux fois « pire encore », il n'est indiqué nulle part qu'ils viennent de Gaspésie; ce qui les identifie, c'est le temps géologique, soit le Dévonien.

Même si le site fossilifère de Miguasha est connu dans le monde, Efim ne le connaissait pas encore. Pourriez-vous imaginer la splendeur, la gloire, l'importance, la taille du musée qui aurait pu être créé avec les milliers de spécimens qui y ont été dégagés. Songez un instant au centre d'études qu'il aurait généré. Voyez-vous la longue marche des savants venant sur place étudier nos richesses au lieu de repartir pendant des décennies les bras pleins de nos arêtes de poissons, de nos ailes de libellules, de nos squelettes d'amphibiens, de nos colonnes vertébrales des premiers reptiliens.

Que pouvaient-ils penser de ces hurluberlus qui entassaient des morceaux de pierre et des bouts de bois le long de la mer et repartaient sourire aux lèvres, se gardant d'ébruiter leur secret auprès des paysans de la côte et sans leur accorder un sou pour avoir piétiné leurs champs. Ainsi, cette « fuite des cerveaux » a pu durer cent-cinquante ans. Avions-nous appris quelque chose quand nous avons vidé nos églises de leurs statues, des vases sacrés en or, des chasubles brodées, des tables de communion sculptées; quand nos maisons ont été délestées de leurs rouets, métiers à tisser, de leurs chaises de bois.

J'avais prévu un envoi de documents à Efim. Ce que j'ai fait au retour. Silence. Aucune nouvelle. Peut-être le paquet a-t-il été dérobé à la poste? Plus tard, la télévision nous apprenait le haut degré de corruption en Albanie.

À l'amour de l'italien s'était ajouté le latin; je lisais les stèles et des écrits en latin sur les portes de Rome. Dans quel musée ce fut si agréable de converser avec des adolescentes de la Belgique flamande venues dans la Ville Éternelle pour ajouter à leurs études du latin. Elles cherchaient particulièrement à traduire les stèles; leurs cahiers d'étude étaient en latin.

La température dans Rome avait été superbe. Du soleil. Une seule journée de pluie. Des orangers débordant de fruits; des arbres en fleurs. Du haut de mon quatrième étage, le jardin de plantes en pot des Ursulines. Quel réconfort quand le soir, soeur Elvire consentait à un peu de chaleur venant du calorifère. Depuis, je sais que l'électricité, le chauffage sont si chers, que dans certains endroits, des femmes chauffent en hiver le soir et le matin et passent le reste de la journée dans les centres commerciaux.

CONVERSION

Était-ce la descente dans les catacombes, le petit édicule qui cachait les ossements de saint Pierre, le nombre d'églises visitées, la prière dans la basilique qui m'avait éveillée à ma religion chrétienne. Je ne fréquentais ni l'église ni la messe, ni les sacrements depuis trente ans. Comment pourrais-je « laver mon passé? » J'ai rencontré un Jésuite de la maison des Jésuites à Lafontaine, près de Saint-Jérôme.

Pour être délivrée, j'ai dû aller au plus lointain de mon enfance redire les péchés qui m'avaient hantée, relater faits, évènements, relations, tous les fils enchevêtrés qui, malgré les confessions, m'avaient maintenue dans l'inquiétude et le doute sur le pardon. Je parlais et je confessais ma vie au travers des larmes à chaque rencontre. À la fin de l'entrevue du troisième jour, quand tous les deux nous avons compris que je n'avais plus rien à confesser, il a dit: « je vais vous donner l'absolution de tous les péchés de toute votre vie ». Il a mis son étole. Il a prononcé les paroles d'absolution du sacrement. J'ai fait le signe de la croix. Après, il me dit « C'est un nouveau baptême que vous venez de recevoir. Vous avez été blanchie de tout péché. » Je ne portais plus à terre tant j'étais contente. Une dernière phrase qui est restée gravée : « ne quittez pas votre ami... »

Pendant huit jours, je me suis habillée en blanc. Comme les premiers chrétiens qui ne portaient que du blanc, la semaine suivant leur baptême.

Les péripéties du voyage, les émotions, le repas-conférence, les épisodes de ma conversion avaient eu raison de mes forces.

J'ai fait un zona. Le virus de la varicelle demeure dormant dans des ganglions pendant notre vie. Il arrive qu'il se réveille et attaque des groupes de nerfs. Ça peut durer de quelques mois à un an. J'ai consulté, finalement, j'ai guéri. Mais je n'avais pas guéri de l'Italie.

Tout juste arrivée de trois semaines à Rome, j'allais me replonger dans son histoire et ses trésors. Au Palais de la Civilisation sur l'île Notre-Dame, l'exposition Rome, 1000 ans de Civilisation. On nous fait cadeau de cette merveille à l'occasion des 350 ans de la fondation de Montréal.

XVIII
Musique

La musique russe me plait particulièrement. Jim savait le plaisir que j'avais eu à entendre des sonates de Scriabin. Il m'a fait cadeau du coffret contenant toutes les sonates de ce compositeur jouées par Marc-André Hamelin. Les sons de cette musique contrastaient avec la musique de piano que j'entendais habituellement. Un écrit à son sujet parle de l'étrangeté, de l'insolite, de l'inhabituel, de la rareté des sons complexes qu'il utilise. La « femme étrange » se reconnaissait-elle en cette musique?

La réputation de ce compositeur russe « stemps from his sensitive, exquisitely polished piano music ».

À la découverte du monde de Scriabin, j'ai ajouté sa symphonie Le Divin Poème et Poème de l'Extase qu'il voulait nommer Poème orgiaque. « This is music of a feverish yet peculiarly (peculiar) creative mind ».

Chez Jim, et dans des salles de concert avec lui, j'ai entendu les plus belles musiques du monde.

Le concerto pour violon par Henri Vieuxtemps, avec Sarah Chang, violoniste et O.M.S.

Un matin chez lui, prenant le café, m'essayant à un collage, nous écoutons la symphonie en C majeur d'Edouard Lalo, la Danse macabre de Saint-Saëns et Orphée aux enfers d'Offenbach. Un autre moment, la symphonie Titan de Mahler et le concerto pour violon de Brahms joué par Anne Sophie Mutter. Ce dernier concerto et celui pour violon de Beethoven sont considérés comme un sommet dans le monde des concertos. Inoubliable, Jacqueline Dupré jouant le concerto pour violoncelle d'Elgar et celui d'Anton Dvõrák avec la London Symphony Orchestra.

Son appareil rend divinement les sons.

C'était un soir, à l'Orpheum de Vancouver. Était joué le Concerto no 4 de Jean Sébastien Bach dit Brandebourgeois. Il l'avait composé à la demande du margrave (maire) de Brandebourg qu'il avait rencontré lors d'une visite à Berlin. Malgré l'amour et l'intérêt que le margrave portait à la musique de Bach, il ne lui offrit aucune reconnaissance ni aucun paiement. Au décès du margrave, les concertos de Bach furent vendus pour quelques dollars...

Ensuite ce fut la symphonie no 8 d'Anton Bruckner. Ce que j'aime lire de Bruckner, c'est qu'après avoir été organiste pendant les trente premières années de sa vie, il assista un soir à la représentation de Tannhäuser de Wagner au théâtre municipal de sa ville. Comme saint Paul sur le chemin de Damas, ce fut une conversion instantanée. Il brisa toutes les chaines des enseignements académiques et il composa selon sa propre inspiration.

Le lendemain au déjeuner, nous écoutons le concerto pour violon de Tchaïkovski. Le seul qu'il a composé, joué par OSM et Kyung Uha Ching violon.

En soirée, au souper, une musique insolite : Roule et roule sur la ville, au ras du sol, au-dessus des arbres, le Concerto pour violon et orchestre et le concerto grosso no 5 pour violon invisible, piano et orchestre de Philippe Glass. Entre le café et le jus, entre le balcon, l'automne et la pluie, nous écoutons aussi Liquid Days du même compositeur américain.

Ce fut un évènement. Un dimanche matin, au programme « L'échappée belle » de Radio-Canada, j'entendais le deuxième mouvement du concerto américain d'Anton Dvõrák. Dès le premier moment de cette musique, vous n'êtes plus dans l'ordinaire; vous êtes tiré hors de vous-même... l'émotion monte... elle grandit... elle vous secoue... la sourde mélancolie des sons, leur espèce de caractères secrets, leurs suggestions déchirantes, les rappels du passé; tout est là sans que vous ne puissiez rien démêler; il n'y a plus qu'à pleurer sur ce qui avait été ébauché, discontinué, perdu, incompréhensible...

N'aurait-il composé que cette merveille, son existence en serait magnifiée à jamais. À cette époque, Dvõrák vivait aux États-Unis.

Un jour, si je visite Prague, j'irai au cimetière de Vysehrad m'agenouiller sur la tombe de ce compositeur. On dit que le public qui s'y rend s'attarde surtout sur la tombe d'Anton Dvõrák.

L'émotion avait été tout aussi forte à la lecture de la dernière phrase du livre *L'Amant* de Duras qu'aux premiers vers du poème le *Tombeau des rois*, d'Anne Hébert : « J'ai mon cœur au poing comme un faucon aveugle ». Me suis-je reconnue instantanément pour fondre en larmes.

You know you look good que Jim me dit en me voyant vêtue de ma robe marine à pois blancs au moment de sortir au concert. Non, non, que je voudrais lui crier, non, je ne le sais pas. Non, je ne l'ai jamais su, non jamais personne ne me l'a dit. Il faut me le répéter. Me le dire sans cesse.

Que je le sache, moi, que j'y pense, que je m'en doute, c'est un monologue stérile. Il faut me le dire avec de vrais mots « Thérèse, tu es en beauté ce soir »; pas avec des faux-fuyants, pas avec réticence. Si tu trouves que je suis belle ce soir, dis-le-moi avec éclat, avec désinvolture, avec volupté. Et

que je virevolte de bonheur, que j'esquisse un pas de danse,
que je renaisse comme la rose abattue dans son vase de cristal
à laquelle on verse une eau fraiche et qui ouvre ses pétales et
répand son parfum. Fais-moi vivre par ces mots que je n'attendais pas.

Qui me dira que je suis belle
Ce matin mes cheveux sont doux mes yeux sont verts
Les as-tu vus remplis de lumière
Dans la maison recluse
Comme dans un monastère;
Si je marchais tête haute sur la terre
Verriez-vous dans mes yeux la lumière
Comprendriez-vous le sens de mes pas
Quelqu'un pour me tenir la main
Pour répéter à chaque instant
À tout moment
Ta présence est nécessaire sur la terre
Qu'en sera-t-il des jours
Où je serai ordinaire
Dans mes mains plus rien pour étonner
Surprendre raviver la lumière
Désertée par le mystère
Oublieuse de ma mémoire
Je serai redevenue ordinaire

XIX
La Mia Italia

Et recommencent la rondeur des lettres, la cadence des sons, la musique des mots : Cumes, Baia, Stabi, Napoli, Puzzuoli, Herculanum, Misene. Je retourne en Italie. Un séjour dans la région de Sorrento pendant trois semaines en 1993.

Cette région qui s'étend de Cumes à Sorrento le long du golfe de Naples, est de toutes celles d'Italie à la fois l'une des plus riches en beautés naturelles et l'une des plus chargées d'histoire. Les empereurs romains possédaient d'immenses villas dans la région. Celles de Baia sont disparues sous les flots à la suite d'affaissements de terrain dus aux tremblements de terre. Douze villas d'empereurs furent bâties à Capri. Subsistent encore les ruines de celle de l'empereur Tibère. Il est mort à Capri.

C'était un voyage de groupe. Trente et une personnes. Trois-cents voyageurs dans un 747 qui fait route vers Rome. À neuf heures trente, nous étions sur le sol italien. Un aéroport bondé; difficile à impossible d'y circuler; poussée à gauche, à droite, une cohue à perdre les manches de sa blouse ou le couvercle de sa valise. À onze heures, nous sommes dans le bus qui nous conduira à Sorrento.

Cent fois mes yeux se ferment. Cent fois je les ouvre. Je meurs de sommeil tout le long du trajet. Une chaine de montagnes qui s'affaissent en collines. Des forteresses, des châteaux, des villes dispersées et accrochées sur les pics et les murailles. Apparaissent de très vieilles maisons abandonnées; seraient-elles de l'époque romaine?

Après l'autoroute de Fiumicino, nous roulions sur l'autostrada del Sol, la plus longue d'Italie et qui va de Rome à Naples.

Nous arrivons à Sorrento sous la pluie. Quelques achats d'aliments et de fleurs. Vers 17 h chaque jour, je vais chercher de l'eau bouillante à la cuisine de l'hôtel pour me faire un café filtre dans ma chambre. Souvent, je descends le boire dans le hall d'entrée où à la fois je regarde les journaux italiens et observe arrivées et départs des vacanciers anglais nombreux sur la côte. C'était, je crois, le premier jour. On frappe à ma porte. Sans ouvrir, je demande qui est là. L'employé me dit qu'il doit réparer ou ajuster une fenêtre ou un fil électrique... Sans ouvrir, je réponds que tout fonctionne et je n'ai besoin de rien... il savait déjà que j'occupais une chambre seule...

Carte en main, je vais dans la vieille ville. L'irruption de l'Antiquité est soudaine. Vous n'êtes plus aujourd'hui; vous êtes il y a deux-mille ans. Des murs romains bâtis sur les anciens murs grecs. Vous passez par une porte grecque sur le chemin qui mène à Marina Grande. Une avalanche de maisons accrochées le long du pic rocheux qui descend à la mer semblent aussi précaires et menacées que celles agrippées aux montagnes de la Sierra le long de la route du Pacifique en Californie.

Santa Maria della Grazie. Une petite église en marbre; des fleurs taillées dans la pierre. Elle invite à la prière comme Santuario Carmine, sur la Piazza Tasso. Notre hôtel, le Carlton International, est un quatre étoiles sur Via Correale. En soirée, la visite de musiciens de la ville qui ont joué des musiques de danse dans l'entrée de l'hôtel. Pour la troisième fois au cours de voyages, la lambada résonnait, irrésistible, nous tirait de notre fauteuil, nous faisait tournoyer... You could have dance all night.

Au pied du Vésuve, sur une hauteur qui domine la vallée du fleuve Samo, à brève distance de la mer, c'est l'antique Pompéi.

En groupe, c'est la visite de cette ville et du Vésuve. Pompéi : époustouflant de voir la taille de la ville 2 km par 2 km; elle est probablement plus grande encore; les fouilles ne sont pas terminées même si elles ont commencé au dix-huitième siècle. J'ai compris tout de suite que je n'aurais pas assez de la visite de cet avant-midi dans les rues, dans quelques maisons, du lupanar, du forum, de l'odéon, de l'amphithéâtre pour rassasier mon désir de percevoir la vie, l'existence dans l'Antiquité. Je reviendrai seule.

Nous montons en bus le long du Vésuve jusqu'à la hauteur où il faut faire en marchant les mille pieds qui restent pour atteindre le sommet. Il neige, il vente et le cône est couvert de neige. Nous décidons de redescendre. Une route raide, abrupte, en lacet, mais des vues grandioses sur Naples et les villes environnantes de Puzzuoli et Castelemare.

Au retour de la visite, une marche sur le Corso d'Italia à Sorrento; des roses épanouies sur le rebord du chemin, des cyclamens en fleurs. Un jeune homme apparait, longeant la clôture de la rue en demi-cercle; dans ses mains, une brassée de mimosas. En le croisant, je dis « bellissima ! » Souriant, il répond quelque chose comme « buono giorno Signora », et il me tend une branche de son bouquet. Je multiplie les grazie, grazie. Ce moment d'attention accordé par ce bel Italien me laissait le cœur en fête, la tête rêveuse, l'émoi à fleur de peau. Dans un vase d'eau fraiche, pendant plus d'une semaine, les mimosas ont fleuri jusqu'à ce qu'ils tombent en poussière d'or sur mon bureau.

Cet arbre, entièrement jaune quand il est fleuri, est une pure merveille. Les citronniers et les orangers sont protégés du moindre gel et de la voracité des oiseaux par un treillis. Quand le paradis terrestre a été dispersé après la faute d'Adam et d'Ève, une bonne portion a dû être transportée ici par les anges.

HERCULANUM

Le lendemain, nous sommes à Herculanum. Trois heures de visite de cette petite ville. Quand le Vésuve en 79 a explosé sur les villes environnantes, c'est un flot de boue qui déferla sur Herculanum. À Pompéi, la lave du volcan avait recouvert la ville de six à sept mètres de cendre, brulant tout ce qui dans les maisons et les édifices était en bois. À Herculanum, la boue a eu un effet protecteur; on y retrouve encore des escaliers, des portes, des cloisons, des charpentes et des poutres en bois; on a retrouvé dans les maisons des aliments, des tissus, échos de la vie quotidienne.

Au temps de l'éruption volcanique, la mer arrivait au bord des villas d'Herculanum. C'était une ville de vacances. Des gens riches l'avaient choisie à cause de sa particulière beauté sur le golfe de Naples. Un grand nombre de bijoux ont été trouvés. Nous avons vu des natures mortes superbes peintes sur les murs, dont un vase de verre transparent contenant des fleurs; une beauté. Je ferai une deuxième visite à Herculanum.

En après-midi, nous sommes à la basilique catholique de Sorrento; en marbre rose; superbe, belles proportions de l'édifice. Avant de rentrer pour mon café filtre journalier, une marche détente dans les petites rues comme la Via S. Paolo, la via Academia, la via San Francisco.

Ils sont sept à l'arrière du comptoir à l'entrée du musée archéologique de Naples. Notre guide présente les documents indiquant les réservations faites et payées. Ils demandaient un supplément d'argent... Le guide discute et argumente... finalement, ils nous laissent passer... C'est un des plus riches musées du monde pour la connaissance de l'Antiquité grecque et romaine. C'est là que se trouve la plus grande quantité d'œuvres d'art, des objets et documents qui ont été trouvés à Herculanum et Pompéi; en plus s'y trouve la collection d'œuvres ayant appartenu à la famille principale des Farnèse. Est-ce là que j'ai appris l'existence des papirii? À Herculanum, dans une villa qui appartenait au beau-père de Jules César, ont été trouvés des documents et des œuvres d'art d'un intérêt inestimable. La salle des papirii au musée contient des photographies de quelques-uns des huit-cents papyrus qui formaient la bibliothèque de cette villa. Une autre salle abrite les bronzes qui en ornaient le péristyle.

L'une d'elles illustre la victoire d'Alexandre le Grand, roi de Macédoine, sur Darius, roi de Perse. C'est, dans la salle des mosaïques, la plus fameuse d'entre elles.

Les fumerolles dégagent une forte odeur de soufre; nous marchons dans le cratère d'un ancien volcan éteint. Nous sommes à la Solfatare. En fait, nous sommes sur les champs Phlégréens (du grec bruler) qui s'étendent jusqu'à Sorrento. Impossible d'oublier que les villas romaines ont disparu sous l'eau il y a deux-mille ans. Au retour, nous longeons la baie de Naples; une visite à Spacea Napoli; un quartier populaire où il est recommandé de ne pas s'aventurer seul.

La ville est belle et gigantesque, de magnifiques places publiques.

Praina, Positano, Amalfi, Ravello, Maiari, une mer turquoise, des pentes vertigineuses, des rues à mille pieds au-dessus des eaux; constamment des pointes de rochers qui s'avancent dans la mer; à chaque kilomètre sur un piton rocheux, il y a une tour normande. Tout le groupe est en excursion sur la côte amalfitaine.

Une petite île dans cette mer verte et bleue; elle appartient au danseur étoile Rudolf Noureïev. La mort n'a pas sa place devant un tel spectacle.... Mais elle gagnera sur le danseur.

Rue Genova, nous mangeons une pizza napolitaine; après le repas, une marche le long du port. Même si les visites d'églises étaient inclues dans le cout du voyage, ça ne semblait pas suffisant pour le gardien des reliques de l'apôtre saint André dans la cathédrale d'Amalfi. Il exigeait quelques lires supplémentaires pour nous les montrer. Ces reliques avaient été transférées de Constantinople au treizième siècle.

Nous allons jusqu'à Ravello. Faut le dire tout de suite : « Ravello, suspendue entre ciel et mer, accroche ses ruelles, escaliers, passages voutés aux pentes abruptes de la colline du Dragon. L'ensemble compose un site inoubliable. La route venant d'Amalfi monte en lacet le long de l'étroite vallée plantée de vignes et d'oliviers. »

La villa Rufolo a servi de résidence à plusieurs papes et, en 1880, à Richard Wagner, le compositeur allemand. Quand on sort de la villa, on marche dans des jardins somptueux jusqu'au belvédère pour le panorama sur les collines, les cultures, les terrasses.

Dans la cathédrale de Ravello, nous n'avons pas demandé pour les reliques de sainte Barbara...

La plupart des arbres ont leurs feuilles; le gazon est vert; les orangers, les citronniers, les amandiers, les oliviers et les vignes composent le paysage. Le mimosa est en fleurs; encore des géraniums, des roses, des cyclamens, des pensées; de petites plages dans de petites baies le long de la côte. Les pêcheurs ont de minuscules barques de pêche. Des villages de six familles le long de la mer et de trois familles en montagne. Le village de Positano, aux maisons roses, blanches, ocres, jaunes, beiges, citron, accrochées en cascade aux flancs de la montagne est une des plus grandes beautés de cette succession de splendeurs.

Si la route I le long du Pacifique en Californie est pour moi la plus belle des États-Unis, je crois que la Costiera Almafitana est la plus belle du monde.

Dimanche, messe à la cathédrale. Avant de m'écrouler de fatigue, aujourd'hui, je me contenterai de marcher dans la ville et de me reposer; j'ajouterai des cafés filtres et le souper avec des compagnes du groupe.

Rien de plus facile que d'aller à Naples par train. C'était pour voir les papirii. Mais à 14 h, quand je suis arrivée à la bibliothèque, les employés avaient déjà quitté. Une marche jusqu'à la Piazza Municipio. Un coup d'œil à l'université. Rendue au Teatro San Carlo, j'ai frappé à une porte. On a ouvert. J'ai demandé à jeter un coup d'œil dans le théâtre, ce qui fut accordé. Un intérieur fastueux, réalisé en bois et en stuc pour une parfaite acoustique.

Un autobus me ramène à la gare. Cinq fois, j'ai fait l'aller-retour de Sorrento à Naples par train, soit pour revoir seule des lieux vus avec le groupe, soit pour des lieux qui m'intéressaient particulièrement.

Une odeur de poussière; la poussière du temps; les murs, les meubles, les livres en avaient pris la couleur. J'étais à la Bibliothèque nationale de Naples. À travers des corridors, des escaliers, des étages et des ascenseurs, accompagnée d'une bibliothécaire, sans quoi il m'aurait fallu un fil d'Ariane, j'arrive sur les lieux des papirii. De mes yeux, je les vois les papirii carbonisés; des rouleaux dans une vitrine. Ils en ont trouvé de 800 à 1 300. Il y en a des tiroirs et des tiroirs. Tous les papiers trouvés étaient écrits en grec à l'exception de dix-huit rouleaux écrits en latin; tous trouvés à Herculanum dans la même maison. Ils sont du premier siècle avant J.-C.

Dans les jardins de cette maison, les archéologues et chercheurs avaient découvert 90 statues de marbre et de bronze représentant toutes sortes de personnages, philosophes, hommes d'État de la Grèce antique, dieux, satyres, animaux.

À l'intérieur de la maison, d'autres bustes de penseurs grecs.

Dans une chambre, les fouilleurs découvrirent des étagères garnies d'objets cylindriques noircis. C'était plus de mille rouleaux. C'était la bibliothèque de la Villa des Vettei, à Herculanum. Une villa avec un immense jardin à péristyle orné en son centre d'un bassin à poissons.

Cette villa a frappé l'imagination par sa taille, son architecture, sa riche décoration. Le beau-père de Jules César aurait habité cette villa.

Sa réputation, son aura de splendeur, sa place dans l'histoire de l'antiquité romaine avaient inspiré un riche collectionneur américain.

Le Musée J. P. Getty à Los Angeles, construit sur le modèle de la Villa des Papirii, a rouvert ses portes et présente des œuvres d'art remontant aussi loin que 6 500 ans avant J.-C.

Sur une table, un papyri déroulé qui mesure neuf pieds. Tout y est écrit en colonnes; j'y distingue l'écriture grecque; la bibliothécaire m'avait laissée à l'attention de la jeune fille du laboratoire. Celle-ci me montre un autre papiri où ce sont des mathématiques. Les papiers sont étudiés au microscope. L'ordinateur est aussi utilisé pour des travaux d'étude. Elle m'amène dans son laboratoire. Me fait signe de baisser la voix, m'indique qu'elle n'est pas supposée faire ce qu'elle fait, mais elle sort un papiri d'une de ces dizaines de tiroirs plats où ils sont couchés entre des vitres. J'aurais souhaité que ces instants durent plus longtemps, même une partie de l'après-midi. Je revois les tiroirs, je revois le mur sur lequel sont apposées des copies. J'aimerais avoir le nom de cette jeune fille. La visite à la bibliothèque nationale de Naples demeure l'une de plus précieuses visites de tous mes voyages en Italie. Secrètement, j'en suis très fière. Y a-t-il beaucoup de touristes qui sont allés voir les papirii? En fin de journée, j'avais ajouté les tapisseries au Palazzo Reale et l'exposition sur l'histoire de Naples?

Museo Archeologico Nazionale

Venue de Sorrento par le train de 8 h, j'entre au Muséo Archeologico Nazionale où je suis déjà allée avec le groupe. Il me faut cette plongée en solitaire.

Je revois lentement les statues, les fresques, les céramiques, la vaisselle, les vases en verre, le rouge pompéien avec le noir, la beauté des mosaïques; j'admire encore celle d'Alexandre le Grand combattant Darius. Cette célèbre mosaïque couvrait le sol entre deux péristyles de la maison du Fauve à Pompéi; des cuillères en argent, une série de vases aussi en argent.

J'ai à peu près tout revu, dont la section sur l'Égypte : une momie, ses bandelettes enlevées, même un crocodile momifié dans ses bandelettes.

De nombreux groupes des écoles visitent le musée. Une classe de garçons et filles venant de Saint-Étienne en France. Un autre groupe venant d'Ipswich en Angleterre. D'autres venant de Venise. De ces groupes se détachent des jeunes qui viennent me parler et me questionner.

Au musée de Naples, il y a des salles interdites : y sont conservés des gravures, dessins, sculptures, ornements, tous se rapportant à la vie sexuelle et tous trouvés à Herculanum et Pompéi. Ils seraient parfaitement explicites. Je n'ai pas visité ces salles. Impossible. Je crois qu'avec le temps, elles seront ouvertes au public. J'ai beaucoup de regrets de n'avoir pas su au moment de ma deuxième visite que des salles étaient aussi consacrées aux instruments musicaux et chirurgicaux, et d'autres aux poids et mesures, tous venant des deux villes antiques.

C'est presque une tradition dans les musées italiens qu'il y ait une, deux, dix salles qu'on ne peut pas visiter; soit par manque de personnel, soit à cause de réparations ou réaménagements en cours, ou manque d'argent...et des fois, ça peut durer cinq ans, même jusqu'à vingt ans.

Au sortir du musée, c'est comme l'enfer : le bruit des motos, la circulation. Napoli me semble une ville où il est très difficile de vivre. La circulation y est impossible. Les rues peuvent être bloquées pendant des heures. Lors de deux très gros blocages, il y avait à chaque fois deux policiers qui « dirigeaient » la circulation : finalement, j'arrive à la gare de Naples où je prends le train pour Sorrento. Levée à 6 h, je suis de retour à 16 h 30. Ah, le confort du salon à l'entrée de l'hôtel, j'y sirote mon café filtre. Je lis « La Republica ».

Jeudi. Retour à Herculanum. Je monte dans le train de 8 heures. Une marche de dix minutes et je suis sur les lieux. Je visite de nouveau toute la ville tranquillement, rue par rue, maison par maison. D'immenses travaux sont en cours pour dégager de grandes sections, spécialement la partie qui était près de la mer. Cette grande bâtisse près du lieu des travaux contiendrait plutôt les objets de la vie quotidienne trouvés lors des fouilles. J'ai frappé à la porte, demandant d'y entrer. On a refusé. Aurais-je dû offrir un pourboire? Tous les objets qui traduisent la vie quotidienne des Romains dans leurs maisons me passionnent. Une journée de pur bonheur. J'ai mangé dans un très petit restaurant où de jeunes ouvriers sont venus prendre le repas. J'étais là bien avant eux, mais ils ont tous été servis avant moi... Je comprends le propriétaire de protéger sa clientèle et non une inconnue de je ne sais quelle contrée barbare...

Dans les environs, des arbres couverts de mimosa. Faudrait élever un chant de louanges à un tel arbre!

L'envoutement créé par son nom et auquel je n'ai pas résisté : la villa dei Misteri (la villa des mystères). Une maison de soixante pièces pas visitée avec le groupe. C'est l'édifice le plus connu et le plus admiré de Pompéi. Ses diverses pièces sont décorées de peintures. Les grandes fresques sont formées de scènes se succédant et font certainement allusion aux différents moments d'un rite. L'opinion la plus courante est que les fresques représentent les différentes phases de l'initiation d'une épouse aux mystères dionysiaques. La maison remonte au deuxième siècle av. J.-C. et aurait connu sa splendeur au temps de l'empereur Auguste. Une de ces merveilles à voir absolument.

Cette maison est en dehors de la ville. Je suis rentrée dans Pompéi par la rue des tombeaux : c'était une route romaine à l'extérieur des murs. Un chemin exceptionnel de voir, tout le long, la variété des tombeaux et monuments. La route est bordée de cyprès. Difficile de résister à la mélancolie qui s'en dégage. La ville entourée de murs comptait huit portes. Je rentre par la porte d'Herculanum; il y a deux passages; un pour les piétons et un pour les chars. Seulement nommer le nom des diverses portes, je suis touchée. La route conduisant vers la mer franchissait la Porte Marine où des passages distincts étaient aménagés pour les piétons et pour les animaux. Une porte bien conservée comme celle d'Herculanum.

Le forum, c'était le centre de la vie citadine à Pompéi; une vaste place rectangulaire bordée sur trois côtés par des édifices publics. J'y marche de nouveau essayant de capter l'écho des activités qui s'y déroulaient. Je revois la rue de l'Abondance et la rue de Mercure, qui se termine à l'arc de Caligula. À la porte de Nocera, la nécropole aligne des tombeaux le long de cette autre route. J'ai revu la maison des Vettei. Une maison dont la décoration surpasse en somptuosité toute les autres; la maison de la Grande Fontaine, la maison du poète tragique et la Villa de Diomède (mythologue grec). Avant de tomber d'épuisement, je m'arrête à un restaurant installé sur le lieu. Je me repose avant de reprendre le train pour Sorrento.

CAPRI

Tout le groupe en visite à l'île de Capri. Le bus nous reconduit au port où nous prenons le bateau et voguons le long de la presqu'île de Sorrento. Deux villes sur cette île : Capri au pied des rochers. Anacapri sur les hauteurs. Les fleurs débordent des fenêtres, des jardins, des terrasses, le long des rues. Les fleurs sauvages sont incrustées dans les moindres interstices des pierres et des rochers; elles forment une courtepointe de couleur sur les murs de l'île.

La villa des Krupp a été transformée en hôtel. Une célèbre famille d'industriels allemands qui travaillaient l'acier dans la vallée de la Ruhr et fabriquaient des canons... pour la guerre déclenchée par Hitler.

Au-dessus de la mer, sur une pointe de rocher, une maison rosâtre, étrange, qui s'avance au-dessus des flots; la maison de l'écrivain italien Curzio Malaparte. Encore plus haut sur les rochers, les ruines de la villa Jovis où vécut l'empereur Tibère pendant plus de dix ans.

Suetone, dans La vie des douze César, décrit la vie dissolue et cruelle de cet empereur. Est-ce le fruit de recherches récentes, de découvertes archéologiques, j'entends qu'on veut rétablir sa mémoire, qu'il n'était pas aussi cruel et vicieux qu'on l'a décrit.

Un bijou, une merveille, la petite église San Micheli; un pavement da faïence qui représente le paradis terrestre et l'expulsion d'Adam et d'Ève après le péché originel. Les carreaux de ce travail exceptionnel ont été faits à Naples. La petite église est devenue un musée. Nous allons à Sainte-Sophie où il y a un mariage. À la sortie, café et pâtisserie dans un petit bar.

Le midi, nous mangeons de façon industrielle... bruits, vitesse, nombreux clients. L'Italie n'avait pas encore inventé les restaurants « slow food ».

Sur le traversier, au retour, un groupe de beaux Italiens qui gesticulent, parlent, nous font de l'œil....

À SORRENTO, DIRE ADIEU

Nous quittons Sorrento par autobus. En après-midi, nous arrivons à Tivoli. La ville est située sur un promontoire. Il y aurait un établissement humain à cet endroit depuis plus de 3 500 ans et même davantage.

Je visite la vieille ville pendant que le groupe visite la villa d'Este que j'ai déjà vue. Des maisons très très vieilles; des portions datant peut-être de l'époque romaine – des rues en escaliers; de très petites rues étroites. Je vois une église et je reconnais que c'est un temple romain qui a été transformé en église. Du belvédère d'un parc de la partie neuve de la ville, une vue immense sur la plaine au pied de la montagne.

Une sibylle qui exerçait sa profession dans la ville de Tibur (Tivoli) avait prédit à l'empereur Auguste la venue de Jésus-Christ. Auguste était l'empereur romain régnant au moment de la naissance de Jésus.

Sur le chemin du retour à Rome, une circulation très dense. Nous logeons à l'hôtel Napoleon Roma Piazza V. Emmanuele. Ma chambre est trop petite, médiocre. Je demande un changement à la réception. J'aurai une meilleure chambre demain.

Je vais seule faire des visites. Le Tempio di Minerva Medica est un temple à coupole; se rapproche du Panthéon par le degré de conservation. Dans les murs auréliens, la Porta Maggiore; impressionnante; faut voir les pierres usées et les traces des chars romains.

À l'intersection des murs, près de la Porta Maggiore, une espèce d'arc de triomphe a été élevé et adossé à un mur; sur une plaque spéciale de cet arc est écrit le texte suivant :

« Romam perducta A. O. Marcio Praetribus annis post Carthaginem deletam restituta Pancis diebus ante quam URBS Italia vindicaretur nunc iuxta veterem ductum"

De longues inscriptions latines sur la Porta Maggiore; je lis le nom de l'empereur Claudio. Les pieds sur les pavés creusés par le passage des chars, les mains effleurant les murs, le regard détaillant les inscriptions, ce lieu fut l'un des plus saisissants et des plus véridiques de la Rome antique.

Retour à la Basilica Sotteranea di Porta Maggiore pour tenter de voir les trois basiliques superposées; refus absolu d'y entrer. Faut être avec un groupe et obtenir une permission.

J'ai eu une vue d'ensemble des murs; des murs massifs, bien construits, une tour de guet à chaque 50 pieds. J'ai avancé sur une distance d'un quart de mille pour arriver à la magnifique porte Asenaria. Une longue portion d'un aqueduc romain arrive à angle droit avec le mur de Rome. Je passe par la Piazza de la Porta San Giovanni. Je visite encore Saint-Jean de Latran.

Jeudi, en avant-midi, je visite un très gros ensemble des forums romains que je n'avais pas vus l'an dernier; les restes des constructions sont si énormes qu'on se met à comparer avec Pompéi; je passe par la maison de Livie. On voit une partie de l'intérieur. Celle d'Auguste est voisine mais on ne peut pas la visiter.

En après-midi, les thermes de Caracalla; c'est absolument immense et impressionnant. Épuisement en fin de journée. Retour à l'hôtel. Faut faire les valises. Nous quittons Rome le lendemain, le 20 mars.

PATRIMOINE EN PÉRIL

Le guide nous disait hier qu'il y a plus de soixante-mille caisses d'objets trouvés et qui ne peuvent pas être déployés en Italie. Ce pays croule sous ses œuvres d'art, son passé, ses richesses de toutes sortes.

Le patrimoine italien est gigantesque. Le site le plus « à risque » de toute l'Italie est Pompéi. Deux millions de visiteurs chaque année et sans protection efficace contre le vol. On dit que le site archéologique de Pompéi est le cauchemar des conservateurs. L'Italie, c'est le plus grand patrimoine artistique du monde. À mon retour, je sais que je n'en ai pas fini avec l'Italie.

XX
Sur les terres de Confucius

CHINE (OCTOBRE 1993)

Après des années, elle retourne en Chine; peut-être pour la quinzième fois. Pas pour accompagner un groupe. Elle restera sur place à Beijing. Elle est inscrite à une des universités de la ville pour perfectionner la langue chinoise; elle a soixante-dix ans. C'est Louise, dynamique et vibrante qui en 1993 parlait assez bien le chinois pour interpréter, discuter avec les guides locaux. Elle nous accompagnait dans l'Empire du Milieu.

10 OCTOBRE

Chine, ce nom avait été gravé à la lecture des annales de la Sainte-Enfance. Pourquoi aller en Chine? Les civilisations anciennes me passionnent. Depuis ces voyages de Campbellton à Maria, ce gout du voyage à jamais.

Je relis Han Suyin, dans *Multiple splendeur*. Et Marc dit : « Qui donc, ayant une fois su ce que c'est que d'être vivant voudrait retourner vers les morts? Qui, ayant une fois vu la vie, n'en reste pas ensorcelé pour toujours. » Nous quittons Montréal par Air Canada.

L'aéroport de Chicago est immense. C'est peut-être dix Mirabel. Faut voyager en train pour prendre l'avion au terminal n° 5 flambant neuf. Une foule qui déborde de tous côtés.

Nous quittons Chicago à 13 h 30 par Japan Air Lines. Il faudra treize heures de vol pour arriver à Tokyo. L'avion volera au-dessus du Canada - Winnipeg, le Yukon, l'Alaska. Nous passerons à la frange des Aléoutiennes avant d'arriver au Japon.

Un agent de bord nous a montré le plan de vol : c'est presque en ligne droite. Toutes les tours de contrôle sont indiquées : le ciel et la terre sont divisés en petits carrés. Pour travailler ainsi en petits carrés, est-ce qu'on applique un principe, une loi découverte chez les anciens Égyptiens qui faisaient en petits carrés le plan du bloc de granit qu'ils allaient sculpter. Les hôtesses sont gracieuses dans leurs kimonos colorés. Les mets servis étaient aussi colorés que les kimonos et exerçaient autant d'attraits.

À *Tokyo*, nous logeons à l'hôtel Nikko Narita.

Durant toute la soirée, je sens le sol trembler légèrement sous mes pieds, comme si je sortais d'un navire. À 1 h du matin, tremblement de terre de six degrés à l'échelle de Richter, il m'a réveillée, d'autres ont été secoués dans leur lit. Tibor dit que son hôtel a été fortement ébranlé. Dans la chambre, nous avions des indications quoi faire quand il y a un tremblement de terre.

BEIJING

Après quatre heures de vol depuis Tokyo, nous arrivons à Beijing. L'aéroport semble loin de tout modernisme selon les standards occidentaux. La ville me parait immense. De grands boulevards. On n'a pas idée du nombre de bicyclettes qui débordent de partout. Peu de transports publics; les taxis sont nombreux.

À Pékin même, il y a beaucoup d'arbres, mais on reboise encore pour arrêter la terre et le sable charroyés par les vents du nord. Dans les rues, des ânes, des chevaux; encore très peu de voitures.

Avant même de mettre les pieds à notre hôtel, nous sommes sur la place Tien An Men. Une grande place carrée, plus vaste que la place Rouge à Moscou. L'avenue de la Paix éternelle traverse cette place et la ville de Beijing sur 40 km. On y trouve le Palais de l'Assemblée du peuple avec ses dix-mille sièges et sa salle de banquet pour cinq-mille convives. Le Mausolée de Mao et le monument aux héros du peuple. La place Tienanmen, au cœur de Pékin c'est le centre historique et symbolique de l'empire du Milieu. Nous quittons la Place après la visite au musée de l'Histoire Chinoise. Je n'ai aucun souvenir de ce musée; aucune note. Ma fatigue était peut-être trop grande.

Le lendemain, nous prenons le bus pour nous rendre aux tombeaux des empereurs Ming. À trente kilomètres de Beijing. La dynastie des Ming c'est treize empereurs inhumés dans les environs. Une vaste nécropole où sont rassemblées leurs tombes. Mais avant de pénétrer dans la tombe de Ting Ling, nous parvenons à ce lieu en marchant sur une portion de la Voie sacrée, dont le nom réel est la Voie des Esprits. Chaque côté de nous, veillent, dans leurs statues de marbre, des militaires, des mandarins, des lions, des éléphants, des chameaux, au milieu des saules pleureurs.

Sans le savoir, nous accomplissions un rite, une procession qui honorait les empereurs. Pour se rendre à un lieu sacré, on ne peut marcher que sur une voie elle-même sacrée; il en était ainsi dans l'Antiquité. Les Athéniens allaient en procession sur la Voie Sacrée longue de vingt kilomètres qui menait jusqu'au temple à Eleusis. Seuls Jules César et Titus avaient été autorisés à défiler avec leurs légions sur la Via Sacra au milieu des temples et des forums romains.

À Delphes, la Voie Sacrée cheminait au milieu des édifices construits par les cités grecques pour abriter leurs offrandes. C'était probablement un grand évènement créant une forte impression que la construction d'un chemin, d'une voie qui permettait d'aller d'un lieu à un autre.

Des portes de marbre pesant huit tonnes chacune fermaient l'entrée du tombeau qui est un véritable palais souterrain; immense espace pour le lieu de sépulture. C'est la tombe de l'empereur Ting Ling.

Avant le tombeau, d'abord des murs et un tumulus dans cet espace; encore la Tour de l'Esprit, ensuite trois cours à traverser. Dans la vie chinoise, les cours ont eu autant de place et d'importance que les murs. Dans *L'arbre blessé*, Han Suyin dit ceci : « l'ensemble familial où nous vivions formait une pyramide d'autorité faite non seulement de personnes, mais de salles et de cours. Des portes de laque noire s'ouvraient sur la première cour avec son « mur des esprits ». Dans la seconde cour, les pots de fleurs étaient alignés dans les salles de réception. Dans la troisième cour, entraient les parents et là commençait la famille... des chambres disposées en carrés de quatre pièces autour de petites cours intérieures ».

Dans la salle centrale du palais, le cercueil de l'empereur et ceux des deux impératrices.

L'ensemble de cette nécropole constitue un des grands trésors archéologiques de la Chine. Imaginons ce qu'ils vont découvrir quand ils décideront des fouilles dans les onze tombes pas encore visitées.

Il nous reste encore quelques forces et nous allons à la Grande Muraille. Ce n'est pas une merveille ordinaire. C'est l'empereur Qin 1er de Chine qui l'a fait construire. C'était en 221-206 avant notre ère. Il précédait les Romains dans sa crainte des barbares venus des steppes d'Asie centrale ou des plaines d'Europe. Elle courrait sur plus de six-mille kilomètres. Sur les remparts, deux-mille-cinq-cents tours de guet pour surveiller les montagnes et repousser la cavalerie Scythes, Thraces ou macédonienne. Une incroyable construction qui chevauche la crête des monts et des pics. Du monde partout. Des autobus à la dizaine.

Mao Zedong disait qu'un Chinois n'est pas digne de ce nom s'il ne l'a pas escaladée. Elle alimentera la fierté chinoise pour encore au moins un millénaire, et je suis de leur avis.

Pour se rendre à la Grande Muraille, la route est en pleine campagne chinoise : de petites villages bâtis à l'intérieur de murs; tous selon le même style; les maisons ont le dos à la route; elles sont basses et protégées par les murs; elles sont de briques de terre, couleur rougeâtre et sont identiques.

Aujourd'hui, cette merveille de la Chine est menacée de destruction par le comportement des hommes et l'action de la nature : les vents, les sables, les pluies.

Un premier règlement a été adopté pour préserver la plus grande relique culturelle chinoise. Il y aura une zone tampon de chaque côté de la muraille où tout développement sera interdit. Les randonneurs ne pourront plus s'y promener. La grande muraille traverse neuf provinces de Chine. Le gouvernement national prépare des mesures pour la protéger sur toute sa longueur.

Après avoir cherché à détruire systématiquement son patrimoine culturel hérité des anciens régimes, la Chine s'est éveillée à la protection de ses richesses culturelles. Elle a ratifié la Convention de l'UNESCO sur le patrimoine mondial. Elle compte maintenant 30 sites classés. Les plus célèbres sont la Grande Muraille et la Cité interdite.

LA CITÉ INTERDITE

Elle fut construite à partir du treizième siècle. Raffinement architectural et harmonie. Les palais comptent plus de neuf-mille pièces. C'est la Cité interdite. Vingt-quatre empereurs y ont vécu avec leurs femmes, leurs concubines, leurs eunuques. Une haute muraille de dix mètres par trois mètres d'épaisseur entoure la cité. Nous visitons le palais impérial, celui de la Suprême harmonie et celui de la Porte céleste. Près de la porte de la Suprématie impériale, sur un mur de l'époque des Ming, neuf dragons en faïence polychrome. Ils avaient pour fonction de barrer l'accès du palais aux mauvais esprits.

Le trône de l'empereur dans la Cité, c'est le point d'intersection qui divise la ville en deux parties. Le trône était adossé à un paravent qui protégeait l'empereur des esprits barbares venant du Nord. Il devait regarder toujours vers le Sud.

Une antenne entre le ciel et la terre; un temple rond. C'est le temple du Ciel que nous visitons en après-midi. L'empereur allait accomplir son sacerdoce au temple du Ciel. Seul, sur un autel circulaire, le monarque invoquait son ancêtre suprême pour la prospérité de son peuple.

En soirée, tout le groupe à l'opéra de Pékin. Peu de temps après l'ouverture du spectacle, à gauche, à droite, quelqu'un du groupe quittait la salle. Tous, dehors, voulant retourner à l'hôtel, ne trouvant aucun intérêt à ce spectacle. Nous aurions dû avoir assez de curiosité pour persévérer, malgré les chants aigus comme des cris, les scènes dont on ne comprenait pas le sens. Finalement, j'étais la dernière à persister; mais on m'a suppliée de sortir... en m'indiquant qu'ils allaient quitter avec le bus... Je sais que depuis les années qui ont suivi, l'opéra chinois a perdu à peu près toute faveur populaire. Quand l'opéra occidental va débarquer chez eux suite à la construction de cette salle de spectacle et d'opéra à Pékin, par un architecte français, ils vont reconsidérer leur propre opéra et le rendre présentable à des oreilles occidentales.

TEMPLES

Je lis dans *La Chine des merveilles* : « Le sac du Palais d'été, où s'amoncelaient des trésors par milliers, puis sa destruction ordonnée par Lord Elgin, traumatisèrent et humilièrent profondément les Chinois qui y virent la confirmation de la barbarie européenne. » (C'est le même Lord Elgin, gouverneur du Canada, qui a laissé bruler le parlement à Montréal en 1849.)

Nous visitons le Palais d'été; mais le Palais d'été c'est plus qu'une dizaine de palais, de pavillons, de galeries tous richement décorés, déployés dans un parc immense en face du lac Kumming. La colline de la longévité millénaire est presque entièrement entourée d'eau. Une courte balade sur le lac. Au retour, nous admirons le bateau en marbre blanc de l'impératrice Ci Xi. Dans les jardins, de longs corridors ornés de peintures. Jamais assez de temps pour tout voir, tout admirer, tout gouter. Faudra-t-il que je revienne en Chine?

Ayant visité la Colline de la longévité millénaire, c'est touchant d'entendre les noms donnés à leurs lieux, à leurs palais, à leurs monuments. C'est la poésie qui fleurit partout. Palais des Élégances accumulées, le Palais de l'éternel printemps, le Jardin de la contemplation, le Palais des Essences, le Palais du Yang splendide, le Palais de la nourriture de l'esprit, Porte de l'harmonie suprême, Salle de la perfection impériale, Temple de la grande charité, Mont du pic merveilleux, Parc des collines parfumées, Parc de l'étang et du murier.

Nous sommes au Temple des lamas en après-midi. Encore là, de nombreux pavillons déployés dans un très grand jardin. Le temple est d'une beauté étourdissante. C'est l'ancien Palais de l'éternelle harmonie. En entrant dans la première cour, vous remarquez le mur qui dans tous les temples et palais fait face à l'entrée pour chasser les mauvais esprits... un chemin conduit à une troisième cour... des murs, des cours... en Chine.

En fin d'après-midi, j'ai marché dans les « hutongs »; de petites rues formant entrelacs et dédales incroyables. Je craignais de m'y perdre en m'aventurant trop loin. À ce moment-là, je ne savais pas à quel point ils étaient menacés de disparaitre de la carte de la ville de Pékin. Déjà en 1950, la moitié de trois-mille « hutongs » ont été détruits pour laisser place à des immeubles à bureau. De même en 1950, a commencé la destruction des remparts et des seize portes monumentales qui ceinturaient, délimitaient et définissaient la ville. Ce travail de destruction a duré douze ans. Les remparts avaient été construits sous les empereurs Ming. J'ai pleuré parce que je sais que la folie humaine, notre folie, notre courte vue insensée n'arrêtera pas sur notre terre, le travail de destruction que nous lui infligeons au nom du modernisme, de la mondialisation et du marchandisage.

Le sinologue Simon Leys écrivait en 1974 « Le régime maoïste restera à jamais associé à un mémorable outrage infligé au patrimoine culturel de l'humanité entière : la destruction de la ville de Pékin. »

Pékin se composait de deux immenses rectangles (au début du siècle) juxtaposés : la ville chinoise au sud, la ville tartare au nord, toutes deux sanglées dans d'épaisses murailles longées par des fossés boueux. Lorsque l'on se hissait sur les remparts séparant les deux cités, si larges que quatre chars y passaient de front, le regard embrassait l'infinie métropole, ses misères, ses splendeurs, les somptueux palais aux toits de céramiques et aux entrailles dorées, demeures des mandarins, les jardins disséminés partout et la vaste forêt urbaine que représentait le palais impérial.

Nouveau titre de mon journal du matin ici à Montréal : *La Cité interdite en péril* « Les tuiles vernissées couleur d'or qui recouvraient les toits du palais impérial s'amoncellent désormais en morceaux épars et brisés. Les immenses toits seront d'un jaune moderne et clinquant. Que restera-t-il de la résidence des dynasties Ming et Qing? »

Nous savons que le manque d'hygiène, la malpropreté ont connu un long règne en Chine. Ils cherchent à effacer ce qu'ils croient une ignominie aux yeux du monde moderne. En le faisant, ils balayent si large qu'ils détruisent leur passé jusqu'à la racine. Je vous le prédis, ils pleureront un jour sur la disparition du patrimoine architectural de leur ville.

Lucien Bodard écrivait « La révolution culturelle de Mao, c'était la fin de tout ce qui était ancien, l'abolition d'un savoir immémorial, la négation d'une civilisation écrite. Le ré gime a entrepris de transformer la physionomie même des villes. »

« Quand je suis allé, il y a cinq ans, voir ce qu'était devenu ma ville natale Tch'oung King, j'ai trouvé au lieu d'une fête des sens baroque, forte en couleurs et en senteurs, d'un grouillement de vie intense, infiniment multiple, complexe, imprévisible, une mégapole incolore et inodore, bardée d'immeubles et d'usines, une foule grise et fluide. Plus d'odeurs ni de bruits; plus de peuple hilare et querelleur; plus de caravanes de mulets, plus de coolies écrasés par l'effort; plus de notables en robe de soie; plus de dames entrevues à l'intérieur d'un palanquin. Je ne pouvais plus comprendre la langue apprise à 3 ans. On ne parlait plus le dialecte, mais la langue officielle imposée par Pékin. »

Vous vous souvenez de la révolution culturelle? La Chine ravagée par une frénésie de destruction du passé. Ont été rasés, au nom de la révolution, des pans entiers d'architecture et d'histoire chinoises. Par dizaines, les gratte-ciels pointent et rompent la ligne qui faisait de Pékin un modèle de l'urbanisme chinois.

Les remparts en Chine déterminaient tout. Ils n'avaient pas un rôle défensif. Ils ne venaient pas renforcer une ville. Ils précédaient la ville. Les géomanciens avaient étudié tous les aspects d'un lieu : la terre, la poussière, l'eau, le vent, les cinq points cardinaux. Cette étude en mains, les responsables la présentaient aux autorités ou à l'empereur. L'endroit était désigné. Les remparts s'élevaient en carré. Au centre, orientée vers le sud, la maison du pouvoir ou de l'empereur : ensuite, tout l'espace vide était rempli systématiquement par des habitations.

La maison à cour carrée de Chine ressemblait presque à un calque des maisons que j'avais vues à Pompéi. Des bâti-

ments entourant un vide carré nommé « le puits du ciel ».
Chez les Pompéiens, c'était l'impluvium. Tous recueillaient
l'eau de pluie. Ce mode de construction des maisons remon-
terait aussi loin que mille ans avant notre ère.

HUTONGS

J'y étais allée seule dans les « hutongs » mais ce matin, c'est
la visite avec le groupe. Après des années de ce voyage en
Chine, le mot hutong résonne encore dans ma tête. C'est
encore le lieu qui m'a le plus touchée au cœur. « Le hutong
est l'affirmation d'une personnalité urbaine originale et d'un
habitat urbain unique, profondément inscrit dans l'histoire
et la culture de ses habitants. »

La ville de Pékin perd chaque jour de son originalité. Encore quelques années, il ne restera plus rien de ces ruelles
que sont les hutongs. Ces ruelles, comme les maisons basses,
entourées de murs d'enceinte, seront réduits en poussière
pour laisser la place à d'autres gratte-ciels.

La capitale chinoise rase son centre historique pour y ériger des tours de béton. C'était en marche lors de notre visite.
Dans le centre-ville, des quartiers démolis dataient de l'époque de la dynastie Ming. C'est la mort d'un musée vivant
d'urbanisme et d'architecture. L'architecture ancienne était
basée sur les principes du Feng Shui.

Un jour, après les jeux olympiques, ils chercheront timidement leur passé dans les rues de la capitale. Ne trouvant plus
de signes de ce qu'il fut, ils seront déchirés de douleur. Ils se
demanderont comment ils ont pu abattre les murs qui entou-
raient la ville et détruire des quartiers entiers bâtis par les empereurs Ming.

En après-midi, nous quittons Pékin par Air China pour la ville de Xian. Un excellent vol d'un peu plus de deux heures.

De l'aéroport à notre hôtel, c'est cinquante-sept kilomètres. Notre hôtel, c'est le Golden Flower au numéro huit de Chang Le Rd W. Un hôtel de très grand luxe, cinq étoiles. Je dispose d'une suite : salon, dinette, chambre, salle de bains, fleurs fraiches, plantes vertes, fruits dans les plats. J'aurais souhaité qu'on y loge des semaines entières.

En soirée, le spectacle de la rue. Ce sont des dizaines, des centaines de petites « boutiques » occupées chacune par un Chinois sur un espace de quelques pieds carrés. L'un vend des beignets, l'autre des gâteaux, l'autre des cacahuètes enrobées et frites; il y aura des variétés de poissons, de fruits, des boutiques de cordonniers, des revendeurs de vêtements, des réparateurs de bicyclettes. Il en sera ainsi toute la nuit jusqu'au matin. On nous dit que les Chinois mangent fréquemment au restaurant : ils seraient insuffisamment organisés en cuisine à la maison. Manque d'espace? C'étaient les étals du marché de nuit.

Xian, c'est une ville de six millions habitants. Des foules, des marchés, des bicyclettes, des autobus, des transports de toutes sortes. Une circulation extrêmement difficile dans la ville. D'immenses cultures le long de la route, de vieux tracteurs. Deux récoltes par année. Toujours des maisons à un étage en briques « terre », tassées et entourées de murs. La terre est jaune. Le vent la soulève, si bien que tout est poussiéreux. Le long du chemin avant d'arriver à Xian, nous voyons d'immenses tumulus. L'un d'eux est celui de l'empereur Qing et deux autres plus petits pour des épouses.

En même temps que nous, c'est cinquante groupes qui arrivent à Xian.

Le long de notre route, des paysans qui ont récolté d'immenses quantités de maïs; ils cherchent à le vendre. Nombre d'ouvriers avec des portefaix aux épaules, Xian au centre du pays, c'est l'ancienne capitale et le berceau de l'empire du Milieu.

Comme on le lit au musée à Xian, un véritable État s'était stabilisé ici depuis longtemps. La dynastie Qin dominante a donné son nom à la Chine. Elle fut un temps la plus grande ville du monde.

Quinze milles de pourtour, huit avenues au cordeau, cent-soixante rues transversales, cinq palais reliés par des allées couvertes où l'on se distrayait du spectacle des autruches, des lions et des éléphants apportés en hommage par des ambassades étrangères, c'était Xiang.

Xiang, c'était la première ville sur la route de la soie. C'était le lieu de départ de l'ancienne route de la soie. C'était sept-mille kilomètres pour rejoindre Rome dont quatre-mille en territoire chinois; c'était des grottes, des lacs, des déserts, des vallées, des montagnes, des oasis, des paysages grandioses, des villes de l'époque des Han aujourd'hui ensevelies sous les sables.

Xiang, capitale de la Chine pendant 1 200 ans. Xiang, c'est la succession de treize dynasties qui en avaient fait leur capitale. Les guerriers ont gardé la tombe de l'empereur Qin au-delà de deux-mille ans. Pour tout ce qui la caractérise, cette ville fut une révélation qui me dépassait.

À l'intérieur des remparts, la cité des Ming. Nous sommes entrés par la Porte du Nord. Je n'avais jamais rien vu de tel. Les murs, d'une épaisseur de 18 mètres à la base et de 15 mètres au sommet : trois à quatre voitures peuvent y circuler de front sur ce chemin de douze kilomètres sur les remparts. Sous le règne des empereurs Tang, avant les Ming, le chemin atteignait 36 kilomètres. J'ai marché sur ce chemin. J'y ai admiré la ville à l'intérieur des murs. J'ai admiré la grande pagode de l'Oie Sauvage. Elle avait été élevée pour y conserver les sutras apportés par un pèlerin au septième siècle de notre ère. Cette pagode est liée à la fondation du bouddhisme en Chine. Les sutras, ce sont des textes qui parlent du rituel, de la morale, de la vie quotidienne.

Nous passons au musée d'histoire du Shaanxi qui va de l'homo erectus jusqu'à la préhistoire jusqu'à l'empereur Qin. Des poteries, des haches de pierre, des amphores en terre rouge du site néolithique de Banpo.

Les quartiers de la ville sont à leur tour entourés de murs.

La grande mosquée de Xian que nous avons visitée, ce n'est pas un édifice d'un seul bloc; c'est une succession de pavillons agrémentés de cours et de bosquets. Au centre, cinq pavillons reliés par des courettes; de chaque côté, cinq autres pavillons.

La Tour de la cloche qui sonnait l'ouverture des portes de la ville le matin. La Tour du tambour annonçait la fermeture des portes le soir.

L'ARMÉE DE L'EMPEREUR QIN

Nous sommes au musée des Guerriers et Chevaux du Premier empereur de Qin. Nous allons voir la huitième merveille du monde. Plus de sept-mille fantassins et cavaliers en terre cuite. Les archéologues travaillent à les dégager tous de leur gangue de terre. Pour moi, c'est la plus grande découverte archéologique du vingtième siècle. Je crois qu'elle dépasse la découverte du tombeau de Toutankhamon en Égypte.

Dès l'âge de 13 ans, Qin a commencé à préparer sa demeure éternelle. Toute sa vie, il avait entretenu le rêve démentiel de devenir immortel. Il rejetait avec horreur l'idée d'un sommeil définitif. Sept-cent-mille forçats travaillèrent à l'édification de son tombeau. Il a fondé une dynastie d'une durée de deux règnes, mais a jeté les bases d'un État qui dura deux millénaires. Sous son règne, l'écriture est simplifiée; les lois sont centralisées; les poids et mesures unifiés; la grande muraille est commencée; les illuminés, les fous, les parasites, les clochards, les excentriques sont éliminés. En 213 avant notre ère, c'est l'autodafé de tous les livres autres que techniques; c'est l'exécution de cinq-cents lettrés. L'ordre ne pouvait régner que si la loi était soustraite à la pensée.

« Votre serviteur propose que toutes les chroniques, sauf celle de Qin, soient brulées. Les officiers compétents exceptés, tous ceux qui auraient la témérité de conserver des poèmes, des documents ou des écrits spéculatifs les remettront aux autorités qui les bruleront en vrac. Qui oserait la moindre mention des livres proscrits sera dépecé en place publique. Qui se servirait du passé pour dénigrer le présent sera sanctionné avec sa famille jusqu'au troisième degré. Tout agent de la force publique qui fermerait les yeux sera passible de la même peine que le contrevenant. »

C'était là les propositions du premier ministre Li Si avalisées en 213 avant notre ère par le premier empereur, le roi de Qin.

Son tombeau avait exigé trente-six ans de travaux. Actuellement, mille statues sont dégagées. La vue de cette armée est absolument saisissante. Jusqu'à maintenant, ce sont trois fosses qui ont fait jaillir de terre l'armée de Qin. Je crois que nous sommes loin d'avoir vu la fin de ces fouilles archéologiques. Qin avait fait construire trois-cents palais. Il doit en rester plusieurs sous terre dans les environs de son tumulus.

Les milliers de statues de soldats de grandeur nature, des chevaux de bonne taille et une centaine de chars de guerre en bois ont percé la surface du sol grâce aux pioches de trois paysans qui creusaient un puits dans la campagne de Xian.

Xian, une plongée dans une capitale ancienne connue dans le monde entier; une culture plusieurs fois millénaires, des vestiges historiques et culturels presque sans nombre. J'en suis sortie profondément touchée.

SHANGHAI

En fin de journée, c'est le départ de Xian par un vol de China Northwest jusqu'à Shanghai. Épuisée, grippée, le voyage m'est presque intolérable. Nous arrivons à 21 h 30. Des années plus tard, j'ai lu dans un journal qu'il existe une grippe de Xian. Je fais une température de 102 °F et courbatures généralisées.

Journée de repos et de guérison à l'hôtel Jin Jiang Tower. Je ne visite pas avec le groupe. Cet arrêt, ce repos, dans notre course à travers les provinces chinoises a été presque un cadeau. J'étais contente de n'avoir aucune obligation. L'hôtel Jin Jiang et le Grosvenor House sont classés monuments britanniques. Au début du siècle, ils faisaient partie de la concession française de Shanghai. Depuis quelques années, les responsables de la municipalité de Shanghai ont pris conscience de l'importance de conserver et de classer les édifices historiques de la concession française. Des architectes d'une agence française travaillent en ce sens dans la ville.

Le lendemain, je continue la visite avec le groupe. Nous déambulons sur Le Bund le long du fleuve Huangpu. Le Bund, c'est un défilé d'édifices de styles multiples; gratte-ciels des années 20, palaces Art déco, villas néogothiques. Shanghai, une mégapole de 16 millions d'habitants en 2004. Huit millions de bicyclettes dans la ville. Je rentre jeter un coup d'œil dans l'édifice de la Banque de Chine. Un tour sur la rue de Nankin pour ses marchandises et ses boutiques par milliers.

Le musée de Shanghai à voir absolument. La galerie des bronzes est d'une richesse inouïe. Des pièces du dix-huitième siècle avant J.-C. jusqu'au troisième de notre ère. Lors de notre visite, se tenait une exposition de cent-quatre-vingt-dix objets de toutes les régions de Chine; des œuvres d'une très grande perfection. C'était le sommet du raffinement.

Nous allons au temple du Bouddha de jade. Un haut-lieu, très fréquenté du bouddhisme en Chine. Un des deux bouddhas qu'il abrite a été taillé dans un seul bloc de jade blanc.

Excursion en train à Suzhou. À la gare de Shanghai, nous montons dans un train à deux étages. Les Occidentaux et les Chinois en moyen voyagent en « mou », c'est à dire d'excellents wagons, propres, très doux, qui glissent comme sur des coussins; du thé et diverses boissons sont servis. Ceux qui voyagent « en dur », ce doit être comme nos wagons de troisième classe d'autrefois. C'est un million de personnes par jour qui prennent les trains à Shanghai.

Suzhou comme Venise, des canaux, des ponts, de l'eau, au bord du Grand Canal. La principale activité de la ville depuis l'époque des Tang, c'est le travail de la soie. Nous visitons une usine où est faite l'impression de la soie sur d'immenses tables avec des rouleaux qui passent et repassent sur les couleurs. Je n'ai pas vu l'Institut national de la broderie; j'aurais été intéressée. Des jeunes filles brodent la soie avec des fils plus fins qu'un cheveu.

Nous faisons une excursion d'une heure en bateau sur le Grand Canal. Variété et nombre de bateaux; tout le long, des maisons à fleur d'eau. Il coupe et recoupe les cinq grands fleuves chinois.

C'était probablement du erhu, sorte de violon chinois, qu'il jouait sur un ponceau qui enjambait un canal; il a joué la musique de *Ce n'est qu'un au revoir*. J'ai chanté avec le jeune musicien. Le ponceau était peut-être celui du jardin Liu à Suzhou. Dans son expression la plus parfaite, tel qu'on peut l'admirer à Suzhou, l'art chinois des jardins est un art total.

C'est un de plus petits jardins de Suzhou : le Jardin du Maitre des filets. Un bijou parfait de l'art des jardins en Chine.

Les jardins classiques de Suzhou ont été classés au Patrimoine mondial de l'UNESCO. Nous retournons à Shanghai par train.

Le lendemain, un voyage de trois heures par train de Shanghai à Hangzhou. Le long du chemin, des cultures, prospères, propres; les maisons nouvellement construites et sans murs. Notre guide à Hangzhou a étudié le français avec une Québécoise de Montréal, Mme Duquette, à l'École des langues orientales de Shanghai. Nous logeons à l'hôtel Shangri-La.

Excursion en bateau sur le Lac de l'Ouest. Par beau temps, le lac semble légèrement embrumé.

Quatre iles dans le lac, des digues créent d'autres petits lacs à l'intérieur du grand; sur toutes les surfaces émergeant du lac, des pavillons, des terrasses, des kiosques, des bassins à lotus.

Marco Polo, dans ses écrits sur ses voyages en Chine, consacrera plusieurs pages à la beauté et à la richesse de Hangzhou.

Pour Marco Polo, Hangzhou c'était comme le paradis. Même un dicton des Song affirme qu'au ciel il y a le paradis et sur terre, il y a Suzhou et Hangzhou. La beauté des rivages du Lac de l'Ouest a inspiré des poètes, des peintres, des écrivains, des musiciens. Une ville d'art. Des nouveaux mariés y vont en voyage de noces.

Après la visite du Temple de Lei, un des dix plus grands de la Chine, nous passons au Temple de la Retraite de l'âme. Tout le groupe pour le souper dans un restaurant extérieur à l'hôtel. Enfin, enfin, nous respirons. Toute la matinée libre. Installée au restaurant de l'hôtel, je bois de nombreux cafés. J'écris mon journal; c'est la détente. Je lis des écrits sur les religions en Chine. Le tao a été la première religion dans ce pays. Aujourd'hui, il y aurait un certain retour au bouddhisme de la part des jeunes. La religion qui compte le plus grand nombre d'adeptes en Chine serait le christianisme.

Guilin – Par un vol d'Air China, nous arrivons très tard à Guilin le 23 octobre. Nous sommes à l'hôtel Sheraton sur Berstran Road. Le souper qui finit à 21 h 15. Deux heures d'attente pour les valises. Extrême fatigue.

24 OCTOBRE

Lever tôt. Nous partons en bus pour rejoindre le petit port et le bateau qui nous promènera sur la rivière Li pendant près de cinq heures; des pitons rocheux, très hauts, constamment changeants; un dépliant nous dit vrai en parlant de la majesté des collines, de la limpidité des eaux, l'étrangeté des grottes et la beauté séduisante des rochers. Voyez les noms donnés à ces lieux : la colline des couleurs accumulées, la Grotte de la Perle restituée, la Grotte des Flutes de roseau, le Parc des Sept Étoiles, le Pic de l'Élégance solitaire.

Qu'est-ce qui fait courir des millions de visiteurs à Guilin? Une rivière qui coule au milieu des plus extraordinaires paysages de Chine. Les poètes les ont chantés et les peintres les ont illustrés.

Les navires de croisière sont nombreux; des bateaux-maison, des bateaux de pêche, des radeaux faits de cinq pièces de bambou, un soleil éblouissant, des villages, des cultures étagées, des enfants qui se baignent, des femmes qui lavent leurs vêtements.

À Guilin, face à notre hôtel, un marché de nuit tout comme à Xian; des kiosques où ils offrent une grande variété de marchandises; des restaurants en plein air.

CANTON

Lundi le 25 octobre, à 15 h, nous quittons pour Canton (Guangzhou) par China Southern Airlines. À 9 h du matin, nous sommes au marché libre de Canton, le marché Quingping; infinie variété de produits : du sexe des cerfs aux grosses abeilles bleues; des pattes de millepattes qui ont cinq pouces de longueur jusqu'aux scorpions. Des racines de toutes les sortes de plantes imaginables. Toute les parties des animaux sont en vente, toutes les sortes de cornes, des poissons vivants, tous les petites animaux en cage : des grenouilles, des tortues, des porcs-épics, les produits traditionnels de la pharmacie chinoise de l'Antiquité à nos jours y sont étalés. C'est une autre des merveilles de la Chine. Impossible de voir ailleurs dans le monde un tel marché.

À Guangzhou (Canton), nous sommes installés à l'hôtel White Swan sur l'île Shamian. L'ile de Shamian, c'est l'ancienne concession franco-anglaise que le gouvernement chinois avait fini par céder aux envahisseurs lors de la 2e guerre de l'opium en 1861. Elle est le symbole de l'époque coloniale. Nous sommes à deux pas de la Rivière des Perles. Elle a déjà parcouru deux-mille kilomètres quand elle se jette dans la Mer de Chine méridionale.

Flâner dans les rues, déjeuner à la terrasse d'un restaurant, aller « boire le thé du soir avec des amis » sont les plaisirs de cette ville unique en Chine. Il faut oublier le bruit, la pollution et s'immerger dans ce monde surprenant pour en savourer les richesses.

Nous allons au temple des six banayans pour admirer la Pagode des Fleurs qui s'élève au milieu du temple; une beauté de neufs étages qui se dressent dans le ciel.

Le temple Chen, c'est peut-être le plus beau que nous ayons vu en Chine. Ayant servi à la famille Chen pour honorer ses ancêtres. Aujourd'hui, il est devenu le Musée du folklore et de l'artisanat de Canton.

Canton, c'est quatre-millions d'habitants, c'est deux-million-six-cent-mille vélos, des motos, des taxis, des voitures publiques; les voitures privées sont défendues à Canton; une circulation éprouvante.

Trois problèmes particuliers à Canton : le logement, la circulation, l'électricité. L'électricité y est coupée deux jours par semaine. L'Espace dans les maisons c'est dix-huit mètres carrés par personne. Ils agrandissent leur espace par les balcons.

La rue Sun Yat-Sen, c'est dix-mille boutiques; elles sont toutes ouvertes sur l'extérieur; de très nombreux petits métiers exercés sur la rue; un homme qui a trois melons à vendre; un autre qui vend quatre prunes; les restaurants eux aussi ouverts étalent leurs nappes blanches jusqu'au bord du trottoir. Ça grouille de vie partout.

KOWLOON – HONGKONG

Mercredi. Départ par train pour Hongkong. Arrivés à Kowloon à l'hôtel Majestic. Très long pour passer la douane. Chambre super confortable. Enfin, un repas occidental à notre hôtel. Je l'apprécie avec un excellent café. Avant d'arriver à Hongkong, en terre chinoise, il y a la nouvelle ville et région spéciale de Shen Zhen. De très très nombreux édifices de 20 à 30 étages en développement rapide; des édifices sans style, trop rapprochés. Est-ce l'influence soviétique?

Nous faisons la visite classique de Hongkong. Tour de l'ile en bateau. Des édifices de 20, 30, 40, jusqu'à 78 étages; nombreux comme une forêt, de tous côtés. Passant devant Deep-Water Bay, puis Repulse Bay, nous grimpons, par une route tortueuse entre les collines et les rochers jusqu'au pic de Victoria. La mer calme s'étendait en face; une flottille de pêche s'éloignait à l'horizon; des iles montagneuses barraient les eaux au loin.

Par la magie des mots Repulse Bay, Victoria, Aberdeen, en un instant, je fus replongée dans le récit fait par Han Suyin dans *Multiple Splendeur* de sa première rencontre amoureuse en ces lieux, avec le correspondant de guerre anglais. Rien n'avait été oublié de cette histoire d'amour... désir de l'avoir vécue, de l'avoir écrite...

Le lendemain, par métro, je me rends pas très loin des jardins botaniques de Hongkong et du zoo et de la volière; hélas, ma fatigue est si grande que le bon sens me dicte de retourner à l'hôtel. La pollution était intense et décourageait les longues marches dans les rues. Et ce fut le départ. À l'aéroport de Hongkong, par Japan Air Lines, nous entreprenons le voyage de retour.

Les années ont passé. Je retournerais en Chine. Sur ma liste des lieux à visiter, j'écrirais le nom des villes qui ont conservé leurs remparts et leurs murs. J'ajouterais les sites classés par l'Unesco pour ma délectation.

XXI
Al-Andaluze

Un appartement au soleil (1994)

Au milieu d'une foule dense, une forêt de cartes; chacun affiche « son touriste » ou son groupe. Par taxi, je quitte l'aéroport de Malaga pour Torremolinos. Un mois au soleil de la Costa de Sol, à l'hôtel-appartement le Bajondillo.

Des gens de tous les coins d'Europe. Une grande variété de langues entendues dans les corridors, le hall d'entrée, les places publiques. Les Américains sont nombreux. Certains reviennent à cet hôtel chaque année depuis près de vingt ans. La langue espagnole est enseignée chaque jour. J'assiste aux cours. Toutes les occasions seront bonnes pour la pratiquer.

Ici c'est la naissance du monde
chaque matin
tout le long du Paseo Maritimo
des dizaines d'hommes astiquent des centaines de tables et
    chaises
espérant chaque jour
faire davantage d'argent
aujourd'hui plus qu'hier
les restaurants s'étalent à la queue leu leu à quelques
    mètres des vagues

l'air est tellement sec
le soleil si chaud et si constant chaque jour
que l'eau va disparaitre de ma tasse de thé

si je ne me hâte pas de le boire
marchant le long de la Méditerranée
le murmure du finlandais à l'allemand à l'anglais à
    l'espagnol au hollandais
compose une sorte de chant à la gloire de l'Europe
    que j'aime

Hier soir, c'est une Américaine de 90 ans du Massachusetts qui m'a proposé le bar-dancing. J'étais assise près d'elle à une soirée de musique quand, à la sortie, elle m'a invitée pour un cognac. Nous avons quitté le bar à minuit.

Assise dans le hall d'entrée, une dame danoise de 92 ans, avec qui je parlais et à qui je faisais remarquer sa bonne forme en lui demandant son secret, me répond sur le champ : *never negative*. Philosophie de vie caractérisée par son ouverture d'esprit, découvrant dans les évènements leur côté bénéfique, la portion agréable, le doux revers de la médaille. Sa recette n'est pas tombée dans l'oreille d'une sourde.

Quelques heures par bus, à Marbella, pour découvrir ce qui reste des paysages le long d'une côte partiellement bétonnée par les gratte-ciels, pour tenter de voir les palaces des Cheiks d'Arabie, pour découvrir ce qui subsiste de la vieille ville.

Ça n'avait été qu'un coup d'œil rapide après le repas du midi à Grenade pour voir la cathédrale. Elle est blanche et de dentelles et de dorures et d'autels décorés et de tableaux de grands peintres et d'une beauté dont je suis restée marquée.

La Chapelle Royale abrite les tombeaux d'Isabelle et Ferdinand d'Aragon. Lors d'une conférence sur la civilisation espagnole, le conférencier nous disait que, par exemple à Rome, les chrétiens ont laissé à l'abandon et à la destruction les édifices et lieux qu'ils n'ont pas transformés pour la vie chrétienne. Si bien que seul le Panthéon est demeuré puisqu'ils en avaient fait une église : danger des intégrismes, du fanatisme. L'importance de voir plus loin, de connaitre le passé, l'histoire. À la sortie de la cathédrale, je fais une courte visite à l'université fondée par Charles Quint.

L'Alhambra, à Grenade, est une forteresse à l'intérieur de laquelle il y a palais et jardins. Harmonie des formes, des édifices. Harmonie avec l'extérieur, les plans d'eau, les fontaines. Les murs sont décorés d'arabesques d'une grande perfection. Cet ensemble est certainement un sommet du génie humain. Des glycines en longues grappes bleu-mauve pendaient des murs extérieurs.

Grenade est située au pied des Sierra Nevada. Paysage montagneux de l'Andalousie, paysage en tumulus; cacheraient-ils des tombeaux du temps des Romains? Nous sommes passés par Santa Fe d'où les armées de Ferdinand et Isabelle se sont préparées à attaquer Grenade et à en provoquer la chute. C'était le dernier bastion de l'islam andalou. Les Arabes, qui ont bâti des édifices avec de magnifiques patios, et même quatre murs autour d'un patio, ont peut-être pris cette idée aux Romains. Probablement aux maisons de Pompéi.

Je monte la rue San Miguel jusqu'à l'autobus pour Malaga. Sur place, je visite l'Alcazaba, une immense forteresse bâtie il y a mille ans. De là, des vues sur le port et la ville. À l'intérieur, un musée d'un grand intérêt, Salle d'art préhistorique (du néolithique), Salle d'objets de l'époque romaine (trouvés à Malaga). Salle d'objets du temps des Maures. Salle du Moyen Âge.

Un temps de repos, assise au théâtre romain attenant à l'Alcazaba.

Quand on songe à ces côtes où sont débarqués tant d'envahisseurs. Les Phéniciens y sont venus s'installer. Puis il y a eu surtout les Romains. Malaga existait comme comptoir commercial mille ans avant la venue des Romains. L'Espagne était une des principales provinces romaines. Les empereurs Trajan et Hadrien étaient espagnols. Hadrien est né à Italica, aujourd'hui Santiponce (il en reste des ruines), près de Séville. Me revient le bonheur d'avoir vu à Rome l'autel de la Paix (plein d'inscriptions) qui a été élevé pour célébrer une victoire de l'empereur Auguste revenant d'Espagne (qui se nommait la Bétique à ce temps-là)

Il flotte dans l'air un peu de tous ces esprits qui ont vécu ici au cours de tant de siècles. Le passage du temps et les signes de l'histoire deviennent tangibles. Ici en Europe, dans quelque pays que ce soit, j'apprends et découvre constamment.

L'ancien palais épiscopal de Malaga est maintenant le musée des Beaux Arts. Quelle chance qu'il y ait eu cette exposition des œuvres de Joan Miró : cent-vingts peintures et vingt photos. Un peintre espagnol, né à Barcelone. On dit de sa peinture que c'est « un répertoire de signes sous l'influence du surréalisme; Miró ne cesse de montrer son sens du merveilleux. Il a fait des décors de ballets, des dessins-collages, des pastels. » Une peinture qui nous dit : en art, faites donc ce qui vous tente, ce qui vous passe par la tête.

« *Picasso me dijo un dia : La creación pura es un graffiti, un pequeño gesto sobre una pared. Eso es la verdadera creación. Por eso es tan importante para mi la primera etapa.* » Picasso lui avait dit que la création, c'est un graffiti, un petit geste sur un mur.

Cet hôtel-appartement offrait des cours, des conférences, des excursions, des séances d'exercices physiques, de la danse et de la musique chaque soir. Le bureau du tourisme, la station d'autobus, la gare de chemin de fer, tout était à notre portée. Un lieu idéal pour rayonner dans tout l'Andalousie.

Des vacances adorées.

XXII
Une troisième langue

CUERNAVACA

Je vais au Mexique. Quelques jours après ma décision, j'étais à l'agence de voyage pour dire que j'annulais. Elle m'apprend que si j'annule, je perds 700 $. J'ai reculé de trois pas. Le plus gros poids sur mes épaules, celui pour lequel je ne me sentais pas la force physique, c'était la traversée de Mexico. Aller de l'aéroport à un des quatre terminus d'autobus avec mes gros bagages, acheter le billet, surveiller mes bagages, faire trois heures d'autobus pour Cuernavaca. Elle me dit: « vous n'avez pas vu dans votre cahier que quelqu'un de l'école peut aller vous chercher à Mexico ». Cela m'avait échappé... peut-être à cause du cout...

C'est un peu comme un défi que j'ai à relever. Je quitte Montréal par US Air. Je change d'avion à Pittsburgh pour Mexico. J'aurai 25 heures de cours par semaine. Une immersion en espagnol pendant six semaines. J'habiterai dans une famille à peu de distance de l'école. Avant le départ, j'aurai fait 120 heures de lecture, exercices et études. C'est un contrat! C'est aussi un exercice pour conserver l'esprit. Et je serai au soleil. Et peut-être qu'avec cette température, mes douleurs aux hanches la nuit seront moindres!

À ma fenêtre, la première vraie tempête de cet hiver. C'est très froid et des vents violents soulèvent la poudrerie. Sur ma table sont étalés les derniers envois de Jim et la médaille de saint Christophe, qui doit me préserver de différents malheurs. Quand à « Fleurs de rocaille », si ma soixantaine n'est pas suffisante pour ravir le cœur des Mexicains, peut-être ce parfum aura-t-il quelque effet sur la dureté de leur cœur.

Des nuages ont assombri le ciel depuis ma décision d'aller au Mexique. Le Popocatepelt a explosé vers le 20 décembre après avoir été calme depuis plus de 75 ans. De Cuernavaca, on aperçoit la cime de ce volcan et de son voisin, l'Ixtacci-huatl. Ce volcan est un des plus puissants du monde avec le Vésuve, l'Etna et le Stromboli.

Quarante-mille personnes ont dû être déplacées. Il semble s'être calmé depuis janvier. Quelques jours après, éclatait la très grave crise financière mexicaine. Chute à la Bourse, chute du peso, fermetures d'usines. Le Mexique compte 92 millions d'habitants. Les gens très pauvres et les extrêmement pauvres seraient plus de 25 millions. Mexico, avec 20 à 22 millions de personnes, serait la ville la plus peuplée du monde.

L'ÉCOLE EXPERIENCIA

À Mexico, Caesar n'est pas à l'aéroport. Il devait y être avec une affiche où seraient écrits mon nom, celui de l'école et le sien. Encore vingt pas et c'est la foule qui attend. Trois affiches : Mme Walher, Mme Ponia, Mme Barry. Pas de Thérèse!!!

Au-delà d'une barrière, je n'ai plus le droit d'utiliser mon chariot à bagages; faut utiliser ceux de l'aéroport. Une foule; une valise est brisée; je me sens épuisée; j'ai oublié d'aller à la toilette avant de quitter l'avion; impossible de bouger avec mes bagages que je surveille à quatre mains. Pas de Caesar en vue; 45 minutes d'attente déjà.

Je me pose des questions... songe à un taxi... regarde de tous côtés... revérifie les cartes à trois fois. Je fais des prières.

Soudain je me tourne, un jeune déplie une pancarte! Bonheur, trois fois bonheur! C'est Caesar. Il me dit que le retard est dû à un trafic excessif.

Hier samedi, en allant à Chalcatzingo, l'autobus est arrêté par un groupe d'hommes qui ont l'air de bandits; le guide n'ouvre pas la porte. Il parle à l'un d'eux... et nous quittons... Sauvés!

Nous avions notre lunch. En après-midi, séjour de trois heures en un lieu de baignade. En arrivant, ma chambre est embellie, couvre-lit changé, serviettes, drap, tapis, salle de bain. Ménage fait. Malvina, l'aide familiale, est ici quatre jours par semaine. Dans ma chambre, trois bouquets de fleurs dont j'ai oublié les noms.

L'arrivée en classe à 8 h le 20 février a été facile. Nous étions quatre nouveaux élèves : Juan (Suisse), Maurica (Norvège), Louisa (Montréal), et Theresa.

Un bonheur de travailler dans la cour de l'école. Nous travaillons beaucoup, de longues heures; presque trop. Première semaine épuisante : l'adaptation sous tous rapports. Huit minutes de marche jusqu'à l'école. Jeudi soir, avec les élèves de la classe, je suis allée à la discothèque Gambala de 21 h à 2 h du matin. Retour en taxi : sécurité vérifiée avec le portier (plein de taxis). Louisa avait déjà eu une expérience avec un taxi. Elle ne voulait pas sortir la dernière. Je cède. Tout est parfait : j'arrive saine et sauve à ma maison de pension.

Trois danseurs m'ont invitée sur le plancher de danse. Ils étaient jeunes et entreprenants. La danse, un des grands plaisirs de la terre. Pourquoi ma négligence au cours des années? Pendant la soirée, descente de la police à la discothèque; une douzaine de policiers fouillent autant de personnes. C'est connu que la police est de mèche avec les narcotrafiquants...

Je suis dans le jardin de la famille Gomez à Cuernavaca. Là où j'habite depuis que je suis arrivée ici dimanche dernier. La grand-mère âgée de plus de 90 ans, sa fille et son mari sont partis à Mexico ce matin pour une fête familiale. Alexandro, le fils, est venu de Mexico pour la journée.

Les fleurs des jardins suspendus de Babylone étaient-elles plus belles que celles de Cuernavaca? Ici, des murs entiers sont couverts de verdure et de bougainvilliers et d'azalées. Il y en a jusque sur les terrasses des deuxièmes étages. Des arbres géants sont entièrement fleuris, de jaune orange, fuchsia, rouge; de la fenêtre de ma chambre, je vois un arbre qui ploie sous des fruits géants et trois arbres en fleurs, rose et rouge. Est-ce Monet qui a si bien peint les fleurs? J'ai un tableau vivant sur la table où j'écris dans le jardin familial; des roses d'un rose très tendre. Des cafés, lecture du journal, études; un sommet du bonheur de vivre.

Venir suivre des cours d'espagnol ici, ce ne sont pas des vacances : c'est un véritable travail et pas mal dur. Le plus dur depuis que j'ai quitté mon travail à l'hôpital.

Il y a ici des étudiants d'Allemagne, d'Australie, de Norvège, du Canada, de Suède, des États-Unis, du Japon, d'Autriche. Des étudiants viennent de Mexico le soir pour converser une heure en anglais et une heure en espagnol avec nous.

Vive inquiétude, extrême fatigue à l'école ce matin. Je pleure pour la deuxième fois. Je ne suis plus capable de parler espagnol.

Samedi, je marche au centre-ville. Je m'assois. J'enlève mes bas pour me reposer. Sans m'en apercevoir, je suis piquée. En revenant, mon pied fait de plus en plus mal. Je pense au rhumatisme. Finalement, un point rouge sur le pied, l'enflure augmente, la zone rouge s'étend. L'inquiétude monte. Mauvais sommeil. Le dimanche, Mme Gomez m'amène à l'ur-

gence de l'hôpital où le médecin me prescrit des médicaments. Mon pied fait encore très mal. Je ne peux pas marcher
normalement. À l'école en taxi. Pas de classe du soir. J'ai
craint la « mangeuse de chair ». J'ai prié le ciel de me secourir
(j'ai même appelé à l'hôpital St-Luc) samedi soir. J'aurais voulu parler au médecin de garde. L'infirmière a refusé. Mme Gomez était sortie. Je n'avais pas son numéro. Avec moi, seulement la grand-mère. Alexandre est arrivé en soirée.

Un œdème au pied qui persiste. Obligée d'aller et venir en
classe par taxi.

Je parle à Jim à Vancouver à l'occasion de son anniversaire
du 11 mars. Je vais à la messe avec la famille dans une toute
petite église près d'ici. Une église qui peut avoir 200 ans.
Après la messe, la dame m'amène avec sa mère prendre de la
crème glacée à une terrasse de restaurant; ensuite nous fait
faire, pendant une heure, une visite de la ville, d'un des plus
beaux quartiers; quartier qui porte le nom de cet arbre : taba-
chines, entièrement en fleurs bleu mauve, qu'on trouve principalement dans ce quartier. Filer dans les rues, c'est filer entre des murs. Les maisons sont entourées de murs très hauts,
six pieds, douze pieds, quinze pieds, du fer forgé aux portes
et fenêtres, jusqu'au 3e étage. Mais les murs débordaient de
bougainvilliers, d'azalées, même d'orchidées.

Un soir vers 6 h, marchant sur la rue vers le centre-ville de
Cuernavaca, j'entendais, approchant d'un restaurant, les
sons retentissants d'une musique qui sortait par les fenêtres
entrouvertes, par les fissures de la porte, par la minceur des
murs, et qui me chavira complètement le cœur par sa beauté.
C'était en espagnol. *Solamente una Vez;* en anglais, *You belong
to me heart sweetheart for ever!* Les larmes aux yeux, doucement, mine de rien, j'allais et venais le long de cet édifice, le
temps d'écouter entièrement cette musique.

Avec quelle farine était donc fabriqué ce pain bleu marin foncé qui était si bon? Chaque jour, les grands jus d'orange frais, l'eau chaude dans ma chambre, la torta inoubliable, les soupes dignes des meilleurs livres de cuisine, le yogourt-maison délicieux, le plaisir de gouter à de nombreux plats différents était un régal constant; les fruits servis en entrée à chaque repas, toujours ces prévenances pour me servir. Aurora, la grand-mère, son amabilité à table.

Je suis revenue au Canada le 18 mars. Ça faisait une semaine que j'avais été « piquée », et le traitement prescrit ne changeait rien à mon état. Mon pied était douloureux, œdématié, rouge : je ne pouvais pas m'appuyer dessus à la marche.

Quarante-neuf jours après le samedi du mal au pied, j'apprendrai que j'ai une fracture du troisième métatarse du pied gauche et non une infection.

J'ai tout aimé de mon séjour au Mexique, excepté la *picadura*. Dans cette famille, j'étais traitée comme une reine. La nourriture était un plaisir constant. J'ai aimé l'école, les professeurs, l'organisation, la qualité de l'enseignement, les conférences et les rencontres. Les samedis et dimanches, des excursions toute la journée. Le chancelier actuel d'Allemagne, Helmut Koll, le président de la Banque du Japon, une nièce des Kennedy, entre autres, ont, autrefois, étudié à cette école, du moins, c'est ce qu'on nous dit.

Dans ma chambre, j'avais une bibliothèque; des livres divers en espagnol et toute une série de National Geographic. Entre autres l'Atlas de l'archéologie, en espagnol, qui nous montrait les nombreuses découvertes des villes anciennes.

Quant à l'espagnol, j'en ai appris assez pour pouvoir me débrouiller; je continue à la maison. Dès que mon pied sera mieux, j'irai en conversation ici en ville.

XXIII
Boldness has Genius

LE BONHEUR SUR PAPIER ROSE

Quand au printemps 1995, ma sœur Lyne, qui venait passer la journée chez moi, apporta au milieu d'une dizaine de revues et de livres ce bout de papier rose, elle ne se doutait pas de l'effet qu'il produirait dans ma vie!

Sur ce papier, elle avait transcrit un texte tiré d'un livre américain *Creative Artist*

Don't keep telling yourself what to do – simply do. Save evaluation for later, so you don't interrupt the creative flow. Enjoy the process. Make fewer critical demands on yourself when you're trying something new, and have some fun with it. When you are ready to critique your work, take a positive approach by listing all of the things you like about the piece. In your next experiment, use the things that worked. Whatever you can do, or dream, you can begin it. Boldness has Genius, power and magic.

Cessez de vous répéter ce que vous devez faire, faites-le. N'interrompez pas le flot créateur, vous évaluerez plus tard. Trouvez du plaisir dans l'activité créatrice. N'espérez pas trop de vous quand vous essayez quelque chose de nouveau, mais trouvez-y de l'agrément. Dans vos critiques à l'égard de ce travail, ayez une attitude positive; faites une liste de ce qui marche et que vous pourrez utiliser lors d'une prochaine activité. Quelle que soit la chose que vous pouvez faire ou rêver de faire, vous pouvez la commencer. L'audace a du génie, du pouvoir, de la magie.

Ce à quoi tu penses, ce que tu veux faire ou souhaite faire, tu peux le commencer. Ce fut la clef. L'idée clef qui m'a justement encouragée à commencer : tu peux commencer, tu peux essayer.

Dans la hardiesse, dans l'audace, il y a génie, pouvoir, magie. Ce bout de papier a été sur ma table de travail tout le temps qu'a duré l'écriture, près de sept ans. Je l'ai relu nombre de fois cherchant à me confirmer dans mes efforts et ma volonté d'écrire.

Aujourd'hui, pour tout travail de création, que ce soit encore l'écriture, des essais en peinture ou en collage, ce texte est devenu un porte-bonheur. À deux médecins qui me parlaient de leur désir d'écrire, j'en ai remis une copie.

L'ÉCRITURE, UN PLAISIR

J'ai trouvé beaucoup de plaisir dans l'écriture elle-même – ensuite un grand bonheur dans la recherche et dans la découverte.

Le contact avec les registres des paroisses, dont ceux de Carleton et de Maria, a stimulé mon intérêt. Je n'ai jamais regretté les efforts déployés pour écrire mon premier livre. Le grand plaisir de le faire mais aussi de le voir se faire sous mes yeux par les morceaux (titres de chapitres), se mettre en place : je faisais ce livre et je le voyais se faire. J'apprenais comment le faire. Je ne l'ai pas fait sans fautes ou sans erreurs, non. J'ai trouvé extrêmement intéressant d'apprendre.

Dans tout le processus depuis les premières lignes écrites, en passant par les épisodes chez l'éditeur jusqu'aux lancements à Montréal et en Gaspésie, j'ai appris tout le long et au travers de tous les évènements. Je vois bien même si c'est un cliché que c'est en faisant qu'on apprend; c'est en écrivant qu'on apprend à écrire.

Toutes les découvertes, petites ou grandes, que je faisais par mes recherches m'ont été des moments de bonheur. Tant et si bien que je peux affirmer que la créativité par la pratique d'un art, soit l'écriture, la musique, la peinture, est une véritable recette de bonheur à ajouter à celles que nous connaissons déjà. C'est même mieux qu'une recette de Martha Stewart. On parle des fois de sports extrêmes : je peux dire que je trouve dans ces pratiques un bonheur extrême.

XXIV
Retour en Espagne (1996)

FUENGIROLA

Hier, en entrant dans l'appartement de Fuengirola, je n'étais pas valeureuse. C'était encore la nuit quand on est descendus à Madrid. Le vol a duré sept heures. N'ayant pas bien vérifié mon vol pour Malaga, je passe à un cheveu de le manquer. On me demande au micro par deux fois. J'accours et l'avion décolle. Grâce à Dieu. J'étais souffrante et tremblante; j'avais froid et j'étais secouée de frissons. Peut-être de la température. Je me sentais malade.

Le soleil brille à Malaga. Mais ce n'est pas assez chaud pour moi. Le soir pour marcher, il me faudra deux vestes de lainé en plus de mon imperméable.

Je dors en après-midi. Couchée à 20 h, je dors jusqu'à tard le lendemain. J'avais tellement aimé mon premier voyage sur la côte andalouse que, sous le coup de l'enthousiasme, j'avais suggéré à Jim de venir avec moi pour les deux premières semaines. Jim arrive à 11 h. Il est exténué. Nous prenons le café et le petit déjeuner au soleil sur notre grand balcon. De nouveau le lit. Il est 18 h 30 et pas signe de vie de sa part.... Finalement, il s'est levé : se sentait un peu plus en forme. Le lendemain, nous dormons jusqu'à 11 h.

À l'automne précédant le voyage, j'avais eu des douleurs lombaires. Reprise du mal en janvier. Traitement chez le médecin et le chiro. Mes assurances n'étaient pas valides pour une annulation de dernière minute puisque ce mal existait depuis des mois. Jim venait de Vancouver. Comment annuler. J'étais partie malade. J'ai tenu le coup avec des calmants.

Après quelques jours de repos, nous sommes quand même allés à Marbella où nous avons visité la vieille ville médiévale et la portion de mur qui l'entoure encore. Par moments, je restais debout dans l'autobus. J'avais moins de douleur à la hanche qu'étant assise.

Nous avons pu aller au village blanc de Nerjas et faire la visite des grottes. La côte est découpée en collines rocheuses qui s'avancent dans la mer. Nous comptons une dizaine de tours de guet à la pointe de ces rochers. Elles sont du Moyen Âge. Il en existe aussi en Angleterre. Par des drapeaux de différentes couleurs et des jeux de signes, les gardiens transmettaient des messages sur les dangers venant de la mer, tels les corsaires, les envahisseurs et autres calamités propres à ce temps.

Les grottes sont immenses; les plafonds débordent de stalactites aux couleurs et aux formes infiniment variées. Des lieux grands comme des cathédrales où il y a un théâtre de 600 places; la troupe du Bolchoï y a donné un spectacle. Yudi Menuhin et le célèbre Rostropovitch y ont joué violon et violoncelle.

Dans la nuit, c'est la tempête venant de la Méditerranée : vents violents, pluie, tonnerre, éclairs. Les aspirines ont du mal à calmer mes douleurs.

Nous assistons à la messe de midi à la cathédrale de Malaga. Une jeune Arménienne, soprano, chante prodigieusement. Au Musée des Beaux-arts, nous visitons l'exposition consacrée à Antonion Munoz Degrain, qui avait enseigné à Picasso. Au retour à Fuengirola, nous soupons avec des amis au restaurant anglais Regency.

Longues marches sur le Paseo Maritimo. Après trois jours sans soleil, froids, les trois jours de tempête, le vent a cessé et le soleil et la chaleur sont revenus. Ma jambe fait moins mal.

Après deux semaines sur la côte, nous faisons tous les deux nos bagages. Jim retourne à Vancouver. Moi, je quitterai notre appartement pour loger au 402 pendant les quatre autres semaines qu'il me reste. Tous les voyages faits avec Jim, et qu'il avait organisés, avaient été des succès. Mon idée de l'inviter en Espagne n'était pas la meilleure; les distances à parcourir, la fatigue qui s'accumule et, de mon côté, le mal dont je souffrais.

Le soleil brille chaque jour. Cet avant-midi, je suis allée chez Julian, la boutique qui achète et vend des livres d'occasion. J'y ai acheté *Nexus* d'Henry Miller. À la télévision, je peux capter 18 canaux dont BBC World, Sky News, Euronews, France – la TV italienne – plusieurs TV espagnoles.

J'ai lu Maria Casarès : *Une résidente privilégiée*. On ne peut pas dire que c'est une biographie. Un style très personnel, lyrique, à la recherche de son identité : elle a quitté l'Espagne lors de la guerre civile. Exilée à Paris.

J'ai acheté *Pax Mafiosa* de Claire Sterling. Avant de lire ce livre, je réalise que ce qui est actuellement nommé « économie globale » « commerce mondial », c'est possiblement en partie l'œuvre, le travail de la mafia au niveau international. C'est la prise complète du contrôle des richesses du monde par l'ensemble des mafias associées. Des compagnies s'enrichissent, et un grand nombre de personnes impuissantes s'appauvrissent. Je suis certaine, je verrai dans le futur la confirmation de ceci.

Comment j'ai survécu aux douleurs lombaires
Où trouver consolation
Quelle heure est-il chez Jim

Que fait-il
J'ai neuf heures d'avance sur son temps

Quelle heure est-il chez Lyne
Que fait-elle
J'ai six heures d'avance sur son temps
Pendant mes journées, quelle que soit l'heure
Mon corps est parcouru par la douleur

Habitée par l'inquiétude
Vraiment pas de place pour la béatitude
Ma consolation ne fut pas le souvenir du Parthénon
Ce furent prières et oraisons
Ce furent Jim qui venait de quitter
Lyne à Montréal
Tina, Mariette mes sœurs
Les personnes que je connaissais
L'évocation continuelle de leurs noms
De leurs existences
M'efforçant de les voir là où elles étaient
À l'heure qu'il était
Ce qu'elles pouvaient faire
L'heure du jour
Je trouvais soutien force apaisement
Puis il y eut le pain
Les soupes chaudes
La confiture de pêche
Les chiramayas
Les iris bleus les œillets noirs les lys japonais
Puis encore la simplicité du jour
Le soleil sur le balcon

Les prières récitées
Une espérance que ma situation pouvait s'améliorer
Un jour de plus
Le réconfort trouvé dans le chandail de laine
Il y eut le bonheur des trois lettres de Jim
Et la lettre de Denyse Leroux
Lettres lues relues relues

Samedi, le 16 mars 1996, nous quittons Malaga. Un vol de 55 minutes. À Madrid, c'est la course pour monter dans l'avion, déjà beaucoup de gens ont passé les barrières. À Montréal, ma sœur avait fait les réservations nécessaires pour la visite au médecin le plus tôt possible.

Arrivée chez moi, diagnostic de hernie discale. Repos strict depuis le 27 mars; médication. Mon état enfin s'améliore.

LE CIEL OUBLIÉ

Le parc en face de mon logement est spectaculaire : comme si de l'argent avait été déposé sur chaque branche des arbres. En après-midi, la brillance du soleil les faisait étinceler des couleurs de l'arc-en-ciel. Une heure à admirer ce scintillement de petites ampoules bleues, vertes, jaunes.

J'ai vu la comète Hale-Bopp à plusieurs reprises. Je l'ai découverte à l'œil nu de ma fenêtre. J'ai réussi à utiliser les jumelles. C'était même émouvant de la voir, elle semblait foncer vers la terre. Quel spectacle pour ceux qui pouvaient la regarder sans les lumières de la ville! J'ai aussi vu la planète Mercure. Mais était-ce Vénus? Je doute de mes connaissances.

Un ciel couvert d'étoiles. Si je m'en souviens. C'est une image inoubliable. Je l'ai dans la tête comme si c'était hier. Nous campions au Nouveau-Brunswick. Dans mes notes de voyage, je dois avoir la date et le nom de l'endroit.

Cette nuit-là, à la faible lueur de notre feu de camp, le ciel au-dessus de nos têtes est embrasé par la Voie Lactée. Dans cet amas de plus de deux-cent-milliards d'étoiles, je reconnais à peine la Grande Ourse et la Petite Ourse. Depuis ma vie en Gaspésie, je n'ai plus de lieux (hors des lumières des grandes villes) et de temps pour admirer la voute céleste. Même si je connais par leur nom quelques nébuleuses, comme la nébuleuse d'Orion, Cassiopée ou Andromède, je ne suis pas capable de les repérer. C'est chaque nuit qu'il faudrait accorder du temps aux galaxies et aux planètes.

Nous sommes un mois en retard pour avoir de la chaleur. Le chauffage jusqu'au 20 mai et plus. Des oiseaux, surtout les hirondelles, qui se nourrissent d'insectes sont trouvées mortes; les insectes ne sont pas éclos. Les cultures, les jardins potagers, les fleurs, tout est en retard.

Quinze pépins de tamarinier ont poussé. Un plaisir de les voir sortir de terre l'un après l'autre; de même, la mangue qui est presque une curiosité. D'immenses feuilles! La violette est entièrement refleurie. Toutes les plantes, placées à ma fenêtre-serre, poussent et grandissent.

J'ai risqué et mis en terre du gingembre, la papaye, la poire, la figue et la pomme grenade; mais elles ne sortent pas de terre. Je crois qu'elles n'ont pas assez chaud. Quand le temps du chauffage sera venu, je recommencerai.

Finalement, le gingembre, la pomme grenade et les kumkat ont germé.

En mars 1998, j'étais de retour sur la côte andalouse pour un mois. À 14 h, je revenais du repas de midi dans un restaurant du bord de mer. L'entrée de l'hôtel était encombrée de valises. C'était une quarantaine d'Américains qui arrivaient du Wisconsin. Presque aussi loin que venir de Vancouver. Comme ils devaient être fatigués!

À la fin de l'après-midi, je suis allée voir où est l'église et l'heure des messes. Trop de risques à y aller en soirée. Des maisons spacieuses comme des châteaux, agrippées à des collines, entourées de murs de dix pieds de hauteur, grillages de fer forgé aux portes, fenêtres, et jardin. Aucun secours à attendre de ces lieux à 21 h le soir. On croirait que ces maisons sont toutes habitées par des Basques qui ont assassiné un conseiller municipal quelque part entre Bilbao et San Sebastian!

Des œillets et des jacinthes sur une grande table à la porte-fenêtre d'où j'écris, je lis, levant souvent les yeux sur la Méditerranée. Du soleil tous les jours.

Je n'ai ni plan ni projet. Je me garde de toute obligation.

Depuis mon arrivée, trois nuits de douze heures. La nuit dernière, vent violent, sifflement incessant dans la fenêtre de la cuisine. Les dix petites vitres superposées cognaient sans cesse sourdement, empêchant le sommeil. C'était aussi inquiétant que dans le donjon du château des landes, dans *Jane Eyre* de Charlotte Brontë. Pas de M. Rochester pour m'aider. C'était peut-être même *Les Hauts de Hurle-Vent* au complet, de sa sœur Emily.

Au milieu de l'écriture, de tentatives d'aquarelle, des livres qui étaient comme une méditation; « *Le jeu de la Vie* » par

Florence Scovel, « *Souveraineté du vide* », « *L'inespérée* », « *La merveille et l'obscur* », tous de Christian Bobin, et « *La vie nue* » de Joël Vernet. Je les ai lus jusqu'à trois fois chacun.

UN RÊVE CETTE NUIT

Pour je ne sais quelle raison, vaguement je serais responsable du départ de la directrice de l'hôpital où je vais pour travailler. Plus personne ne me regarde, ne veut travailler avec moi. Tous m'évitent. Même les amies les plus proches.

Je me dis que je vais prendre ma retraite; un poète était en jeu; j'avais écrit des signes à l'encre rouge à l'attention du poète et cela confirmait?... entretemps un message arrive de l'hôpital St-Luc et m'est communiqué : deux mots particulièrement élogieux sur ce que fut exactement ma vie à l'hôpital. Je recherche ce texte dans des cahiers, des livres, pendant une journée. Je n'y arrive pas. Quelqu'un m'indique ces lignes rouges qui montent vers le haut... Je me réveille.

RÉFLEXIONS

Mon cœur et mon corps comme un bloc de certitudes. Préparant d'avance des choses à dire, les savoirs que je possédais ou croyais posséder.

Mon cœur a mis un temps considérable à grandir. Maintenant, je n'ai plus rien à dire. Il n'y a rien à dire. Je n'ai plus de certitudes, je n'ai plus de savoir sur les personnes. Qu'elles se disent.

Nous sommes lancés comme des coursiers insensibles, fidèles au son de leurs propres voix. Comment entendre celles des êtres les plus proches de nous. Je n'ai rien à rapporter de ce voyage-ci. Rien que ma vie ordinaire. Ordonnée, agencée pour mes petits bonheurs? Peut-être pour un changement radical!

Pendant ma vie, je me suis sentie coupable dans toutes sortes d'occasions. J'ai à refuser de me faire souffrir. J'ai à rejeter, à dissiper toute culpabilité.

Je m'établis dans l'amour de Dieu. Je m'établis dans l'amour de chaque personne. Je repousse hors de moi ces ennemis de moi-même qui étaient en moi. Je me pardonne au sujet de tous ceux que j'aime, envers qui j'ai manqué d'amour. Je laisse ce temps derrière. Je laisse derrière moi ce mal commis contre moi-même.

J'abandonne au passé toute espèce de culpabilité. Je cherche à être dans l'harmonie intérieure. Je rejette tout poids de mes épaules. J'accomplis des actions agréables. L'état de détente fait partie de moi.

Ce que j'ai vécu ici, ce sont en quelque sorte des miracles. Des miracles comme : la conscience du pardon à mon égard; les bonnes paroles que j'ai dites à la lingère; les bénédictions envoyées à cette jeune personne très bruyante dans la chambre au-dessus de la mienne; l'inspiration que tout retour en arrière n'est maintenant plus nécessaire; la méditation faite chaque matin; la prière; la lecture répétée de cinq livres; l'écriture; l'apprentissage de l'espagnol.

Après un soleil quotidien sur la Costa del Sol, ici à Montréal, nous avons eu un mois d'avril très très ensoleillé. Pour moi, avril est un mois merveilleux.

Des geais bleus qui habitent mon voisinage sont venus jusqu'à ma porte-fenêtre sur le balcon arrière voir s'il y avait quelque nourriture dans le pot d'hortensias! Cet après-midi, je vois mon voisin italien qui m'a promis plusieurs fleurs de son magnolia.

Les magnolias sont devant moi. Elles répandent un parfum puissant. Cependant, être coupées de l'arbre ne leur convient pas; elles se détériorent rapidement.

Un moment fugitif qui ne cesse d'émerveiller : l'irruption soudaine du printemps par les vols répétés d'outardes maintenant leur criaillement musical et survolant à grande vitesse la rivière des Prairies, en route vers la toundra.

Maria, Gaspésie (1998)

C'était dimanche en milieu d'après midi. En entrant dans ma chambre d'hôtel, j'ouvrais la télé. J'entends une critique élogieuse du dernier livre de Gaston Souci : *La petite fille qui aimait trop les allumettes*. Dès le lendemain, je le trouvais à la librairie Liber de New Richmond.

Un voyage consacré à la recherche et à l'écriture de mon premier livre.

Une table longue de six pieds avait été ajoutée aux meubles de la chambre; placée à une fenêtre plus longue encore; une vue constante sur la baie des Chaleurs. Le chauffage me réconforte. La cafetière bouille à tout moment. Le soleil brille. La grande épicerie à deux pas de l'hôtel est ouverte chaque jour jusqu'à 21 h. Chaque matin, les pieds en bas du lit avant le lever du soleil. Il sort de la nuit à la fine pointe des Caps Noirs. Avant la fin de mes vacances, je le verrai sortir des flots de la baie. Il monte, monte. Une mer étale. Le sol humecté de pluie durant la nuit. J'entends le train siffler au loin. Mon cœur se serre. Matin de calme, de paix, de sérénité. Mon très cher pays que j'aime, mon beau village de Maria.

Une brise légère s'élève. Une averse cet avant-midi; les eaux de la baie deviennent grises. En fin de journée, un arc-en-ciel au nord-ouest. J'avais rêvé d'une maison. J'écrivais à ma sœur de Montréal : le fil invisible de l'imaginaire qui relie la maisonnette du sous-bois chez toi à la petite maison rose s'est déployé jusqu'ici en mon repère de Maria.

Mais le rêve doit céder sa place à la réalité. Ce serait une entreprise difficile à cause des distances; à cause aussi du confort que présente l'Auberge et ses environs. Nous continuerons à rêver sous d'autres formes, de mille autres manières.

Jim est en route pour l'Angleterre. Cette nuit, réveillée à 3 h 30, j'ai compté sur mes doigts pour savoir s'il était au-dessus de l'Atlantique-Nord ou près de Shannon en Irlande. Au deuxième lever, à 4 h 30, il se posait à Heathrow.

Je marche lentement sur le tapis. La température pluvieuse m'apaise. Ma lenteur ressemble à de la contemplation. Suite à un programme télé sur le Népal, je me dis qu'il faudrait arriver à un gaspillage zéro. Viser le point zéro. À chaque étape d'activités, viser l'utilisation maximale; viser la transformation des déchets ou des restes.

Je sortais de la lecture de *Babylone et la Bible, entretiens avec Jean Botero*, ...ce soir je m'intéresse à l'étendard de la ville d'Ur, au troisième millénaire avant notre ère... ...et Jean-Louis qui avait appris l'allemand... cela ne l'a pas préservé de la mort.

J'ai dit tant de fois que des décisions de voyages et autres, dans ma vie, ont été prises par la séduction exercée sur moi par les mots. Les sons m'enchantaient et là je commençais à rêver; les mots, les phrases comme une musique, comme un rythme. Vraiment les rêves induits par les mots ont quelque peu conduit ma vie. Entendu : « l'imagination, la poésie, le rêve conduisent les chercheurs. » « Il n'y a pas de place pour les gens ternes; il faut être passionné. »

XXV
Rassemblement historique (1999)

Ils étaient plus de mille-cinq-cents les Acadiens réfugiés en France qui s'embarquèrent à Nantes vers la Louisiane près de trente ans après leur déportation d'Acadie en 1755. Après la signature du Traité de Paris qui consacrait la défaite française dans la Guerre de Sept Ans, la France a proposé la Louisiane à l'Espagne pour éviter que sa colonie ne tombe tout entière aux mains des Anglais. Au moment de l'arrivée des Acadiens, la Louisiane était sous juridiction espagnole. Elle le demeura pendant trente ans.

Un vaste territoire qui redevenait français en 1800, suite à une entente entre Napoléon et Charles IV d'Espagne. Trois ans plus tard, criblé de dettes, Napoléon offre la Louisiane aux Américains pour quinze-millions de dollars. La Louisiane couvrait le tiers des États-Unis actuels.

Ce sont des milliers d'Acadiens qui vont débarquer en Louisiane pour leur deuxième Congrès mondial. Ils viendront de tous les coins d'Amérique du Nord, des treize colonies américaines, de Saint-Domingue, d'Angleterre, de France, des iles Malouines, de la Nouvelle-Zélande, du Japon.

8 AOUT, DIMANCHE

Avec un groupe, je quitte pour ce Congrès à La Nouvelle-Orléans et à Lafayette, d'où je reviendrai le 17 aout.

Voir où les déportés acadiens avaient posé les pieds après trente ans d'errance. Comment avaient-ils le courage de tout recommencer encore une fois. Tant et tant de fois ils avaient essayé de refaire leur vie, de remettre ensemble les morceaux, de retrouver leurs enfants, leurs pères et mères, leurs oncles et tantes, toutes les parentés.

Qui devaient-ils croire maintenant? Qui pouvaient-ils croire? Quelle sorte d'espérance, de courage, de détermination, de volonté leur fallait-il donc?

De Montréal à Cincinnati, en Ohio, par Delta Air Lignes. Nous prenons un autre vol pour La Nouvelle-Orléans. À la descente de l'avion, nous filons à Bâton-Rouge, la capitale de l'État, à 65 milles vers le Nord. Le Mississippi est à notre gauche. Y a-t-il dans le monde un fleuve avec autant de méandres que le Mississippi? De l'eau de tous côtés; à gauche, à droite, des canaux, des bras de rivières. Autant nous traversions les immenses plantations du Sud, autant nous traversions aussi les lieux des toutes premières implantations des Acadiens de chaque côté du fleuve. Étonnement que l'accompagnateur ne dise pas un mot quand nous sommes passés à Donaldsonville. Ce lieu, autrefois nommé l'Ascension, fut avec Saint-Jacques (aujourd'hui St-James) et Saint-Gabriel d'Iberville les trois premiers établissements acadiens en Louisiane. J'oubliais qu'un accompagnateur, ce n'est pas un guide.

Au sommet des trente étages du nouveau Capitole de l'État, nous avons une vue étendue sur le Mississippi; d'un côté, il est jalonné par des dizaines et dizaines de réservoirs de pétrole, suivis d'usines chimiques dérivées du pétrole. Probablement qu'il faut remonter vers le nord de l'État pour retrouver le Mississippi romantique et rêveur.

Au Vieux Capitole, le plaisir de voir les portraits et photos des gouverneurs de la Louisiane, dont ceux, nombreux, de tous les gouverneurs français.

La demeure de la plantation Nottoway est la plus grande de toutes celles des plantations du Sud. En 1849, le propriétaire John Randolph avait demandé à un architecte de la Nouvelle-Orléans de lui dessiner la plus prestigieuse maison du Sud. Il se retrouva avec un château de 64 pièces pour y loger ses onze enfants. Cette demeure a survécu à la Guerre de Sécession, protégée par un officier nordiste qui y avait séjourné.

Visiter cette maison nous donne une idée de la vie du riche planteur du début du dix-neuvième siècle. Ces gens importaient des meubles, des œuvres d'art, des porcelaines, du cristal d'Europe. Souvent, les maisons étaient à l'image d'un temple grec avec des colonnes doriques ou corinthiennes. Plusieurs des plantations du sud de la Louisiane ont été détruites lors de la Guerre civile américaine.

LA NOUVELLE-ORLÉANS

En milieu d'après-midi, nous entrons à La Nouvelle-Orléans. Comme si un mythe s'écroulait, je vois une ligne de gratte-ciels, perchés que nous sommes sur d'immenses autoroutes qui pénètrent dans la ville. Je ne m'attendais pas à ce visage d'une ville mythique. Finalement, n'aura-t-elle d'européen que son Carré Français.

Peu après notre arrivée à l'hôtel, des trombes d'eau s'abattent sur la ville : le vent gronde et tord les arbres en tous sens; le tonnerre éclate, les éclairs zèbrent un ciel subitement obscurci; c'est une tempête tropicale ou une tornade. Était-ce une annonciatrice des Katerina à venir? Comment, sous l'eau de la dernière destruction, cette ville retrouvera-t-elle les pavés de ses anciennes rues, le fer forgé de ses balcons, le piédestal de ses colonnades; l'humeur jazzée de la rue Bourbon.

En soirée, nous embarquons sur le Natchez, un *steamboat sternwhealer* (bateau à vapeur à roue arrière) pour une croisière sur le Mississippi.

Lors de son voyage en Amérique, Chateaubriand avait vécu au contact des Indiens Natchez. « Une nuit, à la clarté de la lune, tandis que tous les Natchez dorment au fond de leur pirogue et que la flotte indienne, élevant ses voiles de peau de bête, fuit devant une légère brise, René, demeuré seul avec Chactas, lui demande le récit de ses aventures ». Chateaubriand dans *Atala* décrivait l'épopée des Natchez. Ça me semble l'origine glorieuse du nom donné à ce navire. Un peu d'histoire française ajoutant du brillant à ce qui reste de la France à la Nouvelle-Orléans.

Le 10 aout, trois heures de visite guidée de la ville, particulièrement le quartier français. Nous ne retrouverons pas le tramway nommé Désir (*A Streetcar named Desire*) de Tennessee Williams mais la ville a gardé les tramways qui longent la rue St Charles sur une dizaine de kilomètres.

Nous passons par des rues où les maisons sont extrêmement riches. C'est toujours la glorieuse époque des plantations à travers la somptueuse architecture des maisons à colonnades.

De magnifiques quartiers, des parcs immenses, des chênes verts. Une vue sur le lac Pontchartrain qui, avec le Mississippi et le lac Borgne, enserre la ville. Un pont de 42 km traverse le Pontchartrain. Le lac a reçu ce nom du ministre de la Marine de Louis XIV, le comte de Pontchartrain, lors de la fondation de la Louisiane. Le lac Maurepas à l'ouest de Pontchartrain tire son nom du gendre du ministre de la Marine.

C'est par miettes que je découvre l'immense richesse historique de la Louisiane. Dans la petite ville de Franklin et le long de la piste espagnole, il y a plusieurs centaines de propriétés et de maisons inscrites au registre national historique.

La Nouvelle-Orléans a reçu son nom de Jean-Baptiste Le-Moyne, sieur de Blainville, en l'honneur de Philippe duc d'Orléans, frère de Louis XIV et régent de France au moment de la fondation de la ville.

Vendre la Louisiane aux Américains, c'était vendre un territoire qui couvrait alors le tiers de l'ensemble des États-Unis. Un ensemble occupé aujourd'hui entièrement par 17 États.

L'après-midi est libre. Je vais marcher seule dans le Vieux Quartier. Je retourne deux siècles en arrière avec des noms de rues tels Chartier, Bourbon, Duhaime, Esplanade, Dauphine. J'entre dans la vieille cathédrale St Louis. Des commerces et restaurants ont des noms français : le Café du Monde, Chez Antoine, La Maison Lafitte.

En soirée, tout le groupe Chez Michaud's. Un restaurant avec musique cajun.

Les chanteurs, d'une voix aiguë, presque plaintive, peignent, chaque fois, un petit carré de la vie des Cajuns, de leur personnalité, mais aussi de leurs légendes.

Aujourd'hui, il reste encore soixante édifices de la centaine qui composait le village Laurel Valley où l'activité principale était la culture du sucre. Dans tous les États-Unis, c'est le plus grand ensemble d'édifices et de maisons à avoir survécu à la fin des plantations.

Par une route de trente-cinq milles sur pilotis, nous arrivons à Lafayette, à l'hôtel Acadiana. Je respire. Piscine. Grande chambre. Un bonheur que de s'installer dans un hôtel pour cinq jours.

Un vendredi 13 nous réservait un grand bonheur : la croisière dans le bassin d'Atchafalaya de la rivière Whiskey, une branche du delta du Mississippi. C'est une grande merveille. Des marécages, encore des marécages, des cyprès de haute taille, des repousses de cyprès, encore des aigrettes, des hérons, des castors, des alligators. C'est La Louisiane des bayous et des marais, un endroit fascinant; un des plus beaux moments du voyage.

Un fleuve sinueux aux eaux brunes et somnolentes formant un marécage, le deuxième plus grand des États-Unis (dans d'autres textes, on le dit le plus grand). C'est comme la visite d'une cathédrale. Dans ce marais fantastique, nous voguons tranquillement au milieu des cyprès, des saules, des jacinthes (d'eau), de la mousse espagnole accrochée aux chênes moussus.

Une route de 25 km, le Swamps Express, surplombe sur pilotis le bassin d'Atchafalayas; les viaducs, les ponts, au nombre de dix, partout enjambent le bayou.

Un temps, deux-cents familles acadiennes vivaient dans des villages au milieu des Atchafalayas. Un débordement du Mississippi dans ses affluents tel le fleuve Atchafalaya a forcé le déménagement de cette population en 1927.

Les Cajuns s'étaient isolés volontairement le long des bayous Tèche et Lafourche, dans des marais désertés des indigènes eux-mêmes. Ils avaient erré de port en port, sur les rivages des treize colonies, toujours repoussés, misérables et épuisés. Un isolement, un exil devenu volontaire. Cet isolement a probablement contribué à la conservation de leur langue malgré que pendant des années, il n'y eut ni écriture ni lecture. Vers 1920, l'État louisianais avait banni le français des écoles. On punissait dans les écoles les enfants qui osaient parler français ou qui s'oubliaient à l'utiliser en récréation. En 1968, après deux siècles de ténacité, la situation est inversée. Au début de 1970, une nouvelle législation permet l'enseignement du français dans toutes les écoles de l'État.

FÊTE NATIONALE

Le 15 aout, Fête nationale des Acadiens, fut le point culminant de ce congrès. Une messe solennelle en après-midi à la cathédrale St-Jean l'Évangéliste de Lafayette. Des évêques venus d'Acadie concélébraient avec l'évêque de la ville.

La messe fut célébrée en latin.

Au soir de ce jour, au Cajundôme à Lafayette, Zacharie Richard animait le spectacle *Cri du Bayou*. C'était le titre et le thème du spectacle de clôture du congrès mondial acadien. C'était l'émotion liée au mot « cri » avec l'image tout aussi puissante des bayous. Les bayous formés par les divers bras et méandres du Mississippi. Le cri du bayou retentit dans le sud de la Louisiane. Soudain, au milieu d'une chanson, surgit une sorte de cri qui arrache le cœur, qui déchire, qui vous touche jusqu'au tréfonds de l'âme; sans que l'on sache le sens et le pourquoi de cette espèce de mélopée douloureuse, c'est le cri du bayou.

« Le Cri du Bayou évoque une vaste gamme d'émotions pour les descendants acadiens de Louisiane exilés du Canada par les Britanniques en 1755. La joie et le bonheur de vivre après avoir survécu et s'être développé dans le climat semi-tropical de la Louisiane; une exclamation de fierté d'avoir préservé leur propre identité et leur héritage et maintenu leur éternel courage. »

Il a fallu se tenir à deux mains sur notre siège (nous étions au 6e étage) pour ne pas courir sur le plancher de danse, virevolter, se jeter à gauche à droite, dans les mouvements les plus effrénés aux sons des musiques cadiennes et zarico qui furent déversées pendant des heures dans le Cajundôme. Apothéose. Couronnement de ce congrès. Bonheur d'y être venue.

L'Afrique antique sur les épaules (2005)

CARTHAGE

Quoi que j'aie dit et écrit sur les sons et les mots, quelle qu'ait été la puissance évocatrice de Djoser, Thèbes, Louxor, Xian, Cnossos, aucun n'a jamais dépassé en puissance de rêverie, en désir de voir, que le mot Carthage.

Plus que les menaces de destruction de Caton l'Ancien, plus que la répétition des guerres puniques, je découvrais que sous ce mot logeaient des centaines de villes, des milliers de villages, des siècles de colonisation romaine sur des terres berbères de l'Afrique du Nord.

En novembre 2005, j'étais pendant quinze jours en voyage en Tunisie.

Impossible en une petite journée à Carthage de saisir par les yeux et les émotions ce qui reste des thermes d'Antonin, du théâtre romain, du quartier punique, des villas romaines et de l'étendue de la zone archéologique le long du golfe de Tunis.

Comment délivrer mes épaules des deux-cents villes, des mille villages romains de Tunisie, des cinq-mille sites romains dans le Nord-Constantinois d'Algérie, des gravures rupestres de l'époque néolithique disséminées sur plus de mille kilomètres de l'Atlas algérien, des quatre-vingt-treize principaux sites antiques depuis Sala au Maroc en passant par Volubilis, Tipasa, Timgad, Bulla Régia, Thugga, jusqu'à Leptis Magna et Bomba en Lybie.

À l'occasion de ce voyage, je découvrais l'ampleur du passé historique de l'Afrique du Nord; de tous ces noms prestigieux qui nous rappellent la richesse artistique des brillantes civilisations qui ont hissé à un renom universel des métropoles, des ports de mer, des bourgades, des sanctuaires et des ouvrages d'art. L'étendue et la profondeur historique de l'Afrique antique égalaient possiblement les richesses de l'empire romain au nord de la Méditerranée.

Il me faudrait plusieurs vies pour marcher à la découverte de ce passé que j'ignorais. J'accomplirai ce que je peux avec ce qui me reste de temps. J'ai compris que c'est par un séjour d'au moins une semaine, sinon dix jours, que je pourrais retourner à Carthage, revoir une journée entière les mosaïques romaines du Musée national du Bardo, les plus belles du monde, et à partir de Tunis, aller en excursion sur les sites de Bulla Régia, Dougga et Thuburbo Majus.

À part Carthage, le seul site romain visité fut Sbeitla. Partant de Kairouan, où nous visitons la Grande mosquée, ce site romain autrefois nommé Sufetula est sur notre route avant d'arriver à Gafsa. Au nombre de ses monuments majestueux, un arc de triomphe à l'empereur Dioclétien et trois temples dressés avec solennité et que l'on croit dédiés à Jupiter, Junon et Minerve.

Il a bien dû se passer quelque grand évènement. Les tremblements de terre auraient été insuffisants à abattre tant de colonnes, raser au sol des centaines de villes, réduire des milliers de villages à néant. Je n'ai pas osé soumettre ma question à l'érudition et à l'excellence de notre guide Fahti.

Au retour, je suis retournée à certains livres.

« Il semble qu'au temps de Mahomet, le sud et l'est de la Méditerranée étaient avec la Chine, les zones les plus développées du monde. L'agriculture y était prospère. Les villes y étaient de grandes métropoles. »

Les conquêtes arabes vont déferler en Afrique antique pendant huit siècles. Est-ce le résultat de leur passage? La crainte me retient d'en dire davantage.

Notre voyage, un classique de la Tunisie : Tozeur, Douz, Matmata et l'ile de Djerba. En remontant le long du golfe de Gabès vers Sfax, El-Jem, Mahdia et Monastir pour une semaine à Sousse.

La nourriture était bonne. Les hôtels souvent luxueux. Peut-on oublier l'éclat de ces villes blanches, brulées de soleil, sur les rivages de la Méditerranée?

Nous n'épuiserons pas les merveilles et les mystères de notre terre et de notre univers. Nous pourrons toujours découvrir, au-delà du plus petit, encore plus petit, et au-delà du plus grand, encore plus grand.

Les savants n'ont pas encore réussi à établir toutes les grammaires, classer toutes les langues, déchiffrer toutes les tablettes cunéiformes exhumées des terres d'Orient.

La totalité des cargaisons précieuses des navires naufragés n'ont pas été remontées des eaux de la Méditerranée, ni des profondeurs des océans; les grandes villes de notre monde ouvrent chaque année de nouveaux musées.

Minuit. Rentrée du dernier voyage de l'écriture, j'ai encore à agencer des poèmes, à combiner les matériaux de techniques mixtes, à coucher sur vélin les gouaches multicolores, en rêvant de Méditerranées sans cesse réinventées.

Annexe
Six décennies de voyages

1940 Québec, Sainte-Anne-de-Beaupré (juillet)

1944 Québec, du 1er au 27 mai

1945 Québec (pour ramener un enfant malade)

1946 Sainte-Anne-des-Monts, du 1er aout au 10 septembre

1949 Montréal – Ottawa, du 31 janvier au 6 février

1949 Québec, du 26 février au 2 mars

1951 Campbellton (Nouveau-Brunswick)

1953 Québec – Montréal, fin avril

1954 Montréal, 10 février

1955 Ottawa, en juillet

1956 Montréal, en janvier

1958 Sainte-Anne-des-Monts

1959 Sainte-Adèle, Laurentides, en juillet

1960 New York, du 2 au 6 juillet

1965 Miami, une semaine en mars

1965 Wildwood, New Jersey

1966 France, Suisse, Italie, du 1er au 22 aout

1968 Calgary, Banff, Jasper, Vancouver, du 1er au 15 aout

1969 Niagara Falls, État de New York, du 15 au 19 mai

1969 Cape Cod, Nantucket, Boston, du 19 au 27 juin

1969 Ottawa, en aout

1969 Autriche, Yougoslavie, Grèce, du 27 septembre au 15 octobre

1970 Jamaïque, du 7 au 14 mars

1970 Ogunquit (USA), du 31 juillet au 14 aout

1970 Maria (Gaspésie), en septembre

1970 Ottawa, en octobre

1971 Miami, du 27 mars au 2 avril

1971 New York, du 7 au 10 mai

1971 Bar Harbour (USA) et Maritimes, du 10 au 23 juillet

1971 Haïti, du 27 décembre au 3 janvier

1972 Miami, du 26 mars au 2 avril

1972 Provinces Maritimes, du 16 au 30 juin

1972 Bahamas, du 30 décembre au 6 janvier

1973 Parc de Fundy (Nouveau-Brunswick, du 24 aout au 7 septembre)

1973 Ottawa, du 5 au 8 octobre

1973 Mexique, du 27 décembre au 4 janvier

1974 Montebello, du 8 au 10 mars

1974 Ottawa, du 14 au 16 juin

1974 Parc national Mont Orford, du 28 juin au 13 juillet

1974 Québec, du 17 au 20 septembre

1974 Porto Rico, du 27 décembre au 4 janvier

1975 New York, du 30 mai au 3 juin

1975 Ottawa, du 4 au 10 juillet

1976 Ottawa, du 2 au 5 février

1976 San Francisco, du 1er au 22 aout

1977 Vancouver, du 10 au 19 mai

1977 Angleterre, du 30 juillet au 16 aout

1977 San Francisco, du 5 au 12 novembre

1978 Laurentides (L'Estérel) vacances

1978 San Francisco, du 26 mai au 3 juin

1978 Toronto, du 16 au 20 aout

1979 Edmonton, Banff, Jasper, Lac Louise, du 27 juin au 12 juillet

1979 Vancouver, du 16 au 28 novembre

1980 Hawaï (Les iles Sandwich), du 9 au 28 juillet

1982 Phoenix, Arizona, du 19 mai au 5 avril

1982 Vancouver, Prince-Rupert, du 30 juin au 20 juillet

1983 Miami, du 20 mars au 3 avril

1983 Toronto (À la recherche d'Alexandre), du 15 au 19 mai

1983 Vancouver, État de Washington, du 4 au 15 juillet

1984 Miami, du 16 au 25 mars

1985 Miami, du 11 au 21 mars

1985 Vancouver, du 30 décembre au 6 janvier

1986 Los Angeles, San Diego, en avril

1986 Maria (Gaspésie), du 13 au 23 juillet

1987 Edmonton, Waterton Lakes, Montana, du 3 au 17 juillet

1988 Miami, du 13 au 25 mars

1988 Edmonton, sud de l'Alberta, du 8 au 21 juillet

1989 Montréal, Jim en visite en mai et en octobre

1990 Égypte, du 13 au 30 octobre

1991 Paris, du 19 mai au 3 juin

1992 Rome, du 28 mars au 18 avril

1992 Vancouver, du 18 septembre au 1er octobre

1993 Rome, Sorrento, Naples, du 27 février au 20 mars

1993 Charlevoix, du 11 aout au 3 septembre

1993 Chine, du 10 au 31 octobre

1994 Espagne, du 9 mars au 6 avril

1995 Mexique, du 19 février au 18 mars

1995 Vancouver, du 15 au 31 aout

1996 Espagne, du 3 février au 16 mars

1997 Vancouver, du 15 au 30 octobre

1998 Espagne, du 7 mars au 4 avril

1999 Vancouver, du 8 au 19 juillet

1999 Louisiane, du 8 au 17 aout

2000 Québec, en mai

2001 Portugal (Albufeira), du 7 au 25 mars

2002 Vancouver, du 9 au 19 septembre

2004 Cuba (Varadero), du 12 au 26 mars

2005 Vancouver, du 7 au 20 septembre

2005 Gaspésie, en octobre
2005 Tunisie, du 2 au 16 novembre
2006 Vancouver, en septembre
2007 Angleterre – du 1er au 15 septembre

Table des matières

MARQUIS

Marquis imprimeur inc.

Québec, Canada

2007